制度致胜之道

——制度学的故事和原理

彭和平　著

北京
国家行政学院出版社

图书在版编目(CIP)数据

制度致胜之道:制度学的故事和原理/彭和平著 . —北京:国家行政学院出版社,2019.7
ISBN 978-7-5150-2380-9

Ⅰ.①制… Ⅱ.①彭… Ⅲ.①制度—理论 Ⅳ.①D033

中国版本图书馆(CIP)数据核字(2019)第 179183 号

书　　名	制度致胜之道——制度学的故事和原理 ZHIDU ZHISHENG ZHI DAO——ZHIDUXUE DE GUSHI HE YUANLI
著　　者	彭和平
责任编辑	徐　宁
出版发行	国家行政学院出版社 (北京市海淀区长春桥路 6 号　100089) (010)68920640　68929037
编 辑 部	(010)68922648
经　　销	新华书店
印　　刷	北京九州迅驰传媒文化有限公司
版　　次	2019 年 7 月北京第 1 版
印　　次	2019 年 7 月北京第 1 次印刷
开　　本	185 毫米×260 毫米　16 开
印　　张	15.75
字　　数	240 千字
书　　号	ISBN 978-7-5150-2380-9
定　　价	56.80 元

前言

对我来说,2018 年有特殊的意义。这一年,是我从北京到内蒙古土默特左旗插队的 50 周年,到中国人民大学上学的 40 周年。9 月,我们当年插队的近 200 名北京知青又回到令人魂牵梦绕的大青山下。仰望星空,俯瞰人生。50 年过去了,星星还是那个星星,月亮还是那个月亮,山还是那座山,人也还是那些人。但是,我们的容貌,我们的工作,我们的命运,在这 50 年中发生了巨大的变化。如果有人问我:“对你一生影响最大的因素是什么?”我的回答是:“制度变革。”

我们这一代人是在新旧制度交替的过程中出生的,这是中国历史上最重要的制度变革时期。中华人民共和国成立以来,一系列的运动和制度变革过程此起彼伏,影响着一代又一代人的命运。50 年前,我们这批北京知青之所以中断学业,到内蒙古土默特左旗插队落户,是因为发生在 20 世纪 60 年代至 70 年代的“文革”取消了正常的升学制度和高考制度。40 年前,77、78 级学子之所以能够从天南海北的农村、兵团、工厂汇集到大学校园,是因为 1977 年后拨乱反正,恢复高考制度。从土地改革、互助组、初级社、高级社、人民公社、家庭联产承包责任制到乡村振兴、特色小镇建设,从计划经济体制到市场经济体制,再到农业、工业、教育、卫生、科技、金融等各个领域的变化,制度变革的进程在更大的范围内使更多人的人生发生了巨大的变化。

我们每一个人都对人生有美好的理想和追求。我们的一生都在努力。我们青少年时期努力地学习,成年时期努力地工作,但个人努力和个人的成功成正比吗?人生的成败取决于个人努力和制度环境两个因素。个人努力是必不可少的。但个人努力能取得什么样的结果，一个很重要的因素是制度环境。制度改变人生，制度决定命运，我们的经历就是一个很现实的例子。如果没有“文革”，没有取消正常的升学制度和高考制度，或者没有改革开放，没有恢复高考制度，我们将会是另外一种人生轨迹。

“天高任鸟飞，海阔凭鱼跃”，不同的生物有不同的本领，在各自适应的自然环境中得以施展。自然环境变化时，使一些生物物种灭绝又使一些物种新生。人类的发展除了依赖于自然环境外，还依赖于制度环境。在世界上各个民族、国家的历史中，贯穿着原始公社制度、奴隶制度、封建制度、资本主义制度、社会主义制度的发展脉络，制度变革是人类社会历史发展的节点。显然，即使是同一个民族或同一个国家，在不同的制度环境中，人们的经历和命运是不同的。

与动植物单纯地适应自然环境的变化不同，人类可以改变自然环境，也可以改变制度环境。不同的社会制度有不同的特点，对各个民族、国家的生存状况和历史发展有不同的影响。纵观历史，一个民族或一个国家的强大往往起因于经过制度变革过程，逐步形成有利于政治、经济、科技、文化发展的先进制度。要想推动一个民族或一个国家的繁荣，除了有先进的思想、先进的技术外，还要有先进的制度。

国家有法律制度，学校有学习制度，公司有管理制度，制度和我们的生活、学习、工作息息相关。凡是有人就会有人群，有人群就会有组织，有组织就会有管理，有管理就会有制度。可以说，制度无时不有，无处不在。虽然我们每一个人都觉得制度很重要，但是我们对“制度”是否认真地思考过，是否有清晰的认识呢？“什么是制度”“制度主要起什么作用”，这是两个关于“制度”的最基本的问题。这两个问题我问过许多人，有专家学者，有政府官员，有青年学生，有工人农民，有外国友人，等等，很少有人能够给出清晰、明确的回答。“制度”似乎是一个在感觉上清楚、实则模糊的概念。

人类是靠概念、范畴和由其所形成的理论认识来描述客观现象的。自然现象和社会现象是客观存在的，但人们的认识总有一个逐渐深化的过程。当我们凭着自己的感觉用简单的概念描述某种客观现象时，这只是认识的初步阶段，这种认识描述的是客观世界的现象而不是本质。例如，“太阳从东方升起”“苹果从树上掉下来”都属于这样一种认识。“日心说”“银河说”“宇宙大爆炸理论”取代“地心说”和“万有引力定律”的提出则是这种认识“由现象到本质”的深化过程。

“制度”是一个古老的词汇，在我国的古籍中，很早就出现了“制”“度”“制度”这样的字眼。“制度”是一个常用的概念，家庭制度、婚姻制度、人事制度、工资制度、政治制度、经济制度、法律制度、社会制度等，在人们的言谈话语、报刊文章、公文报告中经常出现这样的概念。同时，“制度”又是一种普遍的社会现象，它是我们置身于其中的、真实存在的社会环境，对我们的意识和行为有重要的影响。然而，“制度”却是社会科学领域中缺乏研究、有待开发的“新大陆”，需要进行深入的探讨和研究。“制度”作为一个伴随着人类社会演化、有无限发展时空的社会现象，当把它作为一个新的、专门的研究对象时，将会形成一个与政治学、经济学、法学、社会学等所有社会科学相互联系的、内容广泛的制度学研究领域。

对制度学的研究涉及一系列的理论问题，如制度的定义、制度的作用、制度的本质、制度的历史演变过程、制度的存在形式、制度与组织的关系、制度与人性的关系、制度与文化的关系、制度与科技的关系、制度构建、运行、调控、创新以及制度的发展规律等。制度始于规定，成于执行，这是一个制度化的过程。我们每个人都处在制度化的角色关系中，各种组织、各种管理、各种政治活动、经济活动、社会活动等都是在制度化的基础上运行的。对制度学的研究有助于我们更好地认识自己的人生道路和现实环境，有助于增强制度意识和制度管理能力从而有效地进行公司治理和国家治理，有助于从制度学的新视角推进哲学、政治学、经济学、法学、社会学等社会科学领域的研究和应用。制度化是一个综合运用多种学科的理论解决现实的政治问题、经济问题、法律问题和社会问题的社会实践过程。

2015 年 1 月在国家行政学院出版社的支持下，我的第一本制度学的著作《制度学概论》正式出版。这是我对制度学理论的初步探讨。全书分为十章，分别论述了制度的作用和原理，制度的概念，制度的起源与发展，制度规定，制度执行，制度角色和制度人，制度场，制度效力，制度观，制度构建、运行与创新。由于书中提出了一些新的概念和不同于常识的观点，因此做了较多的理论论证，篇幅较大，字数较多。现在人们的社会生活和工作节奏很快，很难静下心来从头到尾的通读一部学术性的著作。为了使更多的人了解和探讨制度学，我在本书尝试着用一种更通俗、更大众化的方法论述有关制度学的一些心得体会。全书共六章，分别是制度的概念，制度场与场式管理，制度角色与制度人，组织绩效与制度效力，文化的概念与制度观，制度的构建、运行、调控和创新。每一章下面有若干节，分别叙述一个制度学的故事和相应的原理。各章节的论述有内在逻辑结构，即独立成文，又相互连接，依次展开，共同构成一个整体的理论框架。与《制度学概论》相比，本书叙述的语言较为简练，观点平铺直叙，采用的均是一些通俗易懂的故事，适当地增加了一些图表，希望能引起更多读者的兴趣，起到“抛砖引玉”共同研讨制度学的作用。

本书的写作和出版得到了许多人的热情支持和帮助，特别是受益于校友、朋友的交流和研讨，在此表示深深的敬意和感谢。首先要将这本书献给我亲爱的母亲梅光，在编写《制度学概论》时，她就给我了巨大的鼓励和支持，当我跟她谈起我准备再写一本更通俗的书时，她大声地说：“好！”这是我研究制度学的永恒的动力。我的母亲在今年 5 月离我们而去，由于我的惰性，未能在她生前完成此书，留下终身遗憾。我将持续不懈地努力，不断用新的成果表达对亲爱的母亲永久的怀念之情和感恩之心。其次要感谢我的爱人吕雁、女儿彭程和莫磊。特别是彭程，不仅热心地和我讨论制度学问题，收集相关资料，还帮我按照出版社的要求，整理编排稿件和图表。在此特别要感谢孙斌对本书的出版和制度学的推广给予的赞助和支持，同时还要特别感谢杨松斌，他认真细致地帮我整理了制度学讲座的文稿，大大提高了编写此书的速度和质量。自 2015 年开始，我在中国人民大学先后开设了研究生、本科生的“制度学概论”选修课，在国家行政学院、中共中央党校以及多家企事业单位开过制度学方面的讲座，并且在自愿基础上还组织了制度学读书班，每一次讲课都使我有新的认识和提高，在此要特别感谢所有组织讲课和听课的朋友和学生们。本书在《制度学概论》的基础上编写而成，没有前者就没有后者，为此再次衷心感谢陈锡文、陈炎兵、胡振民、颜晓峰、唐睿、李朝胜、王文松、刘新元、钟葱、左兴平、高峰等老朋友们。在进一步探讨制度学和写作本书的过程中，得到了安令裕、黄翠娥、季圣智、张汉青、朱燕来、宋鱼水、冯志斌、唐睿、谢如华、韩晓芳、汪小娟、丁华民、舒新龙、李新、周军、尹文珺、刘玫、吕文奎、杨潇、武良山、章华、邢明丽、梁洁、李晓芳、李中天、邱瀛、赵传玲、黄河、巫宏标、张书恒、潘东丽、刘斌、罗英、张瑞晰等校友、朋友和学生们热情的支持、鼓励和无私的帮助，在此表示深深的谢意。本书的写作和出版特别要感谢国家行政学院出版社的张仲宇、杜正艾、吴蔚然给予我的热情的鼓励、专业的指导和辛勤的付出，同时特别要感谢编辑徐宁认真的审校、细致的推敲和中肯的建议。由于本人编写水平所限，时间仓促，进行的又是探索式的研究，尽管做了努力，书中仍有不成熟、欠妥之处，敬请理论研究者、实际工作者和读者们批评指正。

彭和平

2018 年 12 月 31 日于人大宜园

目 录

第一章 制度的概念

第二章　制度场与场式管理

第三章　制度角色与制度人

第四章　组织绩效与制度效力

第五章　文化的概念与制度观

第六章　制度的构建、运行、调控和创新

第一章

制度的概念

- “什么是制度”
- “制度主要起什么作用”
- “三令五申”与制度形成过程
- 《鲁滨逊漂流记》与制度的作用
- 《汉谟拉比法典》与制度的本质
- 婚姻关系的演变与制度起源
- 禅让制的传说与权力结构的变化
- 古希腊城邦制与制度构成三要素
- 商鞅变法与制度规定
- “南门徙木”与制度执行

第一节 “什么是制度”
——制度认识方面的第一个误区

我有个朋友，他企业做得很好，我问他：“你靠什么管理公司?”他说：“我靠管人啊。”我又问他：“你靠什么管人呢?”他很干脆地回答说：“我靠制度啊。”“那你说说，什么是制度啊?”他思索了一阵，挠了一下后脑勺，很不好意思地说：“我还真一下说不清楚。”这种问题我问过许多人，他们有公司高管，有政府官员，有专家学者，有高校学生，有工厂工人，甚至还有外国友人，这种无法回答的情况几乎都是一样。这是一个很有意思的现象。制度对我们来说非常重要，我们每一个人都生活在家庭制度、公司制度、国家制度等多种多样的制度环境中。我们的生活、工作、学习都离不开制度，但是，什么是制度？每一个人似乎都觉得很清楚。然而，如果真正问一句或认真思考一下，又觉得很难回答，不容易一下子说明白，更不要说下一个明确的定义了。

“制度”是一个很古老的词汇。在我国的古书、古籍中很早就出现了“制”、“度”以及“制度”这个词。在《汉书·元帝纪》里就有这么一段话：“汉家自有制度，本以霸王道杂之，奈何纯任德教，用周政乎!”这里讲了一个故事，在汉朝时候，汉宣帝重用刑罚，他的儿子与他政见不同，柔仁好儒，劝他不要“执刑太深”，而要用德教化国民。汉宣帝就跟他说，我们汉家所用的制度是霸道王道兼而有之，不能像过去的周朝那样只用德教。在这段话里明确提出了“制度”这个词。制度是由“制”和“度”这两个字构成的，它们出现的就更早了。例如，《淮南子·主术训》：“犹巧工之制木也”；《淮南子·汜论训》：“此皆因时变而制礼乐者”，“先王之制，不易则废之”等。“制”已分别含有制作、制定、规定、制止、控制、制度等多种词义。与此同时，“度”也有了比较明确的词义。例如，《书·舜典》：“同律度量衡”；《国语·周语下》：“用物过度，妨于财”；《左传·昭公三年》：“公室无度”；等等。其本身已有尺度、标准、程度、限度的意思。

制度这个概念，我们用了几千年，在潜意识中已经有了约定俗成的认识。大多数人在认真思考后，一般都会把制度归结为“规则”、“规矩”或“规定”。美国制度经济学的大师诺斯将制度定义为是一种“游戏规则”。由“制”和“度”所组成的“制度”一词，最简单的词意是“制”一个“度”，许多人把“制度”理解为是一种规则，并受到这种认识潜移默化的影响。但是，若要进一步追问：“定个规则就是制度吗?”许多人在迟疑一阵后，很快会做出否定的回答。进一步的问题还有：“法律是不是规则?法律和法律制度能画等号吗?”“婚姻法和婚姻制度能画等号吗?”“仅靠颁布法律就能形成制度吗?”等，显然，对这些问题的回答都是否定的。实际上，任何一个国家的婚姻法本身只是规定了一种婚姻制度，但不等同于婚姻制度。婚姻制度必须靠认真执行婚姻法才能实现。那就说明我们对制度的理解是有偏差的，至少是认识不深的。

制度本身不仅仅是一个古老的词汇、常用的概念，而且是一种普遍的社会现象和现实的社会存在。比如，我们出门有交通制度，上学有考试制度，公司有管理制度，国家有法律制度，与个人有关的还有家庭制度、婚姻制度，等等。制度与我们每一个人的生活息息相关，对我们的思想和行为有着非常重要的影响。人们生活于其中的制度，决定着他们的思想意识和人生轨迹。制度的变化将会改变无数人的命运。可以说，凡是有人的地方就有人群，有人群的地方就有组织，有组织的地方就有管理，有管理的地方就有制度，制度是无时不有、无处不在的。但是，很有意思的是，我们恰恰对于“制度”研究得很少，对它的认识又似是而非。实际上，“制度”既是一个古老的词汇，又是一个常用的概念、一种普遍的社会现象。在人类的认识长河中，有许多司空见惯的现象一直缺乏科学的认识，如苹果从树上落下来、太阳从东方升起，在这些普遍的现象背后隐含着深刻的科学道理，需要人们不断的探索和认知。“制度”作为一种普遍的社会现象也是如此。

如上所述，人们习惯把制度理解为是一种规则、规定或规范体系，实则不然。没有规则和规定，不能形成制度，但是仅有规则或规定而不去执行，也同样不能形成制度。规则制订后是要求执行的，得不到执行的规则只是一纸空文。比如，盖房子光有设计图纸而不去施工，不能建成现实的大楼。同样，光有规则和规定而不去执行，也不能形成现实的制度。制订出文字性的规定，相当于绘制出建筑图，执行该规定相当于按照建筑图纸施工，最后形成的制度则是现实存在拔地而起的大楼（见图 1－1）。

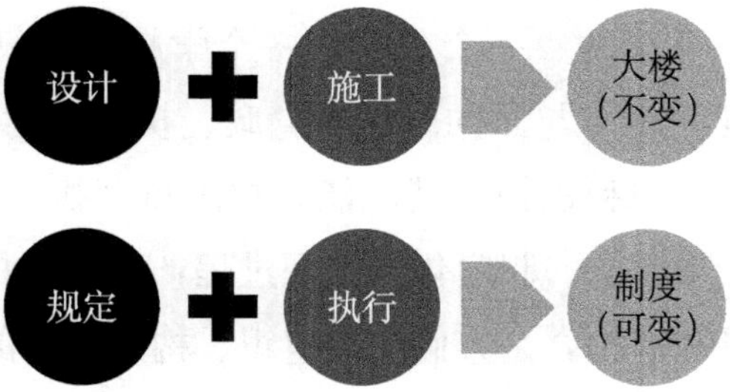

图 1－1　制度形成过程示意

制度始于规定，成于执行，这是制度学的一个非常重要的原理。规则或规定是前提条件，它可以停留在纸面上，制度则是执行规则或规定后形成的结果，是一种现实存在。制度是在制度规定和制度执行相互作用的过程中形成的。要想形成现实的制度，不仅要注重规定，更要强调执行。制度规定和制度执行相互作用的过程，是一种制度化的过程。在现实社会中，任何管理过程都是制度化的过程，制度是在这一过程中形成的，制度是制度化的产物和结果。以文字形式明确颁布的制度规定和强制性的执行是制度形成的两个重要条件。一种较为普遍的现象是，任何公司、学校或机关单位，都会有一套“制度汇编”，严格地说，它们实际上不是“制度”的汇编，而是各种以会议决定形式出现的“制度规定”的汇编。制度规定是制度的设计过程，制度执行则是制度的构建过程。《中华人民共和国婚姻法》（以下简称《婚姻法》）规定实行一夫一妻制的婚姻制度，这只是一种制度规定，还不能和现实的婚姻制度相提并论。婚姻制度是在婚姻登记处、公检法等部门严格执行《婚姻法》的过程中形成的。公司制度也一样。公司老板天天开会通过各种决议或规定，但是如果没有生产部门、销售部门、人力资源部门执行这些规定，同样不可能形成严格的公司制度。把规则或规定等同于制度，是人们对制度的一种误解，仅是从感觉上对制度的一种朴素的、未经深入思考的感知。

那么，什么是制度？我们如何深刻地理解制度？在国家、企业、学校等政治活动、组织活动和管理活动中，有多种多样的制度规定，如政策性规定、法律性规定、行政性规定、企事业单位的事务性规定，等等，其内容涉及组织的目标、原则、权力结构、制度形式、机构和岗位设置、工作和人员标准、办事程序等各个方面，同样一批人，用什么方式规范其关系和行为从而合成一支军队、一个公司或一个学校，不仅仅是一个组织问题，更是一个制度问题。与此同时，有党政、执法、司法、人事、生产、财务等各种各样的部门和机构按其职能和权限负责执行落实相关的规定，这是一个普遍的、现实的、制度化的管理过程，制度则是这一过程中人与人相互作用的结果和产物，是人们结成组织、构成社会的特定方式。我在《制度学概论》一书中曾给“制度”下过一个学术性的定义：“制度是规定、构成、调整人们的关系、角色及其行为的有明文规定和强制力的社会组织的构成形式。”[①] 由于制度规定和制度执行的内容和过程涉及人与人、人与物、人与事、人与自然、人与组织、人与社会的各个方面，在此可简要地表述为，**制度是规范、固化人与物、人与事、人与人的关系、行为以及相关的组织活动和社会活动的特定方式。**我们在其后各章节将会逐步对制度问题进一步展开论述。

---

① 彭和平．制度学概论［M］．北京：国家行政学院出版社，2015：30.

第二节 “制度主要起什么作用”
——制度认识方面的第二个误区

关于制度还有另外一个基本问题，即“制度主要起什么作用”。关于这个问题，许多人在认真思考一阵后，普遍的回答是：“主要（作用）是规范和约束啊!”接着问：“规范和约束什么呢?”答：“规范和约束行为啊!”紧接着再问：“还有没有比这更重要的作用?”在这个时候，被问者一般会出现两种表现，一种是摇摇头，回答不出来，另一种是思索一阵后说：“规范或约束人的思想啊。”若再进一步问：“思想是反映现实存在的，还有没有比其更重要的作用呢?”问到此时，通常就再也没有人能做出回答了。有意思的是，无论是大会小会人多人少，对这个问题的答案和回答过程几乎都是一样的。

在经济学、政治学、社会学和法学等研究领域中，有不少专家学者把制度定义为一种行为模式，认为它的作用主要是规范和约束人们的行为。这仍是一种最普遍的、较模糊的感知，仍然是值得推敲的。举一个最简单的例子来说，一个人对其父母的行为和对其子女的行为，或者对其上级的行为和对其下级的行为肯定是不一样的。为什么会这样呢？这是因为他首先确认的是和对方彼此之间的关系，其次才能确认彼此之间的行为。同样是父母与子女的关系或上下级关系，其在关系中的角色定位不同决定着其表现出来的行为也是不同的。需要强调的一点是，人们彼此之间的很多重要的关系是一种制度关系，也就是说是被某种制度规定和制度执行所规范和约束的关系。**制度的作用首先规范的是关系，其次才能规范行为，只有规范了关系才能规范行为，这是制度学的第二个基本原理。**我们在见到一个人的时候，第一反应是确定彼此之间的关系，如朋友关系、工作关系、同乡关系或是竞争关系等，然后才能确定相应的行为。在我国，人们非常讲究礼节，包括吃饭时候谁坐主桌谁左谁右，走路的时候谁先谁后等，都有各种要求和说法，都是规范约束人际关系及相应行为的表现。

在《论语·颜渊》中有一段对话，“齐景公问政于孔子。孔子对曰：君君，臣臣，父父，子子。公曰：信如君不君，臣不臣，父不父，子不子，虽有粟，吾得而食诸?”这段话的意思是说，齐景公请教孔子如何治国。孔子回答得很简练，说君是君，臣是臣，父是父，子是子。亦即是说在君臣关系、父子关系方面，君、臣、父、子的行为要符合自身的角色，这样才能治理好国家。景公听后正中下怀，很高兴地称赞说，好啊，如果君不像君，臣不像臣，父不像父，子不像子，虽然有粮食，我怎么能吃得到呢？齐景公所担心的是，如果君、臣、父、子的行为不正，其实质是破坏了正统的君臣关系和父子关系，这样如何能治理好一个国家呢。

孟子作为儒家学说的另一个创始人也有类似的论述，强调“父子有亲，君臣有义，夫妇有别，长幼有序，朋友有信”，提出了处理、协调这五种基本关系的行为要求和伦理标准。西汉时期的儒家学者董仲舒在《春秋繁露》一书中进一步提出了“三纲五常”的思想。他认为君臣关系、父子关系、夫妻关系天生是一种永恒的主从或尊卑关系，即“君为臣纲，父为子纲，夫为妻纲”。他同时把仁、义、礼、智、信五常之道作为处理君臣关系、父子关系、夫妻关系的伦理法则和行为标准。汉武帝执政时期“罢黜百家，独尊儒术”，不仅是因为董仲舒在策论时提出了“大一统思想”和“天人合一思想”，更重要的是其提出了“三纲五常”的理论。这是规范中央集权封建王朝基本关系、政权结构和统治制度的理论基础。纵观春秋战国时期诸子百家的理论，只有儒家学说是这方面的集大成者。在我国两千多年的封建社会中，儒家学说成为历代王朝统治者的统治思想是有其历史必然性的。

马克思说：“人的本质是一切社会关系的总和。”制度的本质则是对这些关系的规范和固化。制度最重要的特点是规定、构成、调整、固化、强化人们之间的关系，涉及人们在社会生产和社会生活过程中形成何种关系、扮演何种角色以及具有何种行为。在现实社会中，人们会形成权力关系、法律关系、政治关系、经济关系、工作关系、管理关系、分配关系、利益关系等多种多样的关系，这些关系的构成、调整和常态化，是在制度规定和制度执行的制度化过程中形成的，是以特定的制度形式表现出来的。

无论是在公司、学校或国家等任何社会组织中，人与人的关系、人与物的关系、人与事的关系正是通过制度规定和制度执行的过程加以规范、约束、确定和常态化的，同时在此基础上，对与之相关的各种各样的角色要求和角色行为加以规范、约束和确定。刘关张桃园三结义、水浒一百单八将排座次以及各种各样的军衔制、等级制，都是首先规范关系，其次才能规范行为并在此基础上规范组织活动和社会秩序的例子。

在人与物、人与事、人与人的关系中，最重要的制度关系是权力关系和权利关系，又可称为“两权关系”，只有在此基础上，才能确定领导关系、管理关系、监督关系、分配关系，等等。在此基础上，对于一个国家来说，最重要的制度规定是宪法和法律。制度的核心是法律，法律的核心是宪法。对于一个公司来说，最重要的制度规定是章程，而这两者最基本的内容主要是对各种基本关系的规范和确定。任何一种制度都是和其所规范、约束的关系相联系的。法律制度规范了法律关系，经济制度规范了经济关系，政治制度规范了政治关系，管理制度规范了管理关系，等等。制度一旦形成，表明人们之间的关系成为一种较为长期稳定的关系，可称之为人们社会关系的一种固化或常态化形态，或是人们构成组织的一种特定的组合方式。一般来说，组织是人们为了达到一定目标所结成的人的集合体，制度则是人们结成这种集合体的特定的组合方式。组织是制度的实体，制度是组织的形式，二者相辅相成，缺一不可。

第三节　“三令五申”与制度形成过程

——制度始于规定，成于执行

“三令五申”是一个人们都很熟悉的成语故事，按照传统的理解，它的意思是再三命令和告诫、反复强调和说明。实际上，它包含着一个制度学的最基本的观点，即制度始于规定，成于执行。这虽然是个小故事，但是小故事往往蕴含着大道理。这个成语源于《史记·孙子吴起列传》，讲的是古代军事家孙武跟吴王阖闾之间的故事。

孙武是齐国人，编写了兵法 13 篇，是春秋战国时期有名的军事家。有一天他见到了吴王阖闾，吴王说："您的十三篇兵法我已全部拜读，可以试着为我训练一下士兵吗?"孙武说"可以啊。"吴王可能觉得如果找一些军人来让孙武训练，看不出孙武的真本事，于是问："可用妇女来训练吗?"孙武说："可以啊。"吴王于是答应孙武，选出宫中女子，共计 180 人让他训练。

孙武把她们分为两队，任命吴王的宠姬二人担任各队队长，让宫女们全部持戟在手。孙武命令她们说："你们知道胸口、左手、右手和后背吗?"宫女们回答说："知道。"孙武说："前方是按胸口所向，左方是按左手所向，右方是按右手所向，后方是按后背所向。"宫女们说："是。"孙武将有关规定宣布清楚后，便摆出作为刑具的鈇钺，当场三令五申，重复了多遍。"约束既布，乃设鈇钺，即三令五申之。"然而，当孙武用鼓声指挥她们向右转时，宫女们并未执行命令，反而哄堂大笑。孙武说："规定不明，申说不够，这是我这个将领的过错。""约束不明，申令不熟，将之罪也。"再次重复命令，用鼓声指挥她们向左转，"复三令五申而鼓之左"，然而宫女们仍大笑不止。这时，孙武很严肃地说："约束不明，申令不熟，将之罪也；既已明而不如法者，吏士之罪也。"意思是说，刚才规定不明，申说不够，是我这个作领导的过错，现在已经讲清楚但仍不按规定来执行，就是队长的过错了。立马就要将两队的队长斩首。

吴王这时在台上观看训练，见自己的两个爱姬将要被推出斩首，吓得大惊失色。急忙派使者传令说："寡人已知道将军善于用兵了。但寡人如若没有这两个爱姬，吃饭也不香甜，食不甘味，务必请刀下留人。"（"寡人已知将军能用兵矣。寡人非此二姬，食不甘味，愿勿斩也。"）孙武这时以将军的角色说话了："臣既已受命为将，将在军，君命有所不受。"意思是说，我作为将军在带兵打仗，国君的命令有些是可以不接受的。于是下令将队长二人斩首示众，另命他人担任队长，再次用鼓声指挥宫女们操练。这次情况发生了变化。宫女们按照鼓声向左向右向前向后，甚至跪下起立，全都合乎要求，而且没有一个人敢出声。“妇人左右前后跪起皆中规矩绳墨，无敢出声。”然后孙武派使者回报吴王说：“士兵们已经阵容整齐，大王可下台观看，任凭大王想让她们干什么，哪怕是赴汤蹈火也是可以的。”吴王这时伤心地说：“将军请回客舍休息，寡人不愿下台观看。”孙武说：“大王只不过喜欢我兵书上的话，并不能采用其内容。”从此吴王真正知道孙武善于用兵，终于任他为将。吴国西面击破强楚，攻入郢，北威齐、晋，扬名于诸侯，孙武在其中作出的贡献自不必多说。

这个成语故事虽然说的是“三令五申”，但其寓意实际不止于此。从制度学角度可以从以下几个方面来理解。

1. 制度始于规定，成于执行

孙武治军很严，在很短时间内就把180名嘻嘻哈哈的宫女训练成中规中矩、行动如一的队伍，其最重要的原因在于，他按照军事训练那样形成一套严格的制度，不仅“三令五申”，而且“言出必行，令行禁止”。在前面的论述中，我们曾经讲过，制度始于规定，成于执行。“三令五申”属于制度规定的过程，“约束既布，乃设鈇钺”属于制度执行的过程。孙武最初反复说明训练要领和军纪时，宫女们嘻嘻哈哈不以为然，“三令五申”只是制度的初始阶段，当孙武动用鈇钺，将两个队长斩首示众时，才进入了制度的形成阶段。

2. 制度规定首先规范关系，其次规范行为

与此相联系，制度规定可以分为关系性规定和行为性规定两种类型。孙武“三令五申”的是行为性规定，他能够对宫女们“三令五申”和动用鈇钺军法从事的权力来自关系性规定，即“受命为将”和指挥180名宫女“小试勒兵”。关系性规定首先确定了吴王与孙武、孙武与宫女之间的权力关系、角色关系，等等，在此基础上才能够明确各方的角色要求、权力权限和行为标准。关系混乱或模糊不清则会带来角色认知和行为标准的混乱。

3. 制度强调规定，更强调执行

对于任何管理者或领导者来说，治理公司、学校或者国家，怎么能够

把一些松散的、原本没有关系的人员，变成一个互相协作、严守纪律、为了共同目标努力奋斗的有机整体，就应该有一个在制度规定和制度执行基础上形成的严格有效的制度。在这个故事中，孙武不仅“三令五申”军事规定，更重要的是坚持严格执行，即使吴王来说情，也要坚决执行军令。执行不是一个人的事，而要变成所有成员的行为。执行重在落实，重在整体。在故事的结尾，吴王任用孙武指挥真正的军队，西破强楚，北威齐、晋，扬名于诸侯，充分说明了制度规定和制度执行的力量和重要性。

第四节 《鲁滨逊漂流记》与制度的作用

——首先规范关系，才能规范行为

小时候看过的一本小说《鲁滨逊漂流记》给我留下很深的印象。主人公鲁滨逊漂流到一个孤岛上，救了一个土著人，取名“星期五”，从一个人在荒岛上孤立生活变成了两个人相依为命。一个人的个体和两个人的团体有本质的区别。两个人之间必定形成一种人与人之间的关系并以这种关系确定彼此之间的行为。鲁滨逊和星期五之间，既是主仆关系，又是伙伴关系，各自表现出不同的要求和行为。

我国四大名著之一的《红楼梦》人物众多，出现了较为复杂的关系和行为。关于书中究竟有多少人物的研究成为一种学问，甚至出现了很多红楼梦人物关系树状图或红楼梦人物谱，有 400 多人论的，700 多人论的，还有 900 多人论的。虽然在人数多少上有争议，但有一个共同点，即普遍认为《红楼梦》中大部分人物之间存在着明晰的血缘关系、亲属关系、隶属关系等，与之相联系存在着多种多样的行为标准和表现。

我在网络上看到了一个 2016 年世界大都市人口状况的材料，上海有 2 415万人口，北京有 2 171 万人口，墨西哥有 2 120 万人口，东京有1 350

万人口，洛杉矶有 1 313 万人口……几百万人口的城市则举不胜举。毋庸置疑，在这些城市中人们之间存在着更复杂的社会关系。在这些城市中虽然人口众多，关系复杂，机构林立，但市面繁荣，秩序井然。

如果说鲁滨逊和星期五之间的关系和行为取决于两个人之间的“共识”，红楼梦人物之间的关系和行为取决于家规或族规，城市、大都市中人们之间的关系和行为则取决于制度。从历史的发展过程看，这三种状况恰是制度演变的不同阶段。在本章第二节“制度主要起什么作用”中已有所论述。

没有规矩不成方圆，没有制度不成秩序。社会秩序稳定的前提是人们安居乐业，遵纪守法，依赖制度规定和制度执行规范、调整人们的关系及其行为的作用和力量。如上所述，人类的社会关系可分为血缘关系、生产关系和社群关系三大类型。血缘关系是自然产生的，但要靠制度规范和调整。以历史上表明血缘关系的九族五服图为例（见图 1－2）。

“九族”一般指玄孙、曾孙、孙子、儿子、自身、父亲、祖父、曾祖父、高祖九代，这是按纯粹的血缘关系来说的。即使如此，在封建社会中“株连九族”也带有鲜明的制度化特征。“五服”指的是五种不同材质或做工的丧服。用不同的丧服表明直系或旁系亲属之间的血缘关系以及尊卑关系。有的丧服表明血缘关系近或身份尊贵，有的丧服表明血缘关系远或身份卑微，穿在身上一目了然。“五服”与“九族”相比，完全是规范血缘关系的制度化结果。

生产关系是对人与物、人与事、人与人的关系加以规范的制度化的产物，是在制度规定和制度执行过程中确立和发展起来的。人类社会发展的历史长河中所出现的奴隶制度、封建制度、资本主义制度、社会主义制度都是与一定的生产关系相联系的社会制度。社群关系的产生和形成，与血缘关系和生产关系都有联系，有制度化的特征，也有非制度化的特征，是一个有待深入研究的领域。

在有关对制度的研究中，许多专家学者比较关注的是对人类行为的规范和调整，因此，他们往往把制度定义为一种行为模式，许多管理者或领导者也持有这种看法。实际上对于任何制度规定和制度化过程来说，最重

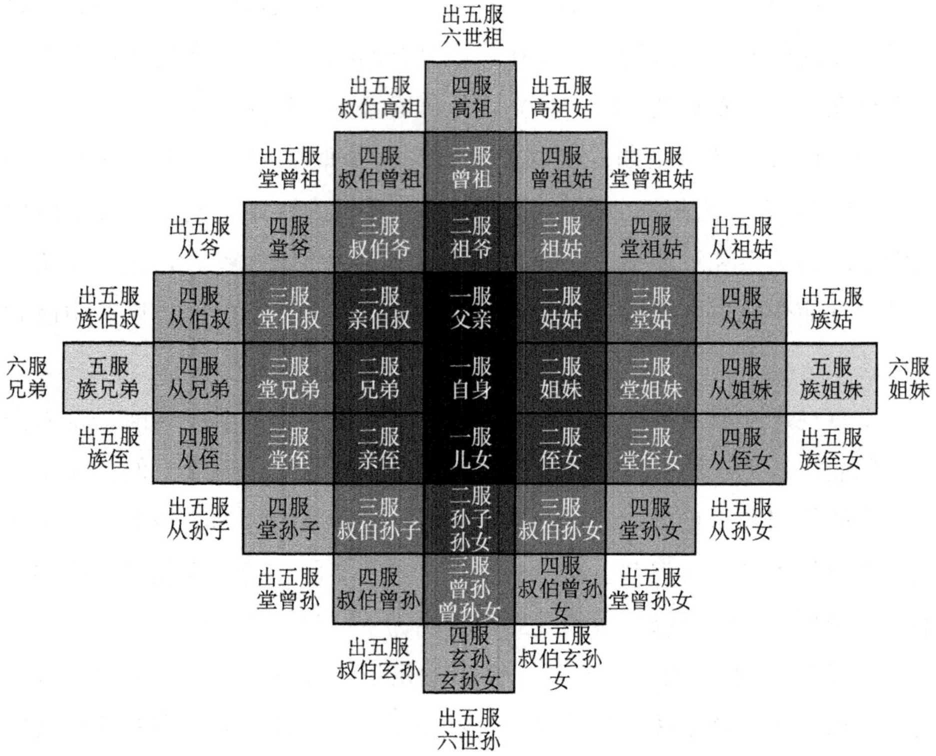

图 1－2　九族五服图

要的首先是规范人之间、机构之间或组织之间的关系，其次才是规范他们的行为。许多专家学者把制度定义为“行为模式”，从制度的本质来说，它首先是一种“关系模式”。一般来说，制度的核心是法律，法律的核心是宪法。如果分析各个国家的宪法，其基本内容都是涉及国家性质、政权结构的最基本的关系，如政党与国家的关系、立法机关、行政执行机关、司法机关之间的关系、国民与国家的关系、各级政府之间的关系，等等。对于公司来说，最重要的制度规定是章程，其基本内容主要涉及董事会、经管层、监事会以及股东代表大会的关系问题。

无论是作为国家制度，还是企事业单位的制度，其所规范的关系复杂多样，如权力关系、领导关系、管理关系、监督关系、部门关系、分工协作关系、劳动关系、分配关系、利益关系，等等。在任何组织中，与个人有关的制度关系主要表现为角色关系。每一个人都有各种各样的角色，同时有各种各样的角色要求和行为标准。

在社会实践和管理实践过程中，首先要求的是规范各种各样的关系，如党政关系、政企关系、中央与地方的关系、个人与组织的关系、岗位职责与权力的关系，等等，关系认识不清、规定不清会出现各种各样的问题。对于个人的为人处世来说也是如此。我们到一个新的单位工作，首先要明确自己的工作岗位和角色，明确自己的上级、同事、下级都是哪些人或哪些部门，明确有关的关系性规定和行为性规定，对不同的人会有不同的角色关系、角色定位、行为要求和行为表现。《论语·子路》中引述了孔子一段很著名的话："名不正则言不顺，言不顺则事不成。"孔子强调做事要先正名分，和其"君君臣臣父父子子"的论述是一脉相承的。规范关系是正名，规范行为是成事，这是制度的本质，也是制度的要义。

第五节 《汉谟拉比法典》与制度的本质

——制度的本质是社会关系的规范和固化

1901 年，一个由法国人与伊朗人所组成的考古队传出了震惊世界的消息。他们在挖掘现场发现一个黑色石块，上面布满了古文，同时在附近还发现另外两个黑色石块，它们拼在一起组成一个黑色的椭圆形石柱。石柱高 2.25 米，顶部的周长是 1.65 米，底部的周长是 1.9 米。石柱上的图案分为两部分，上半部是人物浮雕，下半部是文字。浮雕上有两个人，一个人坐姿，很庄重，伸出的手里拿着一个权杖式的东西，其对面站着一个人，状极虔诚，双手示意要接过这个权杖。据历史学家考证，坐着的人是古巴比伦人信奉的太阳神沙玛什，站在他对面的人叫汉谟拉比，是古巴比伦王朝的第六代国王，他正在从太阳神手里接过权杖（见图 1－3）。

图 1-3　汉谟拉比法典图示

整个图案的意思是君权神授，表明汉谟拉比做国王是神的旨意，所以具有至高无上的权力。浮雕下部用楔形文字刻写的是一部法典，一共是4 000行，282 个条款，约 8 000 字。汉谟拉比法典是迄今为止发现的人类历史上第一部成文法，具有重要的历史意义。

有人做了一个粗略的分析，认为汉谟拉比法典的基本内容最多的是关于私有财产的保护，共有 100 多条。其次是关于婚姻家庭财产继承的条款，共有 70 多条。再接着是劳动用工、技术等条款，共有 60 多条。然后是关于人身保护的条款，有 20 多条。其他条款还有关于奴隶的、关于诉讼的，等等。从法典的整体内容看，它规范了整个古巴比伦王朝的基本关系、权力结构和社会制度。该法典把人分为三类，第一类人是皇室和寺庙人员，第二类人是自由民，第三类人是奴隶。汉谟拉比法典明确规定了这三类人的基本关系及其行为，并在规范三者关系的基础上规范相应的行为。

《汉谟拉比法典》的大部分条款直接涉及当事人的行为问题，但这些行为性规定是被奴隶主、自由民、奴隶三者之间的关系性规定所决定的。按照法典规定，皇室和寺庙，即奴隶主，处于最高统治地位。一般的人偷盗了皇宫或寺庙的财产，将会被处以死刑，而且接受赃物的人也要一并处死。自由民可以拥有奴隶，但要接受皇室统治，维护皇室的利益，他们不能偷窃皇室或寺庙的财产，不能把皇室的奴隶或其他自由民的奴隶带到城外，如果发生这种情况要处以死刑。在《汉谟拉比法典》中，私有财产受到严格的法律保护。除了严厉处罚偷盗行为外，还明确规定，若欠债不还，欠债人必须给债主做几年奴隶，抵完债后才能恢复原有身份。另外对婚姻关系、家庭关系、私有财产继承方面都做了很明确的规定。从其实际内容来看，该法典以文字形式公开规定了奴隶主、自由民和奴隶的关系问题，确定了三者之间统治与被统治的关系，使之成为一个典型的奴隶社会的制度化规定。

如上所述，再明确的规定也要靠严格的执行来实现。从《汉谟拉比法典》的具体条款看，其在执行方面具有非常大的强制力，甚至是非常残酷的。它实行的是以牙还牙、以眼还眼的同态复仇法。如果肇事者打瞎他人的一只眼或打碎他人的牙齿或骨头，作为处罚，也要打瞎肇事者的一只眼或打碎肇事者的牙齿或骨头。如果病人死在医生的手术台上，就将做手术的医生的双手砍掉。对于在失主房间凿个洞钻进去的偷盗者，其处罚是将其带到洞边处以死刑或活埋。制度始于规定，成于执行。《汉谟拉比法典》从一个侧面说明古巴比伦王朝的产生和发展经历了一个规定明确、执行严厉的制度化过程，使其在 4 000 年前成为一个统治力量强大的奴隶制国家。

据考证，《汉谟拉比法典》是在公元前 1792 年至公元前 1750 年古巴比伦王国第六代国王汉谟拉比执政期间颁布的，相当于我国第一个奴隶制王朝夏朝的晚期。这是一个原始公社制度瓦解、奴隶制度产生和发展的特殊的历史时期，人类社会正经历着一个从没有制度到初步创立制度的历史过程。如上所述，马克思说："人的本质是一切社会关系的总和"。制度的本质则是对这些关系的规范和固化。制度最重要的特点是规定、构成、调整、固化、强化人们之间的关系，涉及人们在社会生产和社会生活过程中形成何种关系、扮演何种角色以及具有何种行为。严格说来，原始公社时期还没有形成真正意义上的社会制度。

在母系氏族社会和父系氏族社会中，已经形成了一定的氏族、部落或部落联盟规范和制度雏形，但因为没有文字，不可能形成内容明确的制度规定。人们的社会关系比较简单，没有私有财产，没有剥削现象，在平等的基础上进行劳动分工和分配，维系这些关系的执行力量也不需要有很大的强制性。在原始公社末期，随着生产力的提高，逐渐出现了私有财产和剥削现象，人与物、人与事、人与人的关系发生了本质的变化，氏族、部落间的战争增加了一种被称为“奴隶”的特定人群，其内部矛盾和外部矛盾与日俱增，语言和文字的进步使制定明确的文字性规定成为可能，武器和武装人员的出现使执行力量越来越具有巨大的强制力，在这种历史条件下，“制度”以一种特殊的社会形态应运而生。《汉谟拉比法典》的出现是一个有力的例证。

我们可以看到，古巴比伦王国用法典的形式明确和规范了奴隶主、自由民、奴隶三者之间的关系，对土地、房屋等私人财产的私人占有关系，契约基础上的劳务关系，债务关系，婚姻关系，夫妻关系，等等，并且用“以牙还牙，以眼还眼”的残酷手段和刑罚确立、维护这些关系并使之常态化，从而形成了一整套奴隶制国家的制度体系。同时期横向比较，其制度形成的先进程度远远领先于其他国家。

如图 1－4 所示，制度的本质与其通过制度化过程构建人类组织的社会作用密切相关。制度的作用在于使松散的人员在规范并固化其制度关系、角色关系、角色行为的基础上，结成结构严密、行动一致的组织。用通俗的话来说，组织是为了实现特定目标所结成的人的聚合体。人类社会是一个高度组织化的社会，组织有大有小，小到家庭，大到国家，组织成员之间存在着各种各样的制度关系和角色关系，各种组织活动和社会活动是通过组织成员不同的角色行为表现出来的。与制度学的概念相联系，人们日常所说的正式群体和非正式群体，也可称为制度化群体和非制度化群体。任何制度化的群体都可以称之为是一个组织，如学校、公司、政府、军队，等等。组织和制度是密不可分的，任何一个组织都有其特定的制度形式。组织是制度的实体或载体，制度是组织的形式。如果说组织是人的集合体，制度则是人们结成这种集合体的特定的组合方式。如上所述，制度的形成是制度规定和制度执行相互作用的结果。不同的组合方式或制度形式形成不同的组织，并使其具有不同的性质和特征。《汉谟拉比法典》是构成古巴比伦王国的最基本的制度规定，其用“以牙还牙，以眼还眼”的强制执行力规范并确立了奴隶主、自由民、奴隶三者的关系、角色、行为以及一切与之相关的社会结构和社会秩序，体现出了奴隶制国家的典型的国家性质和制度特征。

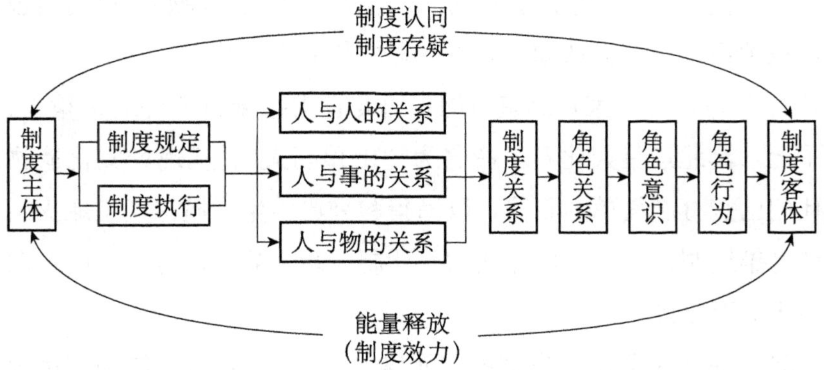

图 1－4　制度的本质与制度形成过程示意

第六节　婚姻关系的演变与制度起源
——制度是在人类对社会关系的认知和制度化的基础上形成的

制度本身是怎么形成的？人类社会从动物界进化而来，最早是没有制度的。制度的起源与发展在于人们对于自身关系的认知、规范和常态化，经历了一个从无到有、从少到多、从低到高、从简到繁的漫长过程。人与人之间的关系是复杂多样的，如亲戚关系、权力关系、法律关系、经济关系、利益关系、工作关系、上下级关系，等等。我们将所有的社会关系归纳为三大类：一是人类最原始的、自然生成的血缘关系；二是在劳动和生产过程中形成的生产关系；三是在社会生活和社会活动过程中产生的社群关系。制度的产生与对这些关系的规范和常态化密切相关。

血缘关系是与人类种群繁衍相联系的社会关系，最早形成相关的婚姻制度和家庭制度。血缘关系按照血统可分为两类：一类叫直系血亲关系，即父母与其子女之间的纵向的血缘关系；另一类叫旁系血亲关系，即兄弟姐妹之间的横向的血缘关系。整个人类的种群繁衍就是按照这种直系和旁系血亲，一代代发展而来的。作为人的生存和发展，原始人最初对彼此之间的血缘关系没有什么认知，处于一种本能的生活状态。

1930年，考古学家在北京市周口店龙骨山挖掘出一处北京猿人遗址，发现了七八具北京猿人化石，命名为“山顶洞人”。从现场文化遗物发现看，他们已能打制简单的石器，以渔猎和采集为生，懂得人工取火，会用骨针和骨锥缝制兽皮，还用穿孔的兽牙制成装饰品。据考证，山顶洞人大约生活于3万年前。

1965年在云南元谋县发现的“元谋人”，已能制造石器和使用火，其生存年代可推算到170万年前。从世界各地的考古发现来看，人类起源的历史可以追溯到3 000多万年到500万年前的古猿，如埃及古猿、森林古猿、拉玛古猿、南方古猿，等等。

原始人以血缘关系为纽带维系生存，基本特征是群居杂婚。古人对此种现象已有相应记载。例如，《淮南子·本经训》说：古人“男女群居杂处无二别”；《吕氏春秋》说得更明确：太古时期“其民聚生群处，知母不知父，无亲戚兄弟夫妻男女之别，无上下长幼之道”，原始人对彼此之间的关系认知处于一种混沌状态。《列子·汤问》说：“男女杂由，不聘不媒”。聘，不光指聘请、聘任，还有聘礼、聘妻、聘婚的意思。古代女方订婚出嫁，男方娶女需有人做媒，先交定金、聘礼，然后再迎娶。《列子·汤问》篇则是说，在远古时期，男女群居杂婚，是没有这些礼仪制度的。《管子·君臣》说：“古者未有夫妻匹配之道”。现代盛行的一夫一妻制在远古时期是没有的，那么它是怎么演变过来的呢？如果以古猿为起点，以山顶洞人为中间环节，以现代人为最高阶段，可以粗略地描绘出原始婚姻、家庭形式向现代婚姻制度及家庭制度缓慢转变的过程。

我在上大学的时候学过恩格斯的经典著作《家庭、私有制和国家的起源》，恩格斯在古人类学家摩尔根的研究基础上，研究了原始人的婚姻关系和家庭形式的演变过程。总体可分为血缘家庭、普那路亚家庭、对偶家庭、一夫一妻制家庭四个阶段。各个国家、各个民族的史前史、婚姻史和家庭史一般都经历过这几个阶段。血缘家庭不同于群居杂婚状态，“从相互的性交关系中排斥了父母和子女”，普那路亚家庭的进步“在于从这一关系中排斥了姊妹和兄弟”，对偶家庭则是“一个男性在许多妻子中间有一个正妻，而他对于她也是其他许多丈夫中间的一个主夫”，一夫一妻制家庭正是在这个基础上发展而来的。

我们可以看到，原始婚姻家庭形式的演变过程是和原始人逐步对血缘关系的认知、规范、限制、禁止及相应的具体措施密切相关的，其结果是逐步明确了“亲戚兄弟夫妻男女之别”和“上下长幼之道”。最早的认知应是从确认母亲与其子女的关系开始的，“知母不知父”是母系氏族社会的典型特征。有了这种认知并加以规范和限定，其结果首先是排除了母亲和其亲生子女之间的直系血亲通婚关系，其次是排除了兄弟姐妹之间的旁系血亲通婚关系。《左传》曰：“男女同姓，其生不蕃”。恩格斯说：“每一种婚姻关系和家庭形式的发展都是人类社会发展的历史性进步”。这个过程是在人类对自身血缘关系的认知和制度化的基础上形成的。

从制度学的角度可以从以下几个方面进行分析。

第一，社会关系的认知能力对制度形成有重要作用。原始人彼此之间的血缘关系是客观存在的，但其和动物一样，仅靠本能来维系并自然沿袭这种关系，对彼此之间的血缘关系没有理性认识。在血缘家庭、普那路亚家庭、对偶家庭时期，原始人对彼此之间的血缘关系有了逐渐深入的认知，并在此基础上确立了原始的婚姻、家庭形式和以亲生母亲为主导的母系氏族的制度雏形。制度始于规定，成于执行。只有对群体成员间的血缘关系有一定的认知，才能产生相应的规则，并经过一定的执行过程形成相应的制度形式。现代人的婚姻制度和家庭制度是在把这种认知和规则上升为法律形式的基础上形成的。

第二，从关系认知到制度形成贯穿着知行合一的主线。在一个群体或一个组织中，制度的形成有一个知行合一、逐步深化的过程。原始人不仅表现出对血缘角色的区别、辨识及其相互关系和行为的双方“知”的方面，而且表现出约束、限制、禁止、处罚或维护、支持、鼓励某种关系及行为的“行”的方面。原始制度是在知行合一即规定和执行相互作用的过程中演变和发展的。

这一过程大致包括八个环节，即：①个人感知的形成；②当事人双方“共识”的形成；③在共识基础上形成的“应当怎样”或“不应当怎样”的双方“约定”的形成；④具有一定行动意向或倾向的“集体共识”和“集体约定”的形成；⑤明确要求“必须怎样”或“不能怎样”的“规则”的形成；⑥对关系构成和行为表现具有一定的限制和约束力的群规、家规、族规的形成；⑦一般以家庭、宗族、民族承袭的方式代代相传的习俗或风俗的形成；⑧制度的形成是规则、规定、习俗等成为文字性的法律规定并被武力支持强制执行的结果。公元前 18 世纪古巴比伦的《汉谟拉比法典》被认为是世界上发现最早的成文法，其制定和执行构成古巴比伦阿莫里特王朝的社会制度。

第三，在原始社会中，血缘关系、生产关系、社群关系及其制度的产生和发展经历了一个从无到有、从少到多、从低到高、从简到繁的制度化过程。原始人类从动物界演变而来的过程同时也是原始制度形成的过程。在原始人靠血缘关系维系的生存阶段，生产力低下，生活艰难，群居杂婚是一种本能的生存状态，血缘关系是原始人生活中最主要的关系，与其相应的是原始的婚姻家庭制度。那时的生产关系和社群关系非常简单。

随着原始人劳动生产能力的提高和分工协作的复杂化以及劳动工具、生产资料和剩余产品的出现，与劳动生产和社会生活相联系的多种多样的生产关系、社群关系自然而然地产生和发展起来并逐渐取代了血缘关系的主导和支配作用。与此同时，人们关于人与人、人与物、人与事的认知能力和知行合一能力也相应得到提高和发展，与其相应的是以原始公社制度为特征的母系氏族社会瓦解，逐渐确立父权和私有制的父系氏族社会。原始婚姻制度的演变过程是与母系氏族社会、父系氏族社会部落制度的演变过程以及原始公社瓦解、私有制产生的社会制度的演变过程密切相关的。在这一过程中，随着人类征服自然的能力及生产力的发展，生产关系及其制度最终取代血缘关系及其制度在人类社会发展中的支配地位，社群关系及其制度的产生和发展也具有重要的影响。

第四，生产关系、社群关系及其制度的产生和发展有其自然发展的内在规律。原始人最早群居在一起，不会制作工具只能利用自然物维持生存，人们的劳动关系和分配关系非常简单。随着生产工具的发展和生产能力的提高，人们能够打制石器、斧子、刀枪、弓箭等，男女、老幼、强弱在劳动过程中的分工越来越明确、细致，如谁负责狩猎、采摘、守护火堆，等等，劳动分工关系和分配关系也日益复杂。特别是有了人工产品和剩余物品后，劳动工具、家庭财产、生活用品、装饰品等出现了私人占有的欲望和趋势，归谁所有的人与物的关系逐渐成为人们关心和规范的重要问题。

在此过程中，以生产资料占有关系、劳动关系、交换关系、分配关系为主要内容的生产关系及其制度逐步取代血缘关系及其制度在人类社会发展中的支配作用。除了血缘关系和生产关系外，人们的社会活动、管理活动和社会交往过程变得越来越复杂，与之相联系的人与人之间的关系越来越具有社群关系的特征，如邻里关系、同事关系、朋友关系、文化关系、教育关系、社会事务管理关系，等等。归根结底，人类社会的发展是对日益复杂的血缘关系、生产关系和社群关系不断加深认知、规范、强化、固化的制度化过程。

第七节　禅让制的传说与权力结构的变化

——权力关系和权利关系是最基本的制度关系

我国自古以来一直流传着“三皇五帝”的故事。关于三皇五帝具体是谁有几种不同的说法。一般来说，三皇主要是指伏羲氏、女娲氏、神农氏，五帝主要指的是黄帝、颛顼、帝喾、尧、舜。他们虽然有皇、帝的称号，但其实只是原始社会末期的部落联盟的首领。根据传说，黄帝传位于颛顼，颛顼传位于帝喾，帝喾传位于尧，他们之间存在着血缘关系，其传位带有家族的特征，已有世袭制的萌芽。

真正的禅让制是从尧开始的。为什么这么说呢？禅让制一般是和世袭制相对而言的。世袭制顾名思义是一种按照一定的血缘关系、以血统为纽带把名号、财产、爵位传承下去的制度方式，禅让制则是传位于非血统的人。尧在自己岁数比较大的时候，也开始考虑传位于谁的问题。传说他曾想传给自己的儿子丹朱，但是丹朱人品不行，于是尧就找来四岳一起商量。四岳指的是四个很有威望的人。尧说："我年龄大了，身体不行了，你们这几个人有谁能接替我的位置呢?"这四个人都说自己的能力不强，婉言谢绝了。尧说："如果你们能力不强的话，是否可以推荐一个能力强的人来接替我的位置?"于是有人推荐了舜。舜在当时社会上有一定名气，传说他以孝闻名天下。舜的父亲是个盲人，母亲的行为很霸道，弟弟人品不好，总是想欺负舜，甚至想害舜，但是舜在这样的家庭环境中，无论对父母、对兄弟，角色关系都把握得很好，对父母孝顺、对兄弟谦让，大家都觉得舜是个很好的人。尧听说后，专门让他的孩子认真观察舜，并先后任命舜担任几个官职进行考察。舜经过三年的时间经受了各方面的考验，最后尧就把部落联盟首领的位置传位于舜，这就是中国历史上的第一个禅让制。

尧传位于自己的儿子还是传位于舜是有思想斗争的。用史记《五帝本纪》的话说："授舜，则天下得其利而丹朱病，授丹朱，则天下病而丹朱得利。尧曰："终不以天下之病而利一人，而卒授舜以天下"。总体意思讲的是，如果我把位传给舜，只是对丹朱一个人不利而天下人得利，但是我要是把位传给丹朱，只是丹朱一个人得利而对天下人不利，这样的话，就只能把位传给舜了。"禅让制"一直被人们津津乐道，认为其是"天下为公，选贤与能"，是一种以天下为利的最高领导人的传承方法，特别是受到儒家和墨家的称颂。

舜以后的继承者是禹，禹是更有名的历史人物，"身执耒锸以为民先"，"疏川导滞""致力治水""八年于外，三过家门而不入"。舜传位于禹，也是从天下得利的角度来考虑的。禅让制在禹的时候继续往下发展。禹先选定的继承人叫皋陶，但皋陶死得比较早，然后禹就传位于伯益，仍然采用禅让制的形式。但是禹死后，他的儿子启已经有了很大的势力，启和其支持者联合起来把伯益推翻了，建立起夏王朝，而且不再搞禅让制，实行王位世袭制，从此成为中国“家天下”的第一个王朝。

禅让制作为一种王位传承的制度形式有其产生、发展、消亡的历史必然性。制度的本质体现的是人与物、人与事、人与人之间的关系。禅让制的产生、发展和消亡反映了这三类关系的历史性的变化。人与人之间本身存在着一种相互影响、相互制约、相互作用、相互依存的关系。在以血缘关系为纽带维系的原始人的群体中，这种关系体现的是相互依赖、相互照应的和谐平等的关系。原始人与集体和其他个人之间的关系及作用是按能力大小划分的，如首领的产生、男女老幼的分工，等等。他们也有首领，首领一般都是能力比较强的人，有能力保护弱小的人，有能力维系群体的生活和生存。就像猴群狮群中的猴王狮王一样，靠较强的能力协调整个群体的行动，保护群体的生存。

在原始社会发展的过程中，最初的血缘关系慢慢发生了变化，人们对血亲关系的认识和制度化的结果，排除了近亲结婚，本氏族的人不能娶族内的女人，必须到族外去寻找配偶，这种族外婚的形式产生了不同的氏族。氏族的发展进一步产生了部落，若干个部落又形成了部落联盟。部落或部落联盟内部成员最初有一定的血缘关系，但是经过战争、兼并，继而形成许多地域辽阔、习俗多样、没有血缘关系的部落或部落联盟。在血缘关系基础上形成的人与人之间的单纯的家庭关系、亲情关系逐渐演变成了复杂的权利关系和权力关系。人们的议事规则、程序、形式也发生了相应的制度性变化。

权利关系和权力关系的产生是人类社会历史性的变化。权利关系主要体现在人与物的关系方面，是对物的占有的利益关系的表现。最初应是对食品、生产工具、装饰品、家庭用品、服装、房屋、牛羊等人工产物的占有，最后扩大到对土地、矿产等自然资源的占有。在现代术语中，“权利”泛指与义务相对的个人应享有的权力和利益。权力关系主要体现在人与事、人与人的关系方面。“权力”是一个非常重要的概念。对权力的理解主要有两种解释。一种是“能力说”，认为权力体现的是影响或支配他人的能力。一种是“关系说”，认为权力体现的是影响或支配他人的关系。

用学术性的语言来说，权力是权力主体影响、控制、支配处于依赖关系之中的权力客体的制度化能力。从本质上说，权力体现的不是一种自然的能力，而是一种制度化的能力。制度始于规定，成于执行。制度的执行是有强制力的，这种强制力就是制度化能力即权力的体现。在此意义上说，一个人是否具有权力，主要不是取决于他的能力，而是取决于他的职权，取决于他是否处于权力体系中。权力是制度的产物，制度是产生权力的基础。在奴隶社会和封建社会中，父权、夫权的产生带有明显的制度烙印。王位或帝位的传承本质上是一种权力的传承，权力传承的背后存在着巨大的权利关系和利益关系。

禅让制向世袭制的演变实质上是权力关系和权力结构变化的结果。制度的本质是社会关系的规范和固化或是社会关系的构成，制度构成则以与一定的权力关系相联系的权力结构为主体。禅让制体现的是部落联盟内各氏族、部落之间平等议事的规则、权力关系和权力结构。部落或部落联盟大会、议事会有权决定重大事项和推选首领。此种最高首领的传承制度也可以叫作推选制。禅让制和推选制有很大区别。禅让制意味着未来的继承人是首领自己选定的而不是集体推选的。禅让制的首领已经有了非常大的威信和权力，无论是尧还是舜在选择继承人的时候，他们虽然也听取其他人的意见，但最终是自己决定。禅让制被世袭制所取代，也是人类社会制度化发展的必然结果。

尧、舜、禹时期已经处于原始公社制度瓦解阶段，以男子为主体的家庭、私有财产、私有制开始发展起来了。军队不仅成为战争的强大力量，而且成为掌握最高权力的坚强后盾，成为制度执行的最具强制力的力量。黄帝时期已经开始设立分管农业、民事、水利、山泽的官职和机构。古书记载，禹“知人则哲，能官人”，说明他已经有很大的任免官员的权力。随着生产关系、权利关系、权力关系和权力结构的变化，人们的社会关系变得日益复杂，统治与被统治的阶级关系、阶级矛盾也更为尖锐，这就需要产生一个强大的政权机构和一种与之相联系的国家制度。禹的儿子启用武力推翻伯益，用世袭制取代禅让制，最终奠定了 4 000 多年历代王朝中央集权的制度基础。如上所述，制度的主要作用首先是规范人与物、人与事、人与人之间的关系，其次在此基础上规范人们彼此之间的行为以及与其相联系的组织活动和社会秩序。同时，制度的产生与发展是与人们的社会关系、特别是生产关系的发展变化相适应的。制度规范人们的社会关系和行为又被后者发展的现实状况所制约。

第八节　古希腊城邦制与制度构成三要素

——三要素关系决定制度类型、性质、特征及其运行

公元前21世纪禹的儿子启在黄河流域建立了世袭制的夏王朝，公元前1700年两河流域的古巴比伦《汉谟拉比法典》问世。在此期间，公元前2000年左右，古希腊的祖先已定居在爱琴海的克里特岛，并在地中海地区逐渐孕育出灿烂的古希腊文明。公元前8世纪至公元前6世纪，古希腊没有形成中国和古巴比伦王国那样的中央集权的庞大的奴隶制国家，而是在氏族社会解体的过程中逐渐形成了200多个具有国家制度形式的城邦组织，在历史上尤以雅典和斯巴达最为有名。城邦或称城市国家，一般包括作为中心的城市和分布于四周的乡村两部分。每个城邦各自为政，彼此独立，拥有自己的语言、风俗、农业、工商业、经济、宗教、文化、法律、政权、军队，等等。城邦一般规模不大，国土面积一般只有数百或数千平方公里，人口在数万或数十万之间，主要分为贵族、平民、奴隶三部分。

古希腊城邦的政治体制以民主政治著称，其间始终贯穿着贵族与平民之间的斗争，在这方面雅典城邦最有代表性。雅典城邦位于希腊中部的阿提卡半岛，除农业外，工商业、贸易较为发达。雅典城邦制度沿袭了氏族社会的长老议事会、军事首领、部族成员大会的制度形式，由贵族组成的议事会、负责军事和行政的执政官以及由平民组成的公民大会成为城邦制

典型的权力机构，公民大会具有明显的民主政体的特征。大约在公元前510年，雅典城邦公民大会通过了一项提案，雅典公民可以用投票方式放逐他们认为有独裁倾向的政治人物，他们所用的选票很特殊，不是我们现在所用的纸片，而是陶罐的碎片，世称“贝壳放逐法”或“陶片放逐法”。公民们在陶片上写下他们想放逐者的名字，达到6 000人以上的法定人数即可决定被放逐者的命运。被放逐者很多是雅典城邦的最高执政官，有些人甚至战功显赫。那些被认为居功自傲、独断专行、有可能损害民主政治的执政官很容易成为被放逐的对象。“陶片放逐法”被认为是古希腊民主政治的范例。

斯巴达城邦位于希腊半岛南部的拉哥尼亚平原。斯巴达人骁勇善战，从小就参加军事训练，以军事力量强大著称，其政治体制和雅典城邦不同，被称为“寡头政治”。其国家政权由国王、长老会议、公民大会和监察官组成。国王实行世袭制，长老会议是最高国家权力机关，长老会议成员和监察官由公民大会选出。选举方法很特别，既不用陶片也没有选票，而是以呼喊声的高低来决定，喊声大即表示通过。按照斯巴达城邦制，国王由世族世袭，长老会议成员和监察官由公民大会从贵族中选出，所以最高权力往往掌握在贵族手中，但是工商业奴隶主联合自由民反对氏族贵族的斗争又容易产生具有独裁色彩的僭主政治。斯巴达城邦和雅典城邦为了争夺在希腊的霸权经常引发战争，同时也成为两种不同政治制度的斗争。

“麻雀虽小，五脏俱全”。古希腊的城邦虽然领土面积不大，人口不多，但是已经具有了国家的制度形式。制度始于规定，成于执行，这是制度学的基本观点。古希腊城邦制也是在制度规定和制度执行的过程中形成的。任何规定都是人做出的，任何执行也是靠人完成的，因此，在制度形成过程中，人是最基本的要素，所有的变化过程都和人的活动有关。与制度规定和制度执行的过程相联系，可以把所有的人分为三类，称之为制度构成三要素，制度构成的过程是这三类人相互作用的结果。如图1－5所示。

在制度构成三要素中，第一类叫作制度规制者，主要是参与制定规定

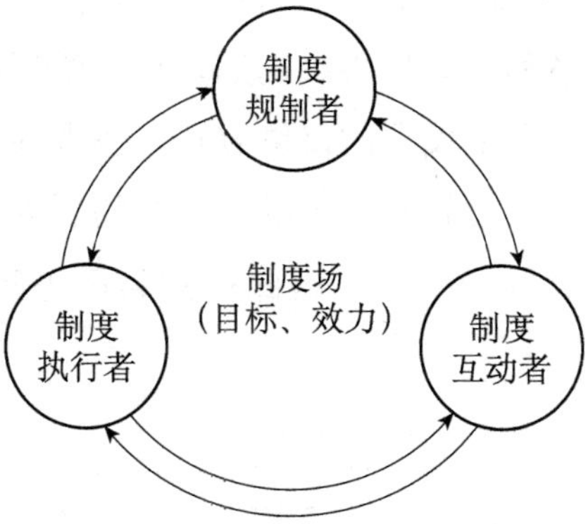

图 1－5　制度构成三要素互动关系

或法律的机构和人员，如古希腊城邦中的长老会议及其所有议员，他们负责制定城邦法律，决定重大事务；第二类叫作制度执行者，主要是负责推行或实施法律和各项规定的机构和人员，如雅典的执政官、斯巴达的监察官及其所辖的机构和人员；第三类是制度互动者，主要是受法律约束并作为执行对象的人员，如城邦中的平民、自由民、工商业者、奴隶，等等。制度互动者有两层含义：①除制度规制者和制度执行者之外的所有人员；②从广义上说，所有制度规制者和制度执行者本身也要受法律的规范和约束，也需要执行法律和规定，在这个意义上说，组织中的所有成员（包括规制者和执行者）全部属于制度互动者。

制度互动者很显著的特点是：①制度互动者是组织中的大多数，制度规制者和制度执行者在所有组织成员中只占有很小的比例；②制度互动者本身是最重要的执行者，所有的制度执行和施行都需要靠制度互动者的行为表现来实现；③制度互动者是制度规定和制度执行的主要对象，其行为受到法律和各种规定的规范和约束；④制度互动者是制度关系或制度形式的主要体现者，如婚姻法所规定的一夫一妻制是通过所有组织成员现实的婚姻关系表现出来的，制度互动者是制度关系的最直接体现者；⑤制度互动者对制度规制者和制度执行者具有强大的反作用力，制度构成三要素之间存在着协同一致或矛盾冲突的互动关系。

制度构成三要素的关系决定着制度的类型、性质及制度运行的稳定性。古希腊城邦的权力结构分为长老会议（制度规制者）、执政官（制度执行者）、公民大会（制度互动者）三部分，非常有代表性地体现出制度构成三要素的基本关系和互动作用。比如，雅典城邦，其长老会议、公民大会采用讨论、辩论、民主投票的议事方式，在贵族之间、平民之间以及贵族和平民之间形成了一种相对平等的、民主的制度形式，特别是平民集中的公民大会具有很大的影响力，因此被称为民主政治体制，如图 1－6 所示。

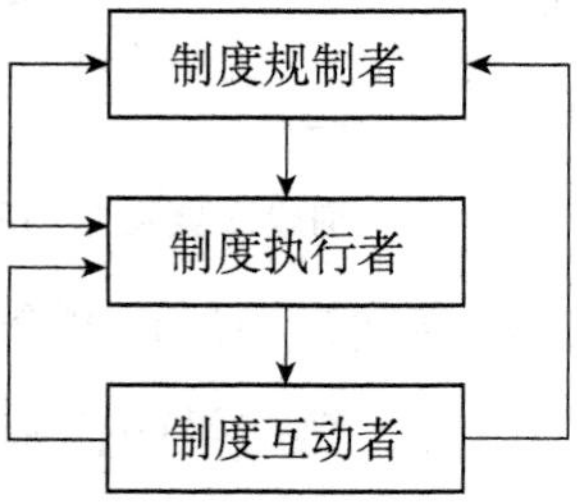

图 1－6　制度构成三要素互动关系的民主模式

当时各希腊城邦中还存在另外一群数量很大的制度互动者——奴隶，奴隶没有人身自由，是被各种法律、规定强制执行、被奴役的对象，贵族、平民与奴隶之间的关系则是统治与被统治的关系，并且成为构成古希腊城邦制度的最基本的社会关系，因此古希腊城邦制度本质上是采用民主政体的奴隶制的国家制度。与雅典城邦民主政治并存的还有贵族政治和僭主政治两种政体形式，前者以斯巴达城邦为代表，其权力掌控在贵族集中的长老会议手中，执政官和公民大会的影响力都很弱，后者在雅典城邦和斯巴达城邦中都曾出现过，执政官大权在握具有独裁制的特征，长老大会和公民大会的影响力都很弱，如图 1－7 所示。

无论是实行中央集权制或议会制的国家，还是实行董事会制或家长制的企业，制度构成三要素的基本关系都是其制度构成的一条主线，其制度规定和制度执行的过程都是制度构成三要素互动作用的现实体现。权力关系和权利关系是制度构成三要素中最基本的互动关系，制度规制者和制度执行者处于权力结构的中心，可以称之为制度主体，制度互动者则称之为制度客体，不同的制度互动者通过与制度主体的互动关系实现自己的利益诉求。制度三要素主客体关系的互动方式，如图 1－8 所示。

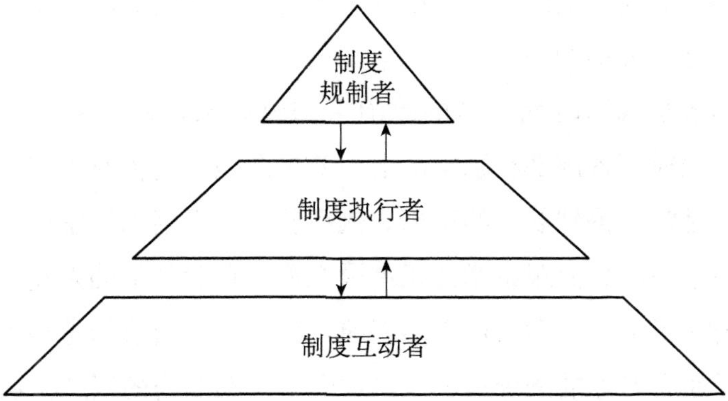

图 1-7　制度构成三要素互动关系的专制模式

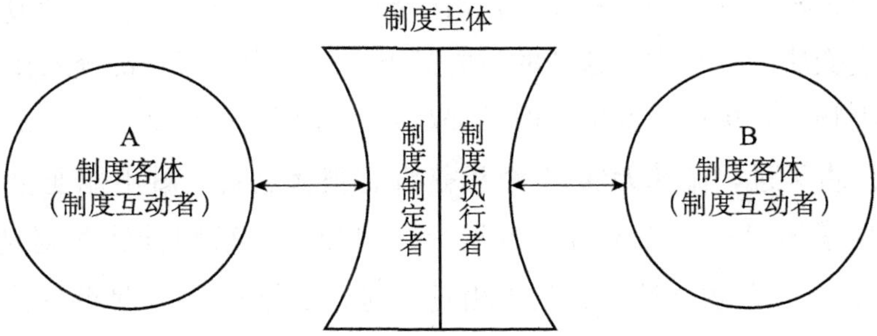

图 1-8　制度构成三要素主客体互动关系示意

第九节　商鞅变法与制度规定

——制度规定含有组织发展变革的基因

制度始于规定，成于执行。制度规定是组织发展变革的基因。任何组织都可看作是一个社会有机体，其制度的发展变革首先是从制度规定开始的，并且通过制度执行的推进来完成。制度不是一成不变的，世界上这么多国家，每个国家都有一个制度变革的历史。谈到我国历史上的制度变革，不能不讲到商鞅变法，这是中国历史上一个重要的制度变革过程，也是最有代表性、最早的一次。

商鞅本人是战国时期著名的政治家和改革家，是法家的主要代表人物。春秋战国时期各国都在励精图治、变法图强，商鞅原想在魏国谋个一官半职，但是没有得到魏王的重用。他抱着一线希望到了秦国，刚开始并不顺利。他第一次见面跟秦孝公谈治国之策，秦孝公不感兴趣。第二次见面跟秦孝公谈王道，秦孝公也不感兴趣，第三次见面谈的是霸道，强调注重刑罚，靠颁布严酷的法令治理国家，引起了秦孝公的兴趣。秦孝公对此很欣赏，希望秦国能变得强大，于是开始重用商鞅。

任何一种制度的确立或变革，始终都存在着支持、反对两种力量。商鞅在推进变法的过程中，遇到的阻力是很大的。当时有一部分人作为贵族的代表人物，坚决反对变法，而且提出："利不百，不变法；功不十，不易器。法古无过，循礼无邪。"意思是没有很大利益，就不能变更现有法令，循规蹈矩，没什么不好，也没什么过错。商鞅则针锋相对地回答："前世不同教，何古之法？帝王不相复，何礼之循？""治世不一道，便国不法古。"就是说历朝历代，信奉的不一样，都不是同一种朝代，怎么能沿袭过去的老做法呢，要想治国，就应该有一种新的理念，要想使国家发展，就应该适应发展的需要，创立一套新的法则。商鞅积极主张变法的态度得到了秦孝公的支持。

商鞅变法是一种制度的变革，分两次进行，第一次是在公元前 356 年，第二次是在公元前 350 年。变法的内容主要有以下几个方面。

第一，废除井田制，确立了土地私有制。按史记上说，商鞅"为田，开阡陌封疆，而赋税平"。井田制是商周时期沿袭下来的一种土地制度，国王把土地分给诸侯作为封地。阡陌指的是田间小路，土地被沟渠阡陌分成小方块，形成井字形，所以叫作井田，相应的制度叫作井田制，井田是分给诸侯的，不允许买卖。战国后期是我国奴隶制社会向封建社会过渡的时期，当时因为生产力发展，使用铁制农具和牛耕，很多人开始开荒种地，出现了地主和农民的新的社会关系，需要新的制度规范和制度化。战国时期在能不能开荒种地、能不能买卖土地等问题上，各个国家有不同的政策。商鞅变法承认土地私有，可以开荒种地，可以买卖土地，而且按照土地多少来纳税，这样就把过去传统的井田制废除了，实行的是新的土地私有制。

第二，废除世卿世禄制，实行军功爵制。“卿”本是个官名，“禄”是俸禄，官职俸禄财产都和父死子继的世袭制相联系。贵族子弟出生就可以继承贵族的封号，其他人不可以。商鞅则实行军功爵制，奖励军功，按军功大小授予爵位。“战斩一首赐爵一级”。这样的话就把人的身份高低和军功联系在一起，而不是和其父辈官职相联系。秦国的很多将军都是从普通士兵通过军功爵制晋升而来，具有很丰富的战斗经历，“猛将必起于卒伍”，因此，秦国的军队特别能打仗，和其他六国相比，战斗力极强。

第三，废除分封制，实行郡县制。商周时期实行分封制，国王把土地、人口赐给王族和有功之臣，按不同封号设立诸侯，其缺点是诸侯可以拥兵自重，不听指挥。商鞅变法“集小乡邑聚为县”，以县作为最小的行政单位，每个县都设个县令来管，完全听命于秦国国王。秦国当时通过战争取得的新的领土，就不再分封诸侯，全部设为郡，郡下面再设县。

另外，商鞅还改革了户籍制，实行连坐法，奖励耕织，惩戒私斗，在其他许多方面颁布法令，实行变革，使秦国的政治、经济、军事、民风等发生了巨大变化，为日后秦始皇统一六国奠定了基础。

分析商鞅变法的过程，可以把它分为两部分，一是颁布法令，二是执行法令。前者属于制度规定的范畴，后者属于制度执行的范畴。制度始于规定，成于执行。任何制度变革，首先要变革规定。新的制度要有新的规定，而且是在改变旧有规定的基础上制定的。当时在秦国反对变法的人主张“利不百，不变法；功不十，不易器。”商鞅则主张：“治世不一道，便国不法古。”二者的矛盾焦点是变不变“法”，即变不变“规定”。变法意味着改变原有的规定，颁布新的规定。没有规定不能形成制度，没有新的规定也不能形成新的制度。制度是组织、管理、领导的第一要素，制度规定则是组织产生、发展和制度形成的基因。作为生物体来说，每种植物、动物都有控制其生长、繁衍的基因。一粒种子为什么能长成小麦或玉米、高粱的植株，老虎、狮子、长颈鹿为什么会有不同的种群，是因为其含有的基因不同。不同物种的基因规定着其特有的形状、结构、性能甚至生命周期，等等。人类组织也有相同的特点，同一种组织有同一种规定，不同的组织有不同的规定，反过来也可以说，相同的规定产生相同的组织及其制度形式，不同的规定产生不同的组织及其制度形式。商鞅变法的结果说明，制度规定不同，组织的性质、结构、特征、运行方式也不同。制度规定改变，组织的性质、结构、特征、运行方式等也必然相应地发生变化。从制度变革的角度来说，如果要想使组织的性质、结构、特征、运行方式发生变化，就要在制度规定方面做文章，制度规定的变化是一切变革的前提条件。秦孝公要想使秦国变得强大，使秦国的军队更具战斗力，不实行变法是不可能做到的。

我们把组织比喻成一个具有内在活力和生命力的社会有机体，人是组织的细胞，而人的活动是靠制度规定来规范的，如表 1－1 所示。制度规定本身包含了组织未来发展的最重要的信息。任何组织的发展过程都是其既有规定的展开过程，都受到其规定的指引和限制。制度规定的内容直接关系到组织构建和运行问题，基本可分为总体目标和根本原则、基本关系和制度形式、机构设置和组织结构、岗位设置和职权划分、人员规定和行为准则、办事程序和工作标准六个方面。这六个方面规定了组织的类型、功能、骨架、器官、细胞及神经系统，等等，一旦把人的现实活动注入其中就形成了一个活生生的社会有机体。组织的活力和生命力是制度规定的这六个方面所决定的，商鞅变法改变了这六个方面的内容，增强了秦国军队的战斗力和秦国的国力。制度规定的多样性决定了社会组织的多样性和制度形式的多样性。因为制度规定内容的复杂多样，世界上没有完全相同的公司，也没有完全相同的国家。

表 1－1　生物体基因与制度规定比较

生物体	组织
基因	制度规定
细胞	机构和人员
基因的自我复制	组织的自我复制（连锁零售企业）
基因的致病性突变	组织的致病性突变（苏联解体）
基因的非致病性突变	组织的非致病性突变（改革开放）
新物种的自我复制	新制度的自我复制

现代医学证明，许多人的病症和寿命长短与其遗传基因有关。组织也

是一样，其运行过程中出现的问题及生命周期在很大程度上与其制度规定有关。制度规定如果设计得完整周全，其执行则会较为顺利，组织运行较为平稳，效果也较为理想。如果制度规定有问题，执行时则会遇到较大阻力，在组织运行发展过程中的某一环节、某一方面或某一阶段必然会出现问题，产生不好的结果。为了使制度规定完整周全，必须考虑制度规定的合法性、合理性、整体性、代表性和公开性问题。制度规定是要靠人遵守和执行的，制度规定的这五个特性决定了制度互动者对制度规定的认同度，这是制度规制者和制度执行者不能忽视的重要指标。毋庸置疑，制度规定认同度的高低，不仅对组织运行而且对制度和社会的稳定性、对制度变革的成败有十分重要的影响。在制度规定认同问题上，商鞅变法对我们也有一定的启示，将在以下章节进一步加以分析。

第十节 “南门徙木”与制度执行

——制度管理的过程是取信于民，树威于吏，立制于国

制度始于规定，成于执行，徒有制度规定并不意味着能够确立一个科学的制度。比如，我们设计了一张图纸，准备盖一栋大楼，但是要把它变成现实的大楼，就必须进行施工。图纸设计得再完美、再科学，如果在施工过程中背离图纸，降低标准，偷工减料，那它也只能是烂尾楼或者豆腐渣工程。所以说，大楼真正的质量最终取决于施工的质量。制度的构建也是一样，建筑图纸就相当于制度规定，施工就相当于制度执行，光有制度规定，没有严格的执行，也不能构成现实的制度。

任何一种制度的确立或变革，始终都存在着支持、反对的两种力量。上一节讲到，商鞅在推进变法的过程中，在制度规定的变更方面遇到的阻力是很大的。当时关于是否变法进行了激烈的辩论。实际上，商鞅推行的

“变法”本质上是“变制”，即通过法令的修改进行制度上的变革。按照制度学的观点，实行“变法”只是第一步，仅是改变观念，修改制度规定，要想达到“变制”的目的，必须走出第二步，进入制度执行的过程。

商鞅在秦孝公的支持下，对制度执行这一步进行了精心策划。他知道，变法能否顺利执行，很重要的一点是老百姓怎么看，能不能支持自己。《史记·商君列传》里有一个小故事叫《南门徙木》，生动描述了商鞅推进变法执行的过程。“孝公既用卫鞅，鞅欲变法，恐天下议己。令既具，未布，恐民之不信，乃立三丈之木于国都市南门，募民有能徙置北门者予十金。民怪之，莫敢徙。复曰：能徙者予五十金。有一人徙之，辄予五十金，以明不欺。卒下令。”故事很有意思，说的是商鞅怕民众不相信自己，所以就在京城的南门外，立了一根三丈高的木头，说你们谁能把它移到北门去，我就重赏。当时老百姓都觉得很奇怪，因为把这根木头扛过去也不是很沉，这是不是开玩笑，没有人去搬这根木。于是商鞅开始加码，他下令说，如果有能搬过去的，赏五十金。重赏之下必有勇夫，这样的话就有一人动心了，心想那我就试一下，反正没多大损失，给不给再说。他把这根木头从南门扛到北门。扛过去之后商鞅马上赏给他五十金，表明说话算数，以明不欺。商鞅实际上已经起草好了法令，但在发布之前，先通过“南门徙木”这件事表明态度，取信于民，然后再颁布法令，掌握的节奏很好，顺利推进了变法的执行过程。

商鞅变法的成功，除了取信于民之外，还有一个重要方面是树威于吏。如上所述，任何组织都有专门负责制度执行的机构和人员，取信于民，是让老百姓自觉自愿地加入制度执行的过程中。树威于吏，则是让制度执行机构和人员忠于职守，运用法定权力贯彻执行制度规定，包括制度规制机构和人员在内。通过“南门徙木”，老百姓相信并接受变法的现实了。但是官吏怎么样，他们动没动，这是专门负责执行的很重要的力量。商鞅采用的方法是树威于吏，就是说制定法令之后，必须要求各级官吏从上到下严格执行，不管是谁违背法令，一律严格惩处。“法之不行，自上犯之。”如果法令行不通，那是上面的问题，而不是下面的问题。要把上面的问题解决好，就是要把官吏的问题解决好。商鞅实行变法后遇到的最大阻力来自宗室贵族，其代表人物还是太子的老师。此时太子也犯法了，是否治罪成为商鞅遇到的一大难题。太子地位特殊，未来要登王位，但是不治罪，法令就行不通，所谓“王子犯法与庶民同罪”。于是商鞅想出个主意，向秦孝公建言，太子犯法，刑太子之师。太子犯法是因为老师的过错，既然不能惩罚太子，就拿老师开刀。太子的老师公子虔、公孙贾，一个被在面颊上刺字，一个被割掉鼻子，史称黥刑、劓刑。太子犯法都被治罪，各级官吏岂敢不按法令行事。其结果是变法推行从上到下非常顺利。《战国策》评论云：“商君治秦，法令至行，公正无私，罚不讳强大，赏不私亲近，法及太子，黥劓其傅。期年之后，道不拾遗，民不妄取，兵革大强，诸侯威惧”。

商鞅在执行法令的过程中，一方面取信于民，另一方面树威于吏，严于律己，公正无私，为变法奠定了坚实基础，使秦国的制度变革比较顺利，而且取得了很大成果。在取信于民、树威于吏的基础上达到了立制于国的目的。据史书记载，商鞅变法后，“秦民大悦”“道不拾遗”“山无盗贼”“兵革大强，诸侯威惧”。值得一提的是，商鞅最后被他的反对派车裂而死，但是其死了以后，变法的成果仍然能够巩固下来，这也是和他的制度执行及其结果有很大关系的。

制度始于规定，成于执行。制度是制度化过程中制度规定和制度执行的产物。商鞅变法并非仅仅停留在颁布一系列实行制度变革的重要法令上，而是非常重视制度执行问题，采取一系列措施取信于民，树威于吏，使民众和官吏真正成为制度执行的主要力量，从而成功地实现了制度转型，立制于国，确立了新的制度。

关于制度执行主要有下列几个相关问题。

第一，执行什么。这个问题很简单，在商鞅变法中，制度构成三要素是秦孝公、商鞅（制度规制者）、太子为首的各级官吏（制度执行者）和民众（制度互动者）。所谓“执行”就是执行制度规定，亦即执行秦孝公准奏的各项法令。

第二，谁来执行。涉及执行主体和执行对象两个方面。制度执行者是执行主体，拥有强制性的执行权力，是最重要的执行者。制度互动者是执行对象，人数众多，处于制度规定和制度执行的管辖之下，是制度执行的基本动力和社会基础，他们的执行行为更多地是以遵守、服从的形式表现出来的。从广义上说，制度规制者、制度执行者也是制度对象，也要受到制度的规范和约束。“太子犯法，刑太子之师”、商鞅被车裂而死即是此例。商鞅变法“取信于民”“树威于吏”的做法是使更多的官吏和民众成为执行的力量而不是执行的阻力。

第三，如何执行。有三种执行行为的表现，第一种叫自愿执行或自律执行，即从内心深处接受、认同、遵守、服从、拥护、自觉执行制度规定；第二种叫被动执行，对规定不认同，有很大意见，但在行动表现上跟规定是一致的；第三种叫强制执行，不仅对规定抵触、反对，而且表现出违反规定的行为，最终受到强制力的约束，被实行黥刑、劓刑等强行制止违规的行为，被迫服从制度规定。

有一个与制度执行相关的重要概念是“执行力”，这也是企业管理、政府管理研究中涉及的普遍概念。什么叫执行力，说法很多，如执行上级决策的能力、管理控制的能力、实现目标的能力、落实标准的能力，等等。实际上，执行力就是执行制度规定的能力，上级决策、目标、管理控制、标准等毫无疑问都属于制度规定的内容。

执行力的类型一般被分为个人执行力和团体执行力两个方面。制度规定要靠个人和团体来执行，这种说法没有错，但是并不完全对。最重要的执行力实际上是机构的执行力，亦即制度执行者的执行力。我们作为一个普通人，有一定的执行力，但这个执行力只限于自身，自己约束自己，对别人没有强制力。真正的执行力是有强制性的，能够强制所有的人来执行。制度执行力集中体现在机构的执行力上。各级政府机构作为法定的制度执行者，具有一定的权力，也就具有一定的强制力，其能够制止不合规的行为并强迫被动执行者或者强制执行者遵守制度规定。

作为个人来说，如果是一个平民老百姓，则只具有个人执行力。如果在政府机构工作，掌握一定的权力，则相应具有一定的机构执行力。个人的执行力和机构的执行力结合起来，则构成了在组织或国家中起主导作用的现实的执行力。执行力不仅体现为一种个人的能力，而且体现了一种制度的能力。当一个官员离开机构时，没有了官职和权力，也就不再具有机构的执行力，而只具有个人的执行力了。

在现实社会中，执行力可以分为十个层次或十种类型。每个层次或类型中按其强制性程度还可分为若干等级。第一类最低层次也是最基本的执行力叫作个人执行力。它是一种分散的、松散的、个体的执行力，其最典型的特征是遵守或服从制度规定。它只是对个人自身的执行而言，执行的能量、力量很微小，对他人几乎没有什么强制力。但是，它是组织、国家及整个社会制度执行的基础。组织、国家及社会是由一个一个的人组成的，如果多数人都不执行制度规定，法不治众，根本不可能确立起相应的制度。商鞅变法中"取信于民"的做法无疑有利于强化民众个人的执行力。

第二层至第九层执行力都属于机构执行力，表现为八种不同的机构。其执行力都是与其所拥有的权力或者强制力联系在一起的。如基层办事机构是一种事务性的执行机构，它有一定的办事权和执行权，但是没有强制权。负责人、财、物的审批机构或职能部门由于具有行政确认权、行政许可权、行政实施权、行政命令权、行政合同权等行政权，因此有较大的执行力。工商、税务、质监等执法机构具有一定的处罚权、自由裁量权等相联系的更大的执行力。公安机关、国家安全机关等机构，虽然也属于国家行政机关，但具有刑侦、拘捕、预审等限制人身的强制权并有一定的武装性质，使执行力由常规性转变为了强制性。法院、检察院等机构属于国家司法机关，分别具有一定的司法权、审判权和检察权，可以通过刑侦、拘捕、预审、起诉、判刑等手段限制人身自由，其执行力则带有直接的强制力。再往上的层次叫监察机关，主要是监察所有机构及其负责人的执法行为，具有监察权、调查权、监察建议权，而且可以协助司法部门采取相应的刑事措施和法律手段。教育和宣传部门是一种非常特殊的机构，它们在社会上虽然没有直接的行政权和司法权，但其教育和宣传活动却对所有社会机构和社会公众的执行力具有重大的影响。第九层或最强的机构执行力是武装力量，最典型的是军队，军队是特殊的执行力，主要体现在它具有强大的打击力量和杀伤力量，所以军队是维持国家安全稳定的最后防线、坚强后盾。商鞅变法中“树威于吏”的做法无疑有利于强化机构的执行力。

最后，最高层次的执行力是民众执行合力。它不是一个一个松散的个人执行力的简单集合，而是广大民众集体爆发的整体的、总和的执行力。它代表着广大民众对制度的认同、意志和力量。民众是一个国家赖以存在及稳定发展的基础和支柱，是各种机构执行力的根本来源，军队和民众实际上有各种关系交织在一起所构成的共同利益。民众执行合力一般通过社会风气、公共舆论、游行示威、群众运动或暴力革命等形式表现出来。毛泽东同志在《杂言诗·八连颂》中写道：“军民团结如一人，试看天下谁能敌。”军心民心是社会稳定的根本。商鞅变法中“立制于国”的做法无疑有利于强化民众执行合力。在商鞅变法中，取信于民，树威于吏，较好地解决了民众执行力和机构执行力问题，因此才能收到立制于国的效果。

另外，还有一个重要问题与制度执行有关，即没有百分之百的执行，任何执行都有可能打折扣，任何执行行为都有可能出现偏差。问题出在两方面，一是制度规定方面存在问题，且不说制度规定不合法、不合理必然会带来执行上的问题，实际上，任何规定都不可能代表所有人的利益或被所有的人所认识，也不可能完全得到所有人的支持和认同。其他还有可能出现制度选择、制度设计方面的问题，如政策错误、结构紊乱、政出多门、朝令夕改、机构臃肿、职责不清、规定缺位、错位、越位等，这些制定规定过程出现的问题都会产生严重的执行问题。二是制度执行方面存在问题，如在执行过程中偏离目标、理解失误、控制不当、执行不力、自定政策、阳奉阴违甚至滥用权力、贪污腐化等。有鉴于此，制度执行过程本身必然是一个不断纠偏、调控的过程，同时也必然是一个不断变革、创新的过程。“取信于民”“树威于吏”“立制于国”是一个完整的制度化的过程。无论是企业、学校还是国家，任何目标或愿景都需要通过“建章”“立制”来实现。制度管理和制度化过程是品牌化、规模化、连锁化、机械化、信息化、市场化等一切管理活动、组织活动和社会活动的最基本的途径。

第二章

制度场与场式管理

- 物理场、生物场与制度场
- 南橘北枳与制度场社会效应
- 伯乐相马与制度育人
- 韩信的故事与个人能力
- 万有引力的发现与制度场作用力
- “窃符救赵”与制度能力
- 商店的变迁与制度场组织的类型
- 熔断机制与场式管理
- 东南亚金融危机与场际关系

第一节　物理场、生物场与制度场

——制度以场的形式存在，表现为制度场

如上所述，制度是制度规定和制度执行的产物，制度始于规定，成于执行。此时，我们会遇到一个问题：制度是以什么形式存在或表现出来的呢，我们怎么感知或认知制度的存在呢？

在没有认真研究制度的概念之前，我们往往只把制度理解为是一种规则、规定或规范体系，无论是公司、学校或政府机关，应该都有“××单位制度汇编”这类的书。“制度”的表现形式成了一本书，这代表着人们对“制度”的一种普遍认识。但是，如果认真推敲的话，这类书并不是“制度”的汇编，而只是“制度规定”的汇编，是一整套决定、决议、通知、意见、条例、细则等文件的合订本。

人们对制度的存在形式还有一种认识，即制度环境，这是一种我们生活于其中并对我们有重大影响的社会存在。我们都知道，人类历史上存在过原始公社制度、奴隶制度、封建制度、资本主义制度、社会主义制度等历史阶段，这种制度的产生、发展和特定的空间、时间相联系，这是一种社会存在，显然不能用“制度汇编”这种概念来描述。制度不仅仅是古老

的词汇，常用的概念，而且是一种普遍的社会现象。

实际上“制度汇编”和制度环境之间有一种内在的联系，把二者联系起来的中间环节是制度执行过程。“制度汇编”是对拟将构建的“制度”的文字规定，而制度环境则是执行过程中形成的结果或空间表现形式。制度环境是以时空的形式存在的，我们可以称之为“场”。制度始于规定，成于执行，表现为制度场。

在《辞海》中，“场”有两个最主要的含义，一指平坦的空地，有空间概念，如球场、操场、广场、战场等；二指物理场，即相互作用场，是一种物质存在的基本形态，如引力场、电场、电磁场等。场是在不同的物体或实体之间相互作用的基础上形成的，如太阳和九大行星之间、地球和月亮之间相互作用形成的引力场以及电荷之间相互作用形成的电场等。场是一个特定的作用力范围，磁场是一个典型的例子，磁铁周围会形成一个磁场，凡是进入到这个磁场的铁粉就会被吸引住。小到原子，大到宇宙，与一定的时间、空间相联系，场的存在是一种普遍的自然现象。

在动物界中，群居的动物之间也有这样的相互作用场，是否可称之为生物场。美国耶鲁大学博物馆有一个南美切叶蚁现实生活的展示窗。南美切叶蚁的生活形态非常有趣，顾名思义，这是一种切割叶子的蚂蚁。有些蚂蚁把叶子切成小块，有些蚂蚁长距离地搬运叶子，有些蚂蚁专门负责咀嚼叶子吐出白色的浆液，有些蚂蚁负责用吐出的浆液垒建蚁穴，它们有明确的分工和密切的协作方式，形成了一个有活力的、自我运行的、和谐的整体。南美切叶蚁之间明显存在着靠本能维系的互动场或相互作用场，它们之间的相互作用有一个特定的时空范围，也可称之为生物场。每一个蚁群都可以看作是一个相互影响相互依存的生物场。在其内部都存在着一种作用力，这种作用力使它们成为一种群体，是它们生存和生命延续的保障。

在人类社会中也有分工协作，但不是靠本能维系的，而是靠制度规定和制度执行所形成的制度场的作用力来维系的。人们对相互间的各类关系及其行为有了一定的认识加以规范和约束，形成一定的制度规定并且严格执行，才能形成协调一致的整体。任何制度规定和制度执行都有其特定的适用范围或作用力范围，也就是说都有一个特定的“场”，这个“场”是人与人之间的相互作用场。可以称之为有特定空间和时间范围的“制度场”。每一个国家都是一个制度场，它们都有自己特定的制度规定和执行方式，其管辖的领土、领海、领空就是其制度场作用力的时空范围。每一个企业、每一个学校在其规定和执行范围内也会形成一个各种制度角色之间相互作用的制度场。在某种意义上讲，所有的组织活动、领导活动、管理活动、生产活动等都是在特定的制度场内进行的。

在社会科学领域研究中，某些专家学者很早就引用了“场”的概念。美国的心理学家库尔特·卢因最早创立了群体动力学，他认为人与人之间在心理和行为方面是相互影响的，人们的行为与客观环境也是相互影响的，他将这种现象归结为“人类行为场”，并且在这个基础上提出了一个有关场论的数学公式。在20世纪60年代，德国大众传播学家马莱茨克曾提出“大众传播场”的概念，他认为传播者和受传者在各种复杂的社会因素影响下也会形成一个互动的场。美国著名学者彼得·圣吉创立了学习型组织的理论，他认为学习讨论会或者学习型组织是一种“学习场”。在这个“场”中，每个人都是相互影响、相互作用的。学习场一般都是领导设计和创造的，领导在场与否对场内的学习氛围及所有学习场里的人的影响是不一样的，所以又可称为“领导力场”。中国人民大学孟氧教授在研究资本论和政治经济学的基础上提出了“社会场”的理论。

“场”与“场地”是两个不同的概念。一个空荡荡、没有人的操场，只是一个“场地”。当有人在其中活动或踢球时，人与人之间的相互作用则形成了一个“场”。“场”是这些活动的、踢球的人们之间的相互作用场。人与人之间首先必然会存在一种心理场，如图2-1所示。例如，一个操场上就你自己一个人散步时，你的感觉是自由随便、无拘无束的。但是当又有一个人走进操场后，你们之间虽然没有交流，但你也会感觉到，在操场这个空间范围内，这个人的存在对你有一种心理上的影响。当你们两个人打招呼，互相交谈时，你们在操场范围内的相互作用就从心理场演变为行为场，两者间的影响和作用就更明显了。当陆陆续续进来了一二十人后，在操场个空间范围内就会进一步形成一种群体场，无论人们是否交谈或交流，相互之间都存在着群体施加给个人的心理或行为上的影响。这里所说的心理场、行为场、群体场都属于非制度化的场。制度的本质是对人与人之间关系及其行为的规范和固化。当操场中的人群对彼此之间的关系和行为做出某种规定并认真执行时，例如，他们组织了一场正式的足球赛，非制度化的场就会向制度化的场转变，即可称之为制度场。在任何一个组织中，制度场并非仅仅是由一种制度形式所形成的单一制度场，而是由劳动制度、工资制度、奖惩制度等多种复杂的制度形式构成的复合制度场。

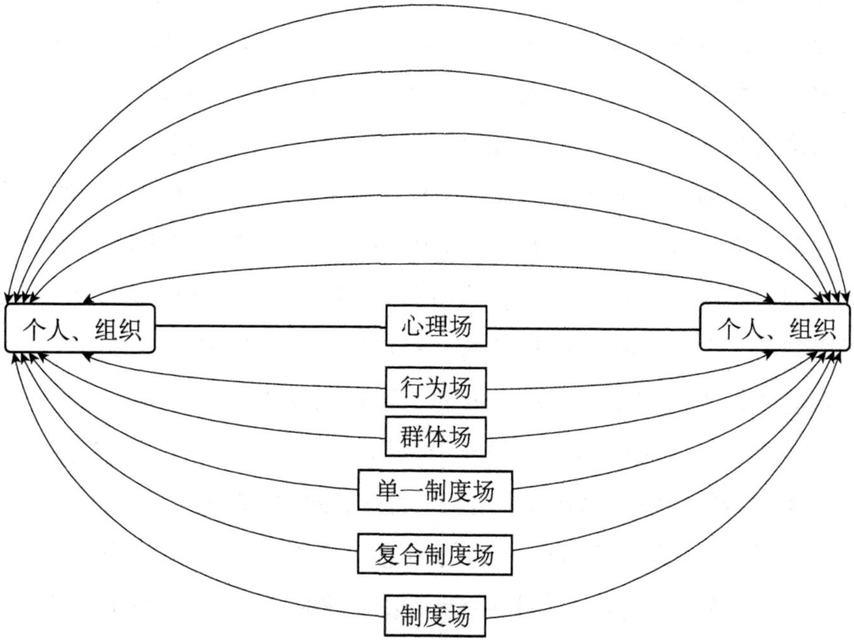

图 2-1 制度场形成过程示意

制度场是在制度规定和制度执行相互作用的过程中所形成的场，更准确地说，是在制度规制者和制度执行者的强制作用并在制度互动者服从、认同或反对的情况下所形成的场。物理场、生物场、制度场有一个共同的特点，它们都有特定的时空范围，有产生强制性或主导性的作用力的核心，有主客体之间的相互影响和相互作用。在制度化的过程中，人与人之间的相互作用形成了制度场，场的形成又将强化置身于其中的人们的相互作用，其结果将会产生正负两种不同方向的作用力和发展趋势，对这种作用力的调控则成为任何管理或制度化过程的主要内容。在某种意义上说，组织是人与人之间的相互作用场，国家是组织与组织之间的相互作用场，社会是国家与国家之间的相互作用场。关于制度场的构成、要素、运行、调控、创新等在下面的章节还将做更深入的分析。

第二节 “南橘北枳”与制度场社会效应
——制度场对人的行为有导向性作用

我们在前面反复强调一个基本观点：制度始于规定，成于执行，表现为制度场。制度是制度规定和制度执行相互作用的结果。制度规范约束着我们每一个人与他人之间的关系及行为，规范约束着人与事、人与物之间的关系及其与之相联系的人与人之间的关系和行为。制度以场的形式存在，制度规定和制度执行本身存在着强大的、强制性的影响力和作用力。这种力的影响本身有一个空间和时间的范围，也就是制度场的范围。凡是在制度场范围中的人都要受到制度规定和制度执行过程中所产生的作用力的影响。不同的制度场有不同的作用力，生活、工作、活动于其中的人将会受到不同的影响，也将会有不同的意识和行为表现。我们可以通过一个“南橘北枳”的成语故事来说明，讲的是春秋战国时期齐国大臣晏子使楚的故事。

晏子将要出使楚国。楚王得知这个消息后，对左右的大臣说：“晏婴是齐国能言善辩的人，如今到我们楚国来，我想羞辱他一番，大家看有什么好办法?”有个大臣献了一条妙计，楚王觉得这个主意不错。晏婴来到楚国后，楚王设酒席招待他。宾主正喝到兴头上，两名小吏捆着一个人来到楚王面前。楚王故意问：“这捆着的是个什么人?”小吏回答：“是个齐国人”。楚王又问：“犯了什么罪呀?”答曰：“因为盗窃犯了罪”。楚王转过头来望着晏婴说：“齐国人生来就喜欢偷盗吗?”想借此贬低齐国人。晏子离开座位，走到楚王面前，回答说：“我听说，橘树生长在淮河以南就结橘子，如果生长在淮河以北，就会结出枳子。橘子和枳子，叶子差不多，但果实的味道却不一样。这是为什么呢？因为水土不同啊。现在捉到的这个人，生活在齐国的时候，并没有盗窃的行为，来到楚国以后却偷盗起来，难道是因为楚国的水土容易使人变成小偷吗?”（“婴闻之，橘生淮南则为橘，生于淮北则为枳，叶徒相似，其实味不同。所以然者何？水土异也。今民生于齐不盗，入楚则盗，得无楚之水土使民善盗耶?”）楚王听了，尴尬地笑笑说：“圣贤的人是不可戏弄呀！我反而是自讨没趣了。”

这个故事包含了一个道理，就是说不同的制度环境对人的影响是不同的，在不同的制度环境下人的意识、行为和品质也不一样。现在有一句很经典的话，“好的制度能使坏人变好，坏的制度能使好人变坏”，说的正是这个道理。制度环境对一个人的影响是非常大的。在此遇到一个问题，我们需要知道什么样的制度是好的制度，什么样的制度是坏的制度；我们判断一个制度是好的还是坏的依据是什么；好的制度为什么会使人变好，坏的制度为什么会使人变坏；制度的这种使人变好或变坏的影响力是如何发生作用的，这其中的关键因素又是什么。

实际上，制度环境的影响是通过制度场作用力实现的。制度场是在制度规定和制度执行的互动和相互发展过程中形成的，它使所有在场内的人形成了一种互动关系，由此形成一种作用力，对所有场内的人的意识和行为形成一种导向作用。比如，当我们进入一个售票大厅时，看到里面的人都在有秩序地排队购票，我们会自觉地找到队尾去排队。相反，如果售票厅中的购票者都没有排队，一窝蜂地拥挤在窗口，为了买到票，新来的人也不得不挤进去。从制度学的观点看，在售票厅的空间范围内，存在着一种直观的、可感觉到的作用力，影响着人们的意识和购票行为。而这种作用力的形成，首先取决于有没有排队购票的规定，其次取决于有没有执行这一规定的人员和执行力，归根结底，取决于有没有形成让人们自觉排队购票的制度环境。制度场内所有人员的整体行为是这种作用力的直接表现，并对每一个人员的个人行为有重要影响。

制度规制者、制度执行者、制度互动者是制度构成的基本要素，三者之间彼此存在着多种多样的作用力。但是，制度始于规定，成于执行，制度场作用力的主要来源是制度规定和制度执行。制度规定具有一种潜在的作用力，任何一项制度规定都会对制度场内的人产生一定的心理影响。制度规定基本上可以分为法律性规定、法规性规定、政策性规定、实体性规定四种类型。与四种制度规定类型相联系，任何国家都存在着立法机关、行政机关、政党和企事业单位的领导部门四种规制机构，只是其运行方式有所不同。

如上所述，制度规定的潜在作用必须通过制度执行来实现，制度执行具有强制性，因而是一种现实的作用力。在某种意义上说，因为任何制度规定背后都有一种执行的力量，所以才具有潜在的作用力。上一章节中所讲到的十种执行力是制度执行作用力的现实体现。制度规定的力度决定着制度执行的强度，而制度执行的强度决定着制度场作用力的强度，制度场作用力的强度则与其导向性的结果成正比。例如，对酒后驾车的处罚规定可以有不同力度，如批评教育、扣分、暂停或吊销驾照、拘留、判刑等。这些处罚规定的力度不同，对当事人潜在的心理影响也不同，与之相联系，执行起来处罚的强度和行为导向性的强度也不同。而在规定相同的情况下，是否按照规定检查、当场拘留等不同的执行行为也会有不同的结果。和制度规定一样，制度执行也有专门的执行机构和执行人员。凡是有规定的地方，一定会有执行的机构和人员。

我们的祖先很早就认识到了这一点。《尚书》中的《五子之歌》反映了夏朝的一些社会状况，其中有一句："明明我祖，万邦之君。有典有则，贻厥子孙"。意思是说，我的祖上是统治天下的帝王，他制定了法典、法则，留给我们这些子孙。说明自远古时期就已形成法典这种制度规定。《诗经·小雅·古风之什·北山》反映了西周时期的一些社会状况，其中有一句大家都很熟悉的话："普天之下，莫非王土，率土之滨，莫非王臣。"意思是说，凡是天下的土地，没有不是帝王的，凡是有水土之地的，没有不是帝王的臣子。说明远古时期就有王臣这种制度执行者和制度执行。无论是夏朝、商朝还是周朝，其共同特点是，有典有则，有王有臣，也就是既有制度规制者和制度规定，也有制度执行者和制度执行，同时还有数量庞大的其统治下的子孙、民众即制度互动者，因此，每一个朝代都是一个有制度构成三要素和特定时空范围的制度场。

准确地说，我们平时所说的制度环境实际上就是制度场。我们生活于其中并受到制度场作用力的影响。我们分析一些社会现象和社会问题时，不能仅从个人的角度来考虑，而需要从制度层面深入探讨。比如，造成当前热议的“老人倒地无人敢扶”现象，一个重要方面就是制度场正能量的作用力不强。20 世纪 60 年代，全国学雷锋的良好社会风气实际上就是强大的制度场作用力引导的结果。如何从制度规定和制度执行两个方面推进制度场作用力的正面效果是一个重要的社会课题。

第三节　“伯乐相马”与制度育人

——伯乐重要，制度更重要

前面几节我们讲到，我们每一个人都生活在一定的制度环境即制度场中，制度场作用力对我们的意识、行为有非常重要的影响。“橘生淮南则为橘，生于淮北则为枳”。好的制度能使坏人变好，坏的制度能使好人变坏，很多社会问题的根源都需要从制度层面进行分析，从制度制定和制度执行两个方面探讨原因。下面，我们结合一个小故事再强调制度分析的重要性。

“伯乐相马”是一个妇孺皆知的故事。春秋时代有一个人对马很有研究，人们称他为伯乐。伯乐曾受楚王委托，为楚王寻购千里马。大家都知道千里马是很稀少的，能够从许多马中认出千里马确实不易。据说伯乐最终发现一匹拉盐车的马是千里马。这匹马食不饱肚，骨瘦如柴，拉起车来连普通的马都不如，赶车的人都认为伯乐很傻，更别说楚王了。最后证明这匹马真是一匹千里马，被伯乐发现后带给楚王，终于一展雄姿，驰骋疆场，立下汗马功劳。唐代文学家韩愈对此很感慨，专门写了一篇文章《马说》，转录如下："世有伯乐，然后有千里马。千里马常有，而伯乐不常有。故虽有名马，祇辱于奴隶人之手，骈死于槽枥之间，不以千里称也。马之千里者，一食或尽粟一石。食马者，不知其能千里而食也。是马也，虽有千里之能，食不饱，力不足，才美不外见，且欲与常马等不可得，安求其能千里也？策之不以其道，食之不能尽其材，鸣之而不能通其意，执策而临之，曰：'天下无马！'呜呼！其真无马邪？其真不知马也！"这段话的意思不难懂，千里马常有，但伯乐不常有，这样就很少能发现千里马了。因为没有伯乐，千里马只能和普通的马一样，在仆役鞭打下干苦重的活，最后死在无法奔腾、一展才能的马厩中，无人知其是千里马。千里马能日行千里，食量比普通的马大，但喂马的人不知道，按普通马的食量来喂它。结果千里马吃不饱，力不足，即使有日行千里的能力也表现不出来，甚至连普通的马都不如，怎么能要求它日行千里呢？不按正确的方法驾驭，不给足够的饲料喂养，又不能从千里马的悲鸣中通晓其意。结果是守在千里马身边，却到处寻找并说"天下没有千里马"。可叹的是，不是没有千里马，而是真的不知道什么是千里马啊！

这个故事告诉我们，千里马要是能遇到伯乐，就有发挥其才能的机会，而不会被埋没。人们总是希望能多一些伯乐，来发现更多的千里马。这个故事进一步引申为，希望有更多的领导能像伯乐那样发现人才，推荐人才。在学习和工作的成长过程中，我们每一个人都希望自己能遇到伯乐，发现自己，培养自己。虽然遇到伯乐确实很重要，但是换一个角度说，"世有伯乐，然后有千里马。千里马常有，而伯乐不常有"。这种只能靠伯乐来发现千里马的制度环境实际上是一种埋没人才的制度环境。千里马和普通马混在一起，没有展示自己才能的机会，在这种环境下伯乐就显得非常重要了。如果有一种制度环境，能让所有的马自由地奔驰，可以使其从普通马中脱颖而出，那么人人都是伯乐，都能够发现谁是千里马。在这种制度环境下，伯乐就不是那么重要了。对人才的发现和培养更是如此，人才的成长不仅需要伯乐，更需要造就人才、培养人才的制度。是让万马齐喑，还是让万马奔腾，存在着两种不同的制度环境或是两种不同的制度场作用力。在这个意义上说，伯乐重要，制度更重要。

另外，如果说千里马日行千里的能力是天生的，人才的知识和能力则更多的是后天培养的，那么我们更需要培养人才、造就人才的制度。人的能力可以分为自然能力、工具能力和制度能力三种类型。自然能力一般指个人天生的能力，例如，嗓门大小、力气大小、奔跑速度等。工具能力一般指个人通过学习知识和训练所获得的掌握和运用工具、方法的能力。一个人的工具能力可以有效提升其自然能力。例如，嗓门小可以借助麦克风而不用去练嗓子，奔跑速度慢可以骑自行车或开汽车而不用去练跑步。制度能力指一个人借助制度的力量所获得并能够发挥的能力，如执行能力、管理能力、领导能力，等等。自然能力是与一个人的身体条件和自然条件相联系的，工具能力需要借助知识、工具和技术条件，需要把知识、方法、工具的掌握运用和自然能力结合起来，这两种能力好理解。制度能力需要借助制度环境，需要稍微做一点解释。

在日常生活中，我们会遇到一个问题：一个人是因为有了领导能力才走上领导岗位，还是因为走上领导岗位才具有领导能力。实际上两者是密切相关的，不是一种纯粹的个人能力。让千里马去拉车不能表现出其日行千里的能力，一个人不在领导岗位上，也不可能表现出领导能力。客观地说，一个人的执行能力、管理能力、领导能力除个人的自然能力和工具能力外，都是和一定的权力及制度场作用力相联系的，制度能力是自然能力、工具能力和权力、制度场作用力的综合体现。一个人离开了领导岗位和相应的权力则不再具有现实的领导能力，而只是一个普通老百姓。所以说，人才的培养和发现与千里马并不相同，人才不仅靠发现而且更重要的是靠培养，特别是工具能力和制度能力的培养，在这方面伯乐个人的能力是薄弱的，制度的力量则是强大的。

还有一点需要说明的是，伯乐发现的只是个别的千里马，要想使万马齐喑变为万马奔腾只能靠制度环境或制度场作用力的改变。例如，商鞅变法，秦孝公发现了商鞅并委以重任，秦孝公是伯乐。但是秦国的军队之所以能成为“虎狼之师”，能横扫六国、席卷天下，只靠一个或几个伯乐的力量是做不到这一点的。重要的是商鞅变法所实行的军功爵制，斩敌一首，晋爵一级，构建了一种鼓励士兵勇猛作战的制度环境，使大量的人才、将才从士兵中涌现出来。第二次世界大战后很多国家的科学家愿意去美国从事科研项目，因为美国给科研人员提供了非常好的技术条件和制度环境。而在我们国家，民间很多年前曾经流传着一句话：“造原子弹的不如一个卖茶叶蛋的”，如果形成这样一种制度环境，对人才教育和培养将会出现负面的制度场作用力和导向性偏差。从社会发展和国家富强的角度看，不仅需要善于发现和积极推荐优秀人才的伯乐，而且更需要培养、教育人才并充分发挥人才作用的制度环境和制度创新。

第四节　韩信的故事与个人能力
——个人能力是自然能力、工具能力与制度能力的综合体现

上一节讲到，我们每一个人都具有三种能力，即自然能力、工具能力和制度能力。这三种能力有一些区别，自然能力的发挥取决于我们的身体条件；工具能力的发挥取决于我们所掌握的知识、方法和所能利用的工具；制度能力的发挥则取决于我们处在什么样的制度环境和制度场中，处于什么样的职位，担任什么样的角色以及具有什么样的制度场作用力。下面我们结合韩信的一生经历进一步探讨这个问题。

韩信是中国古代一个家喻户晓的人物，是西汉的开国功臣，刘邦将其与萧何、张良并列为汉初三杰。韩信的一生富有传奇色彩，有很多的成语故事都和他有关。粗略统计一下，约有二三十个之多，如胯下之辱、一饭千金、独当一面、登台拜将、明修栈道，暗度陈仓、拔旗易帜、背

水一战、置之死地而后生、多多益善、四面楚歌、十面埋伏、战无不胜、兵仙神帅、勋冠三杰、伐功矜能、功高震主、伪游云梦、居常鞅鞅、成也萧何，败也萧何、钟室之祸等。这些成语生动地勾画出韩信不平凡的一生，他最初穷困潦倒，后遇“伯乐”萧何，被刘邦重用，带兵东征西讨，出陈仓，定三秦，灭魏、代、赵、燕、齐诸王，直至垓下一战，全歼楚军，逼死项羽，战功卓著，但最后被刘邦剥夺兵权，死于吕后的长乐宫钟室之中。

从韩信的个人经历来看，有一个矛盾的状况：一方面这个人能力很弱，受胯下之辱，靠别人资助度日；另一方面他又很强大，战无不胜，攻无不克，指挥打仗从无败绩。然而，韩信死的时候又显得很弱，死于吕后这样一个手无缚鸡之力的妇人之手。根据史书记载，韩信的自然能力较为一般，只是长得比较高大，没看出比常人强在哪里。在工具能力方面，韩信喜欢佩戴刀剑，但击剑的本事可能不高，称不上侠客，难免受人欺负，有一次走在大街上，碰见个小混混，遭其调侃称，若有本事就将他杀死，若无则从他裆下爬过，韩信思考片刻，最后选择了“胯下之辱”。但他有一个特长，熟谙兵法，志与众异，谈吐不凡，这些不是先天的自然能力，而是后天习得的工具能力。他最初没有正当职业，先后做过管理仓库的小官和治粟都尉，总体来看也是能力平平。韩信真正的转折点始于被刘邦登台拜将，授予兵权；其走下坡路并死于吕后之手则始于刘邦削王封侯，夺取兵权。韩信辉煌的一生在于可以行使兵权发挥制度能力，而悲惨的结局说明在其被剥夺兵权后，其原有的自然能力和工具能力没有什么变化，但制度能力丧失了，不仅当年的小混混可以欺负他，而且手无缚鸡之力的吕后也可以杀掉他。这背后的原因在于，一个人的制度能力不仅取决于自身的条件，更重要的是取决于制度的力量或是说制度场的作用力。

制度能力顾名思义是和制度相联系的能力，而不仅仅是和个人相联系的能力。制度能力主要是指与个人权力和制度场作用力相联系的规制能力、执行能力、管理能力、领导能力等。人们说一个人的领导能力很强，表面上看只是他个人的能力，实际上，其中包含着制度的力量。一个人的领导能力固然和其自然能力、工具能力有关，如脑力、体力、反应能力、记忆力以及理论水平、文字水平、科学知识、工作经验、表述能力、科研能力，等等，这只是一些潜在的能力，他所表现出来的现实能力则必然包含着制度的力量。比如，当我们说一个领导看问题很全面时，其背后的一个主要原因在于，他作为领导掌握的数据和信息最全面。数据和信息不全，很难有全面的见解。深层次的问题是，为什么所有的人都要向他汇报呢，为什么所有的数据和信息都要汇总给他呢。答案是，因为在整个组织的权力结构中，他处在领导者的岗位上，他是领导者，拥有一定的权力。这种权力体现的是人与人、人与事、人与物之间的影响力和支配力，是与各种机构的执行力密切相关的。如上所述，机构执行力具有强制性，机构的领导者所掌握的权力也必然具有强制的特征。一个自然能力和工具能力比较平庸的人坐在领导岗位上，也会表现出一定的领导能力，这是一种和领导权力以及制度环境下所形成的向心力结合在一起的能力。自然能力依靠的是个人的体力和智力，和一定的自然环境相关。工具能力依靠的是科学的知识、方法和工具，和一定的物质环境相关。制度能力依靠的则是具有强制性的权力，和强化这种权力的制度场作用力相关。从某种意义上讲，一个人的领导能力是其自然能力、工具能力和制度能力的综合体现。

如上所述，除了与个人的自然能力、工具能力及其所具有的权力有关外，制度能力的强弱还与制度场的作用力强弱有关。无论是领导者还是被领导者，制度场的作用力对于场内所有人的行为都有导向性的影响。制度场的作用力强，最高领导层权力的影响力和支配力就强，其权力范围内的各级领导者所表现出的领导能力或制度能力也就越强。制度场作用力是个人制度能力的来源。汉军中的许多将领本来是不服韩信的，因为刘邦登台拜将，授予韩信指挥军队的大权，并表现出对韩信的充分信任，强大的制度场作用力无疑大大提高了韩信的制度能力。如果说，一个人直接领导十个或几十个人，主要依靠的是他个人的能力。像韩信那样带兵打仗，领导几万、几十万或者几百万人的军队，显然依靠的并不仅仅是他个人的能力。他在有无兵权时表现出的是两种不同能力的人，而兵权是制度场作用力的现实表现。制度能力的强弱与制度场作用力的强弱密切相关。制度场作用力强，人们服从领导的认同度高，领导者所表现出的制度能力就强，否则将会出现相反的结果。当制度场作用力随着明朝军队的溃败而消失时，明朝的最后一个皇帝崇祯至高无上的制度能力也就随之消失了。据说城破之日，他曾在前殿鸣钟召集百官上殿议事，却无一人前来，最后像一个绝望无助的普通人一样，在煤山自缢身亡。由此可见，领导能力的发挥需要人们的认同，在无人认同的情况下，一个人的领导能力是无从谈起的。而人们的认同，主要靠的是制度的力量而不仅仅是个人的力量。一个领导者想要提升自己的领导能力，不仅要提高个人能力，一方面要依靠自己的职权和所辖机构的执行力提升自己的制度能力，另一方面还要注意通过制度规定和制度执行的互动过程强化有利于其制度能力发挥的制度场作用力。制度选择、制度设计、制度驾驭、制度调控、制度创新是最重要的领导能力，也可简称为制度管理能力。从历史上看，只有领导一个民族或国家成功地实现制度变革的人才能称之为领袖。

在这里需要强调的是，个人能力的发挥并不仅仅与领导者相关，而是和我们每一个普通人密切相关的。在平时的工作、生活中，大多数人都非常注意通过看书学习、教育培训加强自己的个人能力。但是真正能够发挥个人能力的必要条件是人们置身于其中的自然环境、物质环境和制度环境。比如说，鸟可以飞多高，鱼可以游多远，一方面是和它们的自然能力有关，另一方面则是和它们所处的自然环境有关。空气或海水的浮力如果发生变化，将直接影响到它们的飞翔能力和游动能力。对于动物的生存、发展来说，更重要的是它们适应自然环境的能力。自然环境的变化造成了无数生物种群的灭绝和新生。制度环境是人类生存和发展的最重要的社会环境。对于一个组织、一个民族、一个国家甚至每一个人来说，制度决定命运，制度改变命运。一个具有先进制度的组织或国家，可以在其内部形成强大的激发正能量的制度场作用力，使场内的人具有借助制度力量所形成的制度能力。在一个激励人们奋发向上、团结一致的制度场氛围内，领导者可以增强领导能力，各级管理者可以增强执行能力和管理能力，每一个人都可以增强工作能力和学习能力。作为组织成员或国家公民，每一个人只关心自己的自然能力、工具能力、制度能力的提高是不够的，重要的是树立制度意识，关心整个组织或整个国家制度的变革。鸟和鱼无力改变自然环境，做不到这一点，而人却可以。创造一个有利于发挥每一个人能力的制度比单纯增强每一个人的自身能力更重要。

第五节　万有引力的发现与制度场作用力

——吸引力和控制力是两种最基本的制度场作用力

制度始于规定，成于执行，表现为制度场。制度场构成了我们生活、工作于其中的制度环境。当我们进入商店的大门时，进入的是商店的制度场。当我们进入学校的校园时，进入的是学校的制度场。当我们进入海关时，进入的是国家的制度场。我们进入的是一个场而不仅仅是一个场地。我们都知道，磁场、引力场等物理场，在特定的空间范围内存在着一种无形的力量或作用力，进入该空间范围的物体就会受到这种作用力的影响。制度场也一样，无论是商店、学校还是国家，凡是进入其中的人并不是随心所欲、自由自在的，他们的意识和行为实际上处于商店、学校或国家特定的制度规定和制度执行的影响力之下。这是一种无形的、潜在的力量，影响着进入其空间范围的每一个人。例如，人们在商店里自觉排队购物、按价付费都是受到这种作用力影响的行为表现。

在17世纪，自然科学获得了非常大的发展，其中最有名的一个科学家是英国的物理学家牛顿，他发现的万有引力定律，被认为是17世纪最伟大的科学发现。这一发现使人们对物理场的现象有了一种全新的认识。1665年牛顿正为天体运行的问题冥思苦想，他思索着行星为什么会围绕着太阳运行，究竟应该怎么去解释这种自然现象。据说某一天，他坐在家中花园里一棵苹果树下，正在苦思不得其解的时候，从树上掉下来一个苹果，引起了他的注意。科学发现的灵感往往是在某种事物或现象与发现者反复思索的问题瞬间联系起来时产生的。发现者沉思达到痴迷程度时周围的各种现象会很自然地和他所思考的问题焦点联系在一起。科学发现初看起来是一种偶然的现象，但又包含着一种必然性。苹果从树上掉下来，这种现象大家司空见惯，但没有人认真思考过其背后的原因。牛顿在反复思考天体运行问题时触发到一种联想，这个苹果笔直地掉下来，为什么不往上飞或转着圈掉下来呢？他想到，肯定是有一种力量使它掉下来，他就进一步探讨这种力量是什么。最后，牛顿提出了万有引力理论，对苹果从树上掉下来这种自然现象背后所存在的作用力做了一个经典的描述。万有引力定律证明，任意两个质点通过连心线方向上的力相互吸引，该引力的大小与它们的质量成正比，与它们的距离平方成反比。万有引力的发现揭示出天体运行规律，为什么月亮围绕着地球旋转而飞不出去，因为地球对它有一种引力，为什么它不落在地球上，因为它有一定的速度。九大行星围绕着太阳旋转，也是因为太阳有一种巨大的引力，在这种引力的作用下形成了一个引力场。迈克斯韦在19世纪通过研究电磁现象提出了场论。爱因斯坦在20世纪又提出了广义相对论，并把它叫作引力场论。“场”成为一个非常重要的物理学概念，而且有一系列的场的方程式来描述这种自然现象。场本身是物质存在的一种基本方式。在实体与实体之间存在着场，它们共同构成整个物质世界。

在自然界，物体与物体之间存在着引力，形成了各种各样的场。在人类社会中，人与人之间也存在着引力和与其相关的各种各样的场，这种引力的实际表现是人与人之间的影响力和制度场作用力，具体分为两种。

（1）个体吸引力。人与人之间最重要的影响力是个体吸引力。比如，有血缘关系的人之间存在着吸引力或亲和力。男女异性之间也存在着吸引力，“男女搭配，干活不累”。有相同背景、共同爱好、兴趣、目标、利益的人之间也存在着吸引力，等等。

（2）群体吸引力。群体的存在源于人们有合作的愿望和动力，群体本身存在着对个体的吸引力。基本可以分为四种类型。一是群体聚合力。群体的合作可以猎杀个人无法匹敌的猛兽或抬起个人力所不及的重物。二是群体内聚力。人们生活在一起，抱团取暖，可以在极端恶劣的条件下维系生存。三是组织整合力。人们团结协作，可以产生 1＋1＞2 的合力。四是目标利益驱动力。群体的力量有助于实现个人的目标和利益。个体吸引力和群体吸引力是人们相互认识、交往并形成群体的内在力量，人与人之间的相互作用在一定的空间和时间范围内也会形成一种场，如心理场、行为场、群体场、学习场等，这是一种和非制度化的群体联系在一起的场。一般来说，个体吸引力和群体吸引力是相互交织在一起的。人们彼此之间的关系越密切、接触的距离越小、聚集的规模越大，所产生的个体吸引力和群体吸引力就越大。

在公司、学校、国家等制度化的组织中，制度规定和制度执行会以一种外在的力量强化个体吸引力和群体吸引力，并形成强大的制度场作用力，我们可以称之为控制力。任何一项制度规定的颁布都会对相关的人产生一种心理影响力，这是一种潜在的制度场作用力。一方面，制度规定可以强化群体对个体、组织对个体的吸引力，例如，无论是对其内部员工还是对外部人员来说，薪酬待遇规定高的公司肯定比薪酬待遇规定低的公司吸引力大。另一方面，制度规定具有一种潜在的约束力，让人们了解哪些事是可做的、哪些事是不可做的或哪些行为是允许的哪些行为是不允许的。有人说“法律是人们心理上的红绿灯”。起的是一种心理导向、防范或警示的作用。在现实的工作环境和生活环境中，光有制度规定的潜在的作用力是不够的。制度始于规定，成于执行，表现为制度场。颁布有明确处罚条款的交通法规，使开车者知道红灯停、绿灯行的行为要求，但这只具有心理上的影响力。只有在交通路口设置红绿灯，同时有警察或摄像头现场监控，才能形成现实的影响力或制度场作用力。制度规定产生的是潜在的作用力，制度执行产生的则是现实的作用力，直接表现为行为方面的控制力。

控制力的形成过程主要和执行机构的权力及其制度执行的力度相关。

在前面的论述中，我们曾将国家的执行机构划分为八种类型，它们具有不同的行政权和行政执行职能，也就具有不同的执行力或控制力。在一个制度场内，主体的控制力通过各级机构从上至下遍布整个组织或国家范围内，边防哨所、车间班组、城镇乡村等是最基层、最基本的控制点。控制力的作用主要是强化场内各类人员的关系及其行为，维护制度场的秩序和有效运行。控制力可以分为以制度互动者自觉自愿遵守（自律行为）为特征的内在控制力和以制度执行机构强制执行（他律行为）为特征的外在控制力两种类型。显而易见的是，外在控制力是内在控制力存在的重要条件，没有外在控制力则不会产生多数人自觉自愿遵守的内在控制力。当外在控制力增强时，内在控制力也将随之增强，也就是说，当外在控制力达到一定的强度时，人们的他律行为将会转变为自律行为。当外在控制力减弱或消失时，内在控制力也将随之减弱或消失。近年来，某些国家发生的城市骚乱及其平息都是典型的例子。

如图 2-2 所示，一个制度场内存在着政治的、经济的、军事的、法律的、行政的、教育的、宣传的、文化的、民族的、群体的等多种多样的吸引力和控制力。其中既有制度规定和制度影响的因素，也有作为制度主体和制度客体的个人、群体的因素，同时还有物质的、文化的、环境的等各方面的因素，它们都具有特定的影响力和作用力。制度场内任何个人或群体表现出的行为及与其相关的政治活动、经济活动都是受这种力量影响的结果。毫无疑问的是，琳琅满目的商品对于进入商店的顾客具有强大的吸引力，但他为什么没有随心所欲地把这些商品拿回家呢，是因为有一种控制力约束着他的行为。当吸引力的影响大于控制力的影响时，他可能会产生偷窃行为。当控制力的影响大于吸引力的影响时，表现出的则是一个正常顾客的行为。在一般情况下，制度规定和制度执行的影响力和作用力，对场内所有人员的意识和行为起着主导作用。对于一个领导者来说，最重要的事情是如何采取措施，适当调整制度规定潜在的影响力和制度执行现实的作用力，从而达到制度场平稳运行的行为要求和秩序要求。

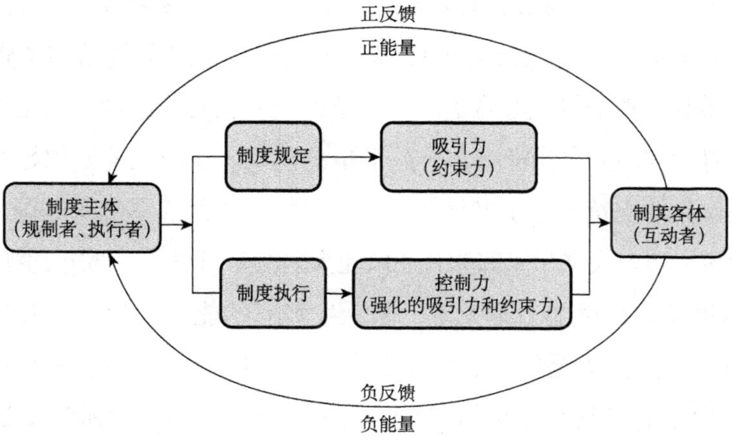

图 2－2　制度场作用力示意

第六节　“窃符救赵”与制度能力

——制度场作用力是制度能力的根本来源

人类社会是一个组织化、制度化的社会，我们每一个人都生活在家庭、学校、企事业单位、国家等各种各样的制度场中。制度场的作用力贯穿于我们一生的成长过程，我们具有什么样的意识、行为以及具有什么样的能力无不受到制度场的影响。如上所述，个人能力可以分为自然能力、工具能力和制度能力三种类型。其中制度能力与制度场作用力有十分密切的关系。制度能力是怎么形成的，它有什么特点，我们怎么借助制度场的作用力增强个人的制度能力，可以结合下面的故事做一个探讨。

战国时期魏国有一个公子叫信陵君，号称战国时期四公子之首。当时秦国通过商鞅变法，兵力变得很强大，发兵攻赵，包围了赵国的国都邯郸。魏国派出一员大将叫晋鄙，率领精兵八万魏军前去支援赵国，但由于惧怕秦国，大军走到半路按兵不动。这时候就引出了著名的“窃符救赵”的故事。魏国不去救，赵国很着急，求助于信陵君。信陵君在魏国名气很大，礼贤下士，食客三千。他反复劝说魏王出兵未果，迫不得已准备带着几百门客孤军救赵，算是尽点心意罢了。故事的发展很有戏剧性，信陵君最后听取了一个身为守门人实为贤能之士的侯生的建议，在魏王爱妃如姬帮助下窃取了魏王调兵的虎符，杀了老将晋鄙，率领精兵八万魏军解了赵国之围。这个故事脍炙人口，大文学家郭沫若还以此为题材专门写了一部历史剧。

顾名思义，自然能力是人生下来天生具有的能力，与一个人自身的体质相联系。工具能力是能够运用工具和方法的能力，与一个人的知识和技能以及可运用的工具和方法相联系。一个人通过学习掌握游泳知识，可以增强游泳能力；通过利用潜水装备，可以增强潜水能力。很明显，没有运用工具的知识，是不可能具有运用工具的能力的。制度能力则是能够运用制度力量及制度场作用力的能力，与一个人拥有的权力和现实的制度场作用力相联系。在公司、军队、国家等任何制度化的组织中，权力关系是最基本的制度关系，与特定机构、特定职务相联系的特定权力具有特定的影响力或支配力。需要指出的是，任何制度化组织都是由人组成的，组织成员对权力关系及其权力的认同程度对特定权力的影响力或支配力有直接的影响。这是一种制度场作用力或制度力量的表现形式。组织成员的认同度高，权力的影响力或支配力就大，反之，权力的影响力或支配力就小，甚至有可能消失。明朝末年，崇祯皇帝曾经具有至高无上的权力，但当维系其权力基础的制度场作用力消失时，变成一个上吊自杀的、毫无权力影响的普通人。亦即是说，他曾经是一个具有至高无上的制度能力的人，但当他拥有的权力和相应的制度场作用力消失时，他的制度能力也消失了。一个人的制度能力是与其拥有的权力和相应的制度场作用力密切相关的。

在窃符救赵的故事中，信陵君的自然能力一般，没有什么高于常人之处，工具能力也一般，其三千食客倒是具有各种各样的工具能力。身为守门人的侯生，在运用权力的知识方面就强于信陵君。但是，信陵君的制度能力却有惊人的变化和表现。魏国大将晋鄙手里有一半虎符，具有指挥十万魏军的实际权力和制度能力。在魏国的权力关系中，晋鄙听命于魏王。信陵君窃取了魏王手中的另一半虎符，“矫魏王令代晋鄙”，假传魏王命令，如果顺利接收晋鄙的军权，就同时具有了指挥十万魏军的制度能力。晋鄙则在失去军权的同时，失去了相应的制度能力。故事在这一刻出现了高潮，晋鄙怀疑信陵君有诈，迟迟不交出军权，还想等魏王核实，结果死于信陵君门客屠夫朱亥的四十斤铁锥之下。问题的关键在于，大将晋鄙是魏王亲自任命的，信陵君不仅以非军人的身份拿着一半虎符闯入军营，还敢直接杀了大将，结果十万大军不仅没有群体反抗，反而唯命是从，接受指挥。这种现象是制度场作用力发生作用的结果。在这个故事中，魏国是一个高度集权的制度场，魏王的统治权力受到高度认同，手持虎符的信陵君代表魏王接受晋鄙军权也得到了高度认同。在这种情况下，信陵君的自然能力、工具能力与虎符代表的军权和特定的制度场作用力相结合则形成了制度能力。故事的结局是，信陵君带领魏军成功救赵解围后，窃符救赵一事最终真相大白，“使将将其军归魏”“独与客留赵”，信陵君没有了军权和相应的制度场作用力也就没有了指挥军队的制度能力，终生未回魏国。

制度能力是一种特殊的能力，是一个人所具有的自然能力、工具能力、权力和制度场作用力的综合体现，领导能力、管理能力等都是制度能力的特定表现。一个人的自然能力是与生俱来的，除非相应的器官损害是不会自然消失的。一个人的工具能力是后天习得的，有了相应的工具可以发挥出来，没有相应的工具也不会自动消失。一个人的制度能力则不同，其一方面与自身的自然能力和工具能力相联系，另一方面与所具有的实际权力和现实的制度场作用力相联系。制度能力随着权力和制度场作用力的变化而变化，权力越大，制度场的作用力越强，一个人的制度能力也越强。反之，则会出现相反的结果。人们容易产生一种错觉，认为制度能力是其特有的能力，从而容易张扬自己，高估自己的价值和作用。制度能力可以简单地划分为制度适应能力、制度管理能力和制度创新能力。

人与人的关系原本是一种纯自然的关系，比如，血缘关系，除了自然能力和工具能力外，是不存在制度能力的。制度能力是制度的产物，与特定的制度关系相联系。制度能力也是一种角色能力。制度能力的确定取决于角色关系和角色能力的确定。例如，在特定的权力关系、领导关系、管理关系中，权力主体相对于权力相对人、领导者相对于被领导者、管理者相对于被管理者，借助于制度的力量都具有一定的制度能力。在公司、军队、国家等制度化组织中，权力关系及权力结构是按照机构设置和岗位设置确定的。法定权力与机构权力和职权相联系，而不是单纯地与个人相联系。单纯的个人既没有权力也没有相应的制度能力。当一个人进入某个机构、占据某个职位而具有相应的权力时，在特定的制度场中就有了相应的制度能力。其所具有的制度能力，受到其机构和职位特有权力的制约。一个人的自然能力、工具能力强，其制度能力却低于一个自然能力、工具能力弱的人，这种现象很普遍。诸葛亮能力再强，也要听命于阿斗。魏国大将晋鄙的军事能力再强，也要听命于手持虎符的信陵君，否则避免不了被锥击的命运。这是制度的力量在起作用。制度能力是制度力量通过权力和制度场作用力的方式在个人能力方面的体现。

除此之外，个人能力的表现和组织的活力及其运行也有密切联系。对于任何组织来说，其所有人员的个人能力组合在一起的整体能力表现得十分明显。一支军队之所以具有强大的战斗力，不仅是因为其战士具有高素质的自然能力或掌握杀伤力巨大的先进武器的工具能力，还因为其具有严明军纪下所形成的协同作战的制度能力。只有拥有强大的制度能力，才能整合所有战士的自然能力和工具能力，使整只军队具有强大的战斗力。

第七节　商店的变迁与制度场组织的类型

——实体场组织和虚拟场组织具有不同的制度场特点

任何一个组织都是由制度规定机构、制度执行机构及其组织成员构成的相互作用的制度场，在其制度规定和制度执行的基础上所形成的制度场作用力都有一定的空间范围。有些组织的制度场空间范围是不变的，例如用围墙围起来的大学或者明确划定领土、领空、领海边界的国家，这类组织可以称之为实体场组织。有些组织制度场的空间范围是变化的，例如网络组织，这类组织可以称之为虚拟场组织（见图 2－3）。

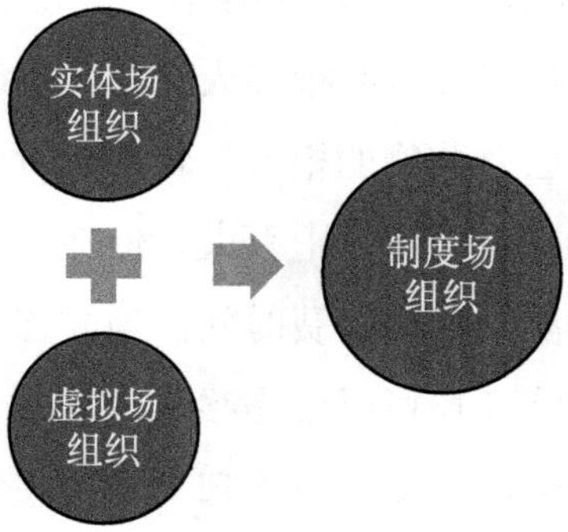

图 2－3　制度场组织类型示意

虚拟场组织是与网络技术的应用密切联系的新型的组织类型，和传统的商店、商场等实体场组织完全不同。2017 年 11 月 11 日“双十一”的购物促销活动给人们留下很深的印象。“双十一”来临前，新闻媒体、各大网站的报道连篇累牍，许多微信群中关于购物活动的议论和跟帖也热闹异常。与此同时，许多网络组织也开展了各种商业活动和宣传活动，如阿里巴巴、京东、腾讯、唯品会、当当等电商和网站铺天盖地的宣传。据报道，年轻人是“双十一”购物的主体，其中女性占 70%，更是一支主要力量。据说这个活动在 2009 年的时候由阿里巴巴的天猫网提出，当时只有 27 家店参加，全天的销售额才 1 亿元，但是在 2015 年的时候，参加的店就达到四万多家，而且销售额达到了 912 亿元。2016 年则达到1 207亿元，有 200 多个国家踊跃参加，其热烈程度可想而知，一分钟就突破了上亿元的销售额，卖出 40 多万台电脑、上百万台手机。2017 年“双十一”成交额创出 1 682 亿元历史新高，其中无线成交占比 90%，支付峰值达到 25.6 万笔/秒，交易覆盖全球 225 个国家和地区，成为全球最大的购物狂欢节。2018 年天猫“双十一”这一天更是创出了 2 135 亿元的天量。这种交易量非常大的网店销售，是受场地限制的传统商店和商场所不可想象的。网上购物最大的特点是不受场地的限制，交易过程便捷，这是典型的虚拟场组织的特征。

小时候我家附近有一个 20 平方米左右的小合作社，空间小，商品的种类、数量也少。稍远一点，还有一个一百多平方米的大合作社，平常购物从家中走到那儿需要 20 多分钟。再远一点的购物场所是西单菜市场，骑自行车去至少要半个多小时。当时觉得很大，现在想起来估计也就是几百平方米的面积。天还没亮，就有很多人在门口排起长队，开门以后大家蜂拥而入，纷纷奔向自己要购物的柜台，耳中只听到急促的跑步声，间或还听到有人摔倒。虽然人数最多是上百人，但在一个有限的空间中还是显得很拥挤，几十个人排队购物也很费时间。当时在北京，西单菜市场、西单百货商场、王府井百货商场可以说是很大的商场了。20 世纪 80 年代改革开放后，不仅北京，全国许多城市不知不觉地突然发现各种各样的大型商场和超市遍地开花，拔地而起，甚至出现了许许多多规模巨大、占地上万平方米、可同时容纳上万顾客的商城、购物城。它们的占地空间越来越大，在里面走一整天都走不下来。如上所述，它们都属于有固定购物空间的实体场组织。

然而，电子商务等网络化的虚拟场组织的出现，又使商店的发展出现了新的变化。从 2015 年开始，全国各地开始出现了商场、百货商店、大型超市等实体场组织的衰落和关门潮，它们在各地开的门店由于顾客稀少、经营困难不得不关闭。更多的人越来越习惯于坐在家中网上购物，等着快递小哥送货上门，而不是自己到商场中走来走去地选购。这种现象至今仍在延续。

实体场组织和虚拟场组织具有不同的特点。传统的商场、百货商店、大型超市、商城都属于实体场组织。作为一个制度化的组织，它们都是由特定的制度规定机构、执行机构及其组织成员所组成的。都有以楼座、场地、围墙等形式圈起来的有明确边界和管辖权的封闭式办公场所或经营管理场地。也就是说，它们有一个固定的场所或作用力空间，一般是留出几个门作为进出通道。从门口进入的人就意味着进入受其管辖的制度场。组织的内部活动实行封闭式的全程管理。组织成员之间有明确的权力关系和行政隶属关系。传统的行政型的组织管理是最主要的管理方式。组织成员的管理属于内部管理，客户或顾客属于外部管理。客户或顾客进入其制度场没有门槛限制，可以自由进出，但有开门营业和到点关门的时间限制。

制度场内各类人员的互动关系较弱，顾客和售货员或业务员的互动关系是一对一的，顾客和顾客之间则几乎没有互动关系。顾客或客户等外部人员进入场内产生互动关系，出了大门离开后则和商店或商场没有任何的互动关系。从制度学的角度看，商店或商场具有固定的销售场地，其对组织成员的管理是组织管理，其对进入所辖场地的顾客等外来人员的管理是场式管理。实体场组织一个最大特点是，场式管理的范围基本上局限在固定的场地范围内。

京东商城、阿里巴巴、腾讯等网络组织则属于新型的虚拟场组织。其基本特点是，作为一个制度化的组织，它们也是由特定的制度规定机构、制度执行机构及其组织成员组成的，也有楼座、场地甚至用围墙围起来的固定的办公场所。在其组织内部，组织成员之间也有明确的权力关系和行政隶属关系，也实行传统的行政型的组织管理和内部管理。但其与商店、商场、超市等实体场组织不同，其对客户或顾客等外部人员的管理在契约关系的基础上变成了一种新式的管理方式和互动方式。从某种意义上讲，对外部人员等客户关系的管理不再是进入场内存在离开场外不存在的外部管理，而转化为一种固定的场式管理方式。客户或顾客进入其制度场前，无论是否购物首先要签订一个有法律约束力的协议，有严格的门槛限制，不像到商店购物那样自由进出，但也不像商店那样到点关门谢客有时间限制。制度场内各类人员的互动关系很强，售货者和顾客的互动关系不是一对一而是同时一对多。在制度场内不管购物与否，顾客和顾客相互之间也有非常强的互动关系。在虚拟场组织中，场式管理是最主要的管理方式，所有进入制度场的顾客都属于该组织的管辖对象，他们靠互联网技术形成广泛的互动关系。因此，虚拟场组织的场式管理的范围和实体场组织不同，可以不受固定场地的限制，没有固定的边界或范围，而且可以随着客户手机端的移动无限扩大，其与客户的互动关系也没有开门关门的时间限制。

京东商城、阿里巴巴等虚拟场组织利用现代信息和互联网技术构建了一个巨大的、提供便捷服务的交易平台，它们可以把多种多样的商品集中到这个平台上，使买方和卖方不需要在面对面的场地中形成现实的交易关系，突破了场地的限制。顾客不出家门，不进入商店，就可以买到需要的商品。另外，它们把所有的顾客从外部管理的对象变成一个有契约关系的管理对象。顾客不能像进入商店那样随便进入网络组织的电子商务平台，在进入之前，需要同意一个网络协议，协议条款具有一定的法律约束力。这意味着，顾客进入网站后，不管购物与否，已经和虚拟场组织形成了固定的管理关系。由于虚拟场组织是通过电脑或手机等工具将顾客和其联系起来的，顾客的移动性或流动性使其制度场的空间范围不断变化，顾客的数量可以无限增加，其制度场的范围也是可以无限扩大的。虚拟场组织在突破空间限制的同时也突破了时间限制。顾客可以长时间地甚至永久地留在网络平台上，同时，网站里还有各种购物指南、质量评估、时势报道、网络游戏等栏目吸引顾客参加，在顾客、厂家、管理人员之间形成了巨大的互动效应。基于上述特点，虚拟场组织具有较强的生命力和活力。当然本节重点并不是来评价实体场组织和虚拟场组织两者孰优孰劣，只是对组织类型的探讨提出一个制度学的新视角。

第八节　熔断机制与场式管理

——任何组织都存在组织管理与场式管理两种管理方式

上一节中提出任何组织都存在组织管理与场式管理两种管理方式。实体场组织以传统的组织管理为主要的管理方式，虚拟场组织则以场式管理为主要的管理方式。组织是制度的实体，制度是组织的形式，任何管理过程实际上都是组织化和制度化的过程。如何构建一个组织，使其平稳运行，使其所有成员保持良好的工作状态，并最终达到预期效果，不仅需要组织管理，而且需要场式管理。有关传统的组织管理论述很多，从制度学的视角看，场式管理是一种更需要深入研究的管理方式。

2017年1月4日，证监会宣布A股市场实行熔断机制，这是一件大事。经过2016年的跌宕起伏，股民们刚刚从2015年千股跌停的股灾中缓过一口气，都盼着新的一年来个开门红，结果迎来了熔断机制的新举措。按照新的规定，A股市场沪深300指数如果涨跌达到5%，就熔断一次停止交易15分钟，其后如果涨跌达到7%，就熔断停止交易直到收盘，也就是两次熔断后休市。证监会的初衷是用此方法减少股市非正常波动，给股民一个冷静期，把恐慌情绪抑制一下，避免大起大落，保护中小股民的利益。但是事与愿违，1月4日一开盘，就有一点不寻常，场内的关注度很高。到13点13分（双13，这数字不太吉利），大盘指数第一次跌到5%，熔断15分钟以后开盘，也就过了6分钟，马上跌到7%，于是发生第二次熔断，自动停止交易直至休市。熔断机制在实行的第一天，就显现出有利于作空的巨大的制度场作用力。然后股市在5日、6日震荡了两天，到7日股市行情急转直下，9点30分开盘后，大盘指数很快就跌及5%，在9点42分的时候第一次熔断，15分钟后开盘，也就是两三分钟就迅速跌到7%，然后全市停止交易全天休市。事实证明，熔断机制的推出不仅没有起到稳定股市的作用，反而造成了极大的恐慌，千股跌停的惨剧再次出现。不少股民意识到，当股市快跌到3%的时候，立马就可能会跌到5%，如果反应慢不卖掉手中的股票，根本来不及跑。瞬间熔断不是给股民一个冷静的思考机会，反而造成极大的恐慌心理，许多散户、机构在快达到熔断点的时候，最明智的做法是在跌停板上挂单卖出夺路而逃，其结果是瞬间熔断，谁也卖不出去，有人称此现象为虹吸效应。当天晚上，证监会发布公告，暂停了熔断机制，避免了第二天早盘可能会跌停开的股市奇闻。

按照制度学的理论，股市就是一个巨大的制度场。在其中，存在着来自散户、企业、基金、证券公司、银行、证监会等各个方面的、多种多样的作用力，股市的涨跌是做空与做多两种作用力相互博弈的结果。毫无疑问，证监会作为股市的监管机构，其制度规定和制度执行的作用力对股市能否正常运行起着主导作用，熔断机制的推出就是一个极好的证明。证监会对其所属机构和人员的管理属于组织管理，对股市的管理则属于场式管理。组织管理最显著的特征是管理者和被管理者之间存在着服从命令、等级严格的行政隶属关系。一般来说，组织管理是最基本的、最传统的管理方式，常见于组织内部的管理。组织管理的内容主要涉及制订组织的战略目标和基本原则，确定组织结构、管理层次和控制幅度，确定机构设置和岗位设置，确定招聘考核、薪酬标准、工作流程、办事程序等。场式管理则不同，除组织内部成员外，管理者和被管理者之间不存在行政隶属关系，常见于对组织外部人员的管理，凡是进入组织管辖范围或制度场内的人员都处于场式管理的作用力之下。例如，对于一个城市来说，对市政府内部机构和人员的管理属于组织管理，对户籍人口、工作人口、流动人口的管理则属于场式管理。

如上所述，实体场组织的场式管理有明确的、固定的管理范围或制度场作用力范围。场式管理不仅包括“场地”的管理，而且包括“场”的管理。一个和组织毫无关系的人员，一旦进入制度场内，就成为场式管理对象。也就是说，管理对象主要是依据其是否进入特定场地或场所来确定的。对于虚拟场组织来说，其不存在一个固定的场地或场所，管理对象主要是依据其是否与组织形成某种契约关系及互动关系来确定的。管理者与被管理者之间的相互作用是通过无形的网络技术实现的，制度场的作用力范围与其管理对象的活动范围密切相关。如果说实体场组织的空间范围靠围墙来实现，虚拟场组织的空间范围则是由管理对象的活动范围或互动关系构成的。

场式管理的内容主要涉及制度选择、制度设计、制度规定、制度执行、制度构建、制度调控、制度创新等方面的问题，如分析制度规定的合法性、合理性、代表性、公开性、整体性，确定组织成员及场内人员对制度规定及现实制度的态度和认同度，确定制度执行机构的互动结构和执行效力，评估制度场作用力及制度构成要素的相互作用、互动关系，等等。组织管理和场式管理最大的区别在于，组织管理主要靠行政命令的方法，用奖惩等行政手段直接规范、约束或引导人们的意识和行为。而场式管理主要靠制度场作用力的影响，用制度场作用力形成特定的制度环境或氛围间接影响人们的意识和行为，通过场内共振使人们的意识和行为表现趋于一致以产生有利于组织发展的合力，任何一种氛围或制度环境都是多种因素综合作用的结果。例如在一个火车站售票处，人们自觉地排队购票还是拥挤在窗口，不同的氛围或制度环境会对进来的人产生不同的影响。组织管理的方法是加派警察或执勤人员维持秩序，场式管理的方法则是努力通过执法、宣传、教育、奖励、人们的相互影响等多种方法努力营造一种自觉排队的氛围，也就是说通过调整和控制制度场的作用力提高人们的认知，形成自觉排队的良好风气。

任何国家的股市都是一个制度场，以一个或若干个监管机构为制度主体，以中小散户、基金、券商、机构等为制度客体。监管机构的制度规定和制度执行产生的作用力对股市能否正常运行有十分重要的影响。制度客体对股市的影响力或作用力受其能量决定，而其能量大小与其资金量大小密切相关。制度客体通常分为两类人，一类是买方或多方，另一类是卖方或空方，从表面上看，他们完全是靠自己的判断来决定是买进（做多）还是卖出（做空）。实际上，在他们判断的背后，有一股强大的制度场作用力在起作用。事实证明，2017 年证监会推出的熔断机制就形成了一种强大的做空的作用力。制度客体在这种作用力面前几乎是没有抗拒力的。熔断机制的推出和暂停形成两种截然不同的股市氛围。这样的例子很多，比如申购新股是用现金全额申购还是按一定比例配售中签后购买，会产生两种不同的申购行为和两种不同的股市运行状况。制度规定和制度执行的稳定性或波动性直接决定着股市运行的稳定性或波动性，熔断机制的推出在短短的 4 天中无疑破坏了股市的稳定性，造成了不应有的、剧烈的震荡。因此，在股市的管理过程中，必须慎重考虑制度规定的推出及其执行后的结果，认真分析其所形成的制度场作用力的推动方向。股市的管理不能只停留在“监管”二字上，不能只简单地运用行政命令式的组织管理的方法。熔断机制是一个没有适当进行场式管理的案例。无论是公司治理、城市治理还是国家治理，如何使制度场中主导性的作用力具有强大的正能量，如何使制度场的氛围或整个制度环境呈现出良好的共振现象，如何增强包括组织成员在内的所有场内人员的互动效应，如何综合运用政治的、法律的、行政的、经济的、教育的、文化的等各种各样的制度化方法实现组织的整体目标，不仅需要进行传统的组织管理，更重要的是对场式管理进行深入的探讨和研究。

第九节　东南亚金融危机与场际关系

——制度场话语权是影响场际关系的重要因素

如上所述，学校、公司、城市、国家等任何制度化组织，都会由其制度规制者、制度执行者、制度互动者构成一个相互作用的制度场，每个场都有自己的制度主体和制度客体，都有明确的制度规定和专门的执行机构，都有相应的作用力和相应的运行机制。同时，每一个组织都不是孤立运行的，它们相互影响相互作用，不同组织、不同国家之间的关系，实际上也是一个场与场之间的关系，它们之间存在着复杂的场际关系。

一般来讲，场际关系有两种基本类型，一种是隶属性的场际关系，另一种是非隶属性的场际关系。隶属性的场际关系指相关组织彼此之间存在着行政隶属关系，也就是说，不同制度场的制度主体之间存在着法律上或行政上的隶属关系，涉及权力关系、领导关系、管理关系、权责关系、利益关系等各个方面。从其整体结构上看，处于主导地位的制度场（如母公司）可称之为主制度场，处于附属地位的制度场（如子公司）可称之为子制度场。从制度场的作用力范围来说，所有子制度场都处于主制度场的作用力范围内，它们共同构成主制度场的作用力范围。主制度场和子制度场的制度规定的内容，如组织目标和基本原则、组织结构和制度形式、机构和岗位设置、任职条件和行为标准以及工作流程和办事程序等基本上是一致的。其制度场作用力的作用方式、目标和方向基本上也是一致的。从现实的现象来看，主制度场和子制度场内的所有人员的文化观念、制度关系及行为样式也基本上是一致的。

因此，在正常情况下，隶属性的场际关系是一种对内有区别、对外是整体的上下协调一致的关系，由于目标、规则、方向和作用方式相同，其制度场作用力呈现出一种共振现象，不仅不同制度场的作用力会相互支持，而且会形成一种合力，最终以子制度场和主制度场中的组织绩效、文化氛围、制度效力及人员和组织的精神面貌等表现出来。比如，中央政府和地方政府，它们有各自的制度规定和执行机构，有各自的作用力范围，形成不同的制度场。但它们之间存在着行政隶属关系或上下级关系，有既相互区别又相互联系的、严格的权力结构、组织结构和制度场作用力范围。它们之间存在的是一种隶属性的场际关系。另外，像总公司与子公司、总校与分校之间的关系也是一种隶属性的场际关系。隶属性的场际关系有点类似于俄罗斯套娃，从大到小一个一个套起来，具有一定的包容性。最小的制度场处于一个一个更大的制度场之中，其制度场的作用力最终来源于上一级的制度场，其背后有更强大的执行力和作用力作支撑，它们是上一级制度场作用力的传导工具和组织基础。对于下级组织来说，它们的作用基本上是执行性的，其规制性的权力是上级授予并有条件的。在隶属性制度场的组织结构中，制度场的作用力是从上至下、从高层至基层一级一级分解、一级一级传导的，最终形成了一个作用力无比强大而且能够影响到每一个机构、每一个人员的场的效应。

非隶属性的制度场指的是各个制度场的制度主体之间没有法律上或行政上的隶属关系，也没有上下级的从属关系，彼此都有绝对的独立性。如两个平级的地方政府之间的关系、两个相互竞争的公司之间的关系、两个独立国家之间的关系等，都属于这种非隶属性的场际关系。对于非隶属性的制度场来说，各个组织、各个国家之间的场际关系存在着非常复杂的状况。在一般情况下，它们相互之间主要通过契约形式处理场际关系。有时则诉诸贸易战和武力，历史上的战争都是这种场际关系冲突升级的特殊形式。

20 世纪 90 年代东南亚的金融危机典型地说明了场际关系的相互影响

和相互作用。1997年7月2日，因为各种经济矛盾的激化，泰国政府首先宣布泰铢对美元汇率贬值，当天贬值20%。这个震动非常大，一下波及韩国、马来西亚、菲律宾、印度尼西亚等国家，出现了多米诺骨牌效应。货币贬值、股市暴跌、企业和银行倒闭等形成了四次冲击波，一波一波地一个一个国家横扫过去。甚至远在大西洋彼岸的美国也受到影响，纳斯达克指数暴跌，1997年10月27日纽交所9年以来第一次触发了熔断机制，造成了严重的经济损失。首先是各个国家的货币贬值，比如泰国的泰铢对美元贬值了39%，韩元贬值了36%，印尼盾贬值最多达到72%，新加坡元（简称新元）贬值了61%。另外，大批企业和金融机构破产，失业人数剧增，据说泰国失业人数达270万，印尼失业人数达2 700多万。而且各个国家的股市都缩水1/3。这些国家本来的发展速度都很快，有些还被誉为“亚洲四小龙”之一，经过这次打击便一蹶不振。当时我国的香港、台湾地区也同样受到冲击，但是大陆地区相对稳定。

为什么这场金融危机对东南亚国家的破坏很大，但是对中国大陆的影响不大呢？原因很多，但最重要的一点是，我国在场际关系方面保证了国内市场的独立性和稳定性。我们国家在改革开放过程中，面对以西方国家为主的国际金融市场，采取的是稳步放开的金融政策。逐步开放很有节制，同时也采取了有效的防范措施。用制度学的话语来说，就是坚持国内市场制度规定和制度执行过程的独立性，坚持自己的规则，保证场式管理的话语权和主导权。制度场话语权是规制权和执行权的综合体现，是影响场际关系的重要因素。

在东南亚金融危机中，各个国家之间存在着平级的场际关系。各国的国内市场和国际市场之间的关系原本是平级的场际关系，当它们加入某个世贸组织或签署了某项世贸协议时，则随着话语权的削弱程度逐步转变成子市场与主市场的关系。对于东南亚各国来说，本来每个国家的国内市场都是其政府有话语权和执行权的制度场，但是在和国际市场接轨的过程中，在把国外资本引进来的同时，接受了国际市场贸易规则，使国内规定服从国外规定，在场际关系方面制约或损害了独立自主的规制权和执行权。国际资本能够自由进入也能够自由流出，给了索罗斯等国际资本大鳄“剪羊毛”“割韭菜”的机会。它们利用各种货币手段，猛烈冲击东南亚各国的金融市场，形成强大的制度场作用力，造成剧烈震荡，从中渔利。在世界各国的场际关系中，除经济市场外，在政治、文化、科技、军事甚至国家主权等方面，都存在着话语权问题。

也就是说，在双边关系或国际性协议中，哪个国家掌握规制权和执行权也就具有了话语权，就有可能制定有利于本国利益的国际规则，把自己的意志强加到协议条款中。它的背后实际上则以强大的经济实力、科技实力、军事实力等为后盾。例如，世界经济贸易组织、世界银行等国际组织，都存在这种情况。因此，在场际关系方面，争夺话语权与主导权是各个组织、各国政府争取组织利益或国家利益的必然现象。

第三章

制度角色与制度人

- 市长的故事与制度角色
- 灭十族传闻与角色关系群
- “护官符”之说与人生轨迹
- 明朝“大礼仪之争”与角色确认
- 对母亲的怀念与角色情感
- 陈胜吴广起义与角色态度
- 孟子和荀子的历史争论与人性探讨
- 插队小故事与“制度人”概念

第一节　市长的故事与制度角色

——制度角色的差异性决定了个人情感、意识、行为的差异性

社会制度的发展，源于人类对自身关系的认识与规范，在这个过程中，人们通过制度规定和执行，使血缘形式的人与人的自然关系演化为组织形式的制度关系。马克思说人的本质是一切社会关系的总和，制度的本质则是社会关系的规范和固化。制度化的过程使人们的社会关系发生了变化，出现了制度化关系和非制度化关系两种不同的类型。从人类社会的发展过程来看，制度化关系是一条主线，对人们的意识和行为样式起着主导的作用。制度关系的形成使人们有了特定的身份，可以称之为制度角色。制度关系是人们的社会关系的具体体现，而角色关系则是制度关系的具体体现。我们每一个人的情感、意识、动机、行为样式并不是孤立存在任意而为的，都和每一个人的具体角色密切相关，个体差异是通过角色差异表现出来的。人们对彼此之间的行为标准和行为要求，也是根据彼此之间不同的角色认知来决定的。只有规范关系才能规范行为，这是制度学的一个基本观点。

去年我在微信上看到一个故事，很感人，也很有启发意义。1935 年

冬天，纽约市平民区的一个法院正在进行一场审判，被告是一个60多岁的老太太，法官问她："面包坊的主人告你偷了他的面包，是不是?"老太太当时衣衫褴褛，形容憔悴，颤颤巍巍地回答道："是，我偷了他的面包。"法官又问："你为什么要偷他的面包?""因为我饥饿，我的三个孙子已经好几天没吃饭了，我没办法，所以就偷面包了。"老太太面对法官，承认自己确实犯法了，愿意接受判决。法官的判决有两个，一个是缴纳十美元罚金，一个是十天拘役，让老太太从中选一个。老太太当时很为难，她说："如果有十美元，我就不会去偷面包了，我交不起这十美元。如果我选十天的拘役，我那几个孙子怎么办?没人照顾啊!"这确实是一个情与法的难题。这个时候，旁听席里站出来一个人，大声说道："老夫人，我建议你接受十美元的罚款。我是纽约市的市长拉瓜迪亚。我现在要求在座的每一个市民都交五十美分的罚金。为什么呢?因为在我们这个城市里，有一个老人，为了孙子没有吃的而去偷东西，我们要为我们的冷漠付费。我是市长，我有责任，我带头第一个交罚金。"然后，他自己拿了一个帽子，将五十美分放在帽子里，所有在场的人员最初很惊愕，没想到会出现这么一个变化。但是，很快他们都一个一个站起来，走过去往市长的帽子里交了五十美分的罚金，包括法官本人也都交了罚金。

这个故事本身比较感人，结局有点意外，但是寓意深刻。老太太偷了面包是该罚，但是偷面包的动机又令人同情，觉得情有可原。按照目前一般人的思维方式，法官似乎应从保护弱势群体的角度出发，对老太太批评教育一通，就不做出处罚判决了。在我们的现实生活中，确实也有类似情况，法官貌似情理的维护者，而不是法律的维护者了。在这个故事中，一共出现了法官、老太太、市长和市民四类制度角色。每一个角色都有特定的角色认知、角色情感、角色定位和角色行为要求。这个故事的处理结果之所以合情合理又合法，是因为每个人都有明确的角色认知和适当的角色行为表现。老太太的角色是有三个孙子的祖母，她为饥饿中的孙子偷了面包房的面包，她愿意为偷窃行为接受处罚。法官的角色要求是依法审判，不能因为同情心而减轻老人的罪责。但法官同时也是市民，因为同情老太太的处境自愿交出五十美分罚金。拉瓜迪亚的市长角色使其对整个城市的市民和治安状况具有一种责任感，他的建议非常符合他的角色要求，既能处罚偷窃行为，又能保护弱势群体。最后，所有听众席上的市民，他们认同市长的提议，对法官判决和市长的市民角色要求均无疑义。所有人在角色认知、角色定位、角色要求和角色行为方面的共识使故事的结局有一个较为圆满的结果。

在这个故事中，为什么每个人会有不同的言论、态度和行为表现呢?根本原因在于他们的制度角色不同。如图 3－1 所示，我们每一个人都是多种制度角色的复合体。每一个人的角色认知、角色定位、角色情感、角色行为都是和其所具有的制度角色密切相关的。制度角色的复杂性、多样性、差异性，决定了人们之间意识、行为方面的复杂性、多样性和差异性。一般来说，我们每个人都同时具有家庭角色、组织角色、公民角色三类角色。

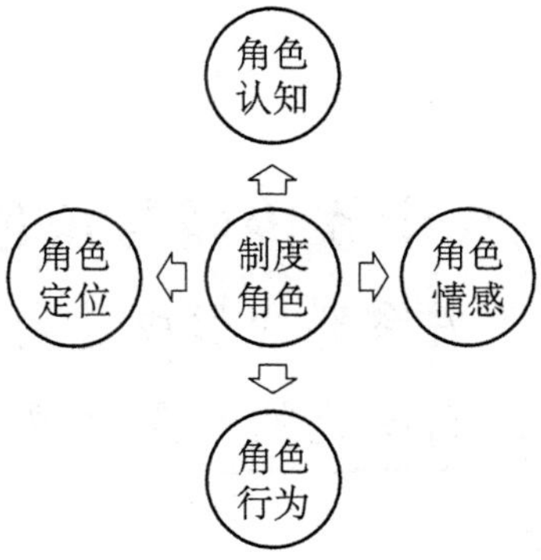

图 3－1　制度角色决定个体角色认知、角色定位、角色情感、角色行为的差异性

（1）家庭角色。与血缘关系密切相关。我们每个人一出生都是某一个家庭的成员，儿子或女儿是两个最基本的角色。如果对照以血缘关系为基础的九族五服图，至少同时具有孙子、孙女或表弟、表妹等数十个不同的家庭角色或家族角色。

（2）组织角色。在现代社会中，幼儿园、小学、中学、大学、社会工作将会构成大部分人的人生历程。也就是说，一个人的成长过程是与其学习、工作于其中的组织密切相关的。小学生、中学生、大学生、工人、农民、教师、干部等不同的组织角色构成了我们的人生轨迹。

（3）公民角色。家庭角色、组织角色分别与家庭、组织相联系，公民角色则将每一个人与国家联系起来，是最典型的制度角色。我国的国籍法第四条规定：“父母双方或一方为中国公民，本人出生在中国，具有中国国籍”。我国宪法（2018 年修正）第三十三条规定：“凡具有中华人民共和国国籍的人都是中华人民共和国公民”。家庭角色决定了一个人的家庭归宿，组织角色决定了一个人的组织归宿，公民角色则决定了一个人的国家归宿。不同的制度角色有不同的情感、动机、意识和行为要求。制度角色对个人的思想和行为有非常大的影响。观察一个人，可以通过他的种种角色，判断他的情感、意识和行为倾向以及他的知识结构、技能水平、职业特点、兴趣爱好、政治倾向、人生态度等。对制度角色的研究可以加深对人的本性及人类社会组织化、制度化过程的认识。

第二节　灭十族传闻与角色关系群

——角色关系群的形成是人类社会组织化、制度化的结果和现实表现

人类社会的发展是一个不断制度化、组织化的过程，在这个过程中，人与人之间的社会关系就演变为制度关系，而制度关系最终又以角色关系的形式表现出来。每一个组织、每一个群体都可以看作是一个庞大的角色关系群。在角色关系群中，各种各样的角色相互作用、相互影响形成了一个庞大的制度场。作为制度角色，我们每一个人都处在一个或多个角色关系群中，它对我们的意识和行为有非常重大的影响。在中国古代，对犯罪之人有连坐法、夷三族、灭九族之说，都是和角色关系群的概念相联系的。

我国历史上还有一个“灭十族”的传闻。明朝的第三代皇帝叫朱棣，

曾被封燕王，起兵夺得皇位，称明成祖，号永乐，又称永乐帝。明成祖朱棣的制度角色很复杂。他是一个很有作为的皇帝，办了很多大事，五次亲征蒙古，然后又在贵州一带北伐，巩固了南北边防。同时多次派郑和下西洋，疏通大运河，修编永乐大典。在当时国力强盛，称为永乐盛世。但是，角色的多样性、复杂性决定了朱棣这个人个性的多样性、复杂性。他在历史上又以残暴著称。明成祖是起兵从其侄子建文帝手中夺得皇位的，进京城以后，杀掉了很多前帝旧臣，而且手法残忍。当时有人跟他说，有个名人叫方孝孺，虽然也是前帝的旧臣，但此人是一个饱学之士，杀了他的话，读书的种子就绝了，最好能为你所用。因为方孝孺是前帝旧臣，朱棣进京后已将他下了大狱，于是就命人将方孝孺从狱中带上朝来。方孝孺这个人很有气节，忠于先帝，刚正不阿，他穿着丧服上了大殿并号啕大哭。明成祖对他说，我进京是效仿周公辅助成王的，马上要即位当皇帝了，让方孝孺起草个即位诏书。方孝孺不以为然，认为按照皇家血统，理应是成王的儿子、弟弟继承皇位，不应该是朱棣。朱棣当时很不高兴地说："这是皇室的家事，你就不用管那么多了。"然后给方孝孺纸笔，让他起草诏书。方孝孺大笔一挥，写了四个大字"燕王篡位"，宁肯死也不写诏书。朱棣愤怒之下，说了一句狠话："即死，独不顾九族乎?"这就涉及角色关系群的概念了。意思是说，你有上上下下一大家子人，你一个人死就不怕我灭你九族吗？方孝孺更硬气："便十族奈我何?"意思是说，你就是杀了我十族，也不能把我怎么样。朱棣最后恼羞成怒，将方孝孺所有的家人、亲戚抓起来诛灭九族，还将方孝孺的门生算作第十族一起杀掉，共计 800 多人，这就是历史上唯一的一次"灭十族"的传闻。

一个人按血缘关系来说，有旁系、直系、父族、母族、妻族等说法，这是一个庞大的血缘角色关系群。如图 1 - 2 所示，如果你处在中心位置的话，往上推有父母、祖父母、曾祖父母、高祖父母四代关系，往下推有长子、嫡孙、曾孙、玄孙四代关系。往左推，作为兄弟关系来说，有亲兄弟、堂兄弟、从兄弟、族兄弟四种关系，往右推，作为姐妹关系来说，也有亲姐妹、堂姐妹、从姐妹、族姐妹四种关系，从上下左右斜上方斜下方来说，也有伯叔姑侄等多种多样的复杂关系。图中的各种制度角色按照血缘关系的亲疏远近组成了一个十分复杂的角色关系群。我们任何一个人都会置身于这样一个复杂的角色关系群中。每一个人在这个图中都能找到自己的位置，同时还能找到与上下左右的角色相对应的人。我们中国人喜欢编家谱、族谱，基本上是以血亲关系为纽带、以嫡长子为主线编写，一代一代地往下传。据说孔子一脉的族谱记录最全，从孔子算起至今已经是第七十九代了。从孔子往上推还能推出几十代，这是一个非常庞大的靠血缘维系的角色关系群。在现实生活中，血缘的、组织的、社群的等各种各样的角色关系群是相互交织在一起的。比如，我国古代四大名著之一的《红楼梦》，描写的人物众多，有人数出来 700 多人，也有人数出 900 多人，涉及皇室、官府、贾家、薛家、史家、王家等若干个大的角色关系群。其中的关系十分复杂，以至于红楼梦人物谱、红楼梦人物树状图等形成了专门的研究理论。

在个人基础上形成的角色关系群一般有五种类型。

（1）习俗式的角色关系群。在血缘、习俗或历史传统的基础上形成，其成员一般具有终身性质。以血缘关系为纽带形成的角色关系群最为典型和普遍。人一出生就自然成为某个家庭、家族、民族的成员。带有宗教色彩的角色关系群也较为典型和普遍，但个人是在家庭或家族的影响下，逐渐加入宗教型的角色关系群的。

（2）法令式的角色关系群。在宪法和法律的基础上形成，其成员一般也是具有终身性质的。国家是最典型的形式。按照国家颁布的宪法和法律，人一出生就自动成为某个国家的公民，整个角色关系群的存在和运行是靠宪法和法律维护的。

（3）审批式的角色关系群。在招聘、考试、录用的基础上形成，其成员一般不具有终身性质。企业、学校、军队、政府机关等是最典型的形式。加入此类角色关系群一般要通过双向选择的招聘、考试、录用等审批程序。比如，上大学需要参加入学考试，参加工作需要经过笔试面试，最终都要经过正式审批才能正式录取或录用。我们所有人基本上都是通过这种方式进入学校或企事业单位等角色关系群的。

（4）契约或合同式的角色关系群。在政治谈判、商业谈判等过程中签订协议或合同的基础上形成。其成员在契约或合同期满时自动脱离相关的角色关系或角色关系群。其成员之间基本上是受契约或合同条款限制的伙伴关系。

（5）社群式的角色关系群。在共同爱好、共同兴趣或共同背景的基础上形成，属于一种群体成员之间关系较为松散的角色关系群。典型的形式有英语学习小组、读书会、研讨班等。这种角色关系群一般规模较小，对其成员缺少制度化的约束力。

以上五种关系群分别是以个人与个人、个人与组织、个人与国家的关系来定位的，除此之外还有两种不同类型的角色关系群。一种是场景式的角色关系群，特指组织与组织之间在制度化基础上相互作用形成的关系群，其最典型的例子是以一个核心企业为中心，处于其上游或下游的成千上万的企业以供应链的方式组成一个庞大的组织关系角色群。另一种类型是场际式的角色关系群，指的是国家与国家之间通过协议等方式形成的角色关系群，如世界贸易组织（简称世贸组织，WTO）、欧洲联盟（简称欧盟，EU）、世界银行，等等。角色关系群的形成是人类社会组织化、制度化的结果和现实表现。建立一个和谐的社会要以构建一种和谐的制度为基础，构建和谐的制度又要以合理规范、调整各种角色关系群的活动为基础。如何规范角色关系群的内部关系和外部联系，是制度学研究的一个重要课题。

第三节 “护官符”之说与人生轨迹

——在角色关系群中的角色发展构成每个人的人生轨迹

如上所述，按照角色关系群形成的过程可以分为习俗式、法令式、审批式、合同式、社群式五种类型。同时这也是我们进入不同的角色关系群的五种途径。习俗式角色关系群和法令式角色关系群的存在，使我们一生下来就同时具有家庭角色和公民角色两种重要的制度角色，个人没有什么选择权。对于审批式角色关系群、契约式或合同式角色关系群、社群式角色关系群来说，个人加入其中是一种双向选择的过程。人的一生要经历幼年、青年、中年、老年等不同的阶段，随着年龄的成长，在不同的角色关系群中将会出现制度角色的变化，不同的制度角色的演变构成了我们的人生轨迹。

《红楼梦》第四回有一段描写，叫作“葫芦僧乱判葫芦案”。讲的是一个叫贾雨村的人，中了进士，后到金陵做了应天府知府。这个部门是负责审判案子的，他在上任的第一天便遇到了一个人命案。告状的人说他们家的主人因为买卖一个丫鬟引起纠纷，被对方蛮横地打死了，告状很长时间，无处申冤。贾雨村一听很生气，说这件事证据确凿居然告不下来，简直岂有此理。他想做一个清官，严判此事。当他抓起令签准备命人抓捕凶犯时，受到一个当过葫芦庙小和尚的门人的劝阻。小和尚问他一个问题：老爷来此上任，“难道就没抄一张本省‘护官符’来不成?”贾雨村挺奇怪地问：“什么是‘护官符’?”小和尚讲了一番大道理，大意是说：“你连‘护官符’都不知道，做官怎么能做得长远？现在很多官员到各省上任，都有一个私单，将当地最有权有势的人家列在上面。你上任的这个地方也有这个‘护官符’，一定不要惹了这些单子上的人，否则不但官位不保，连性命都可能不保。”

小和尚将当地的“护官符”拿出来，上面写着四句话：“贾不假，白玉为堂金做马。阿房宫，三百里，住不下金陵一个史。东海缺少白玉床，龙王来请金陵王。丰年好大雪，珍珠如土金如铁”。小和尚说，这四句话讲的是当地有权有势的贾、史、王、薛四大家。这四家很有来头，都是皇亲国戚，联络有亲，一损俱损，一荣俱荣，相互扶持遮饰，如果得罪了他们那可不得了啊。打死人的凶犯就是薛家公子，你要抓他不就得罪这四家了吗。贾雨村一想，自己来做官还是托的贾家、王家，以后升迁也还得靠他们。于是在第二天升堂审判时，没有去抓薛家公子，只是对被打死的人家多给了些银子，草草了事。审判完毕后，贾雨村做了两件事，一是给贾家和王家作书信二封，说薛家的事已经处理了，不必过虑。二是因小和尚知道的太多，找了一个借口将他充军流放了。

贾雨村是《红楼梦》全书中的牵线人物，借“假语村言”归结红楼梦，对他的描述主要集中在前五回。曹雪芹寥寥几笔，用五个角色关系群勾画出贾雨村的人生轨迹。

第一，血缘关系群。贾雨村出生于官宦之家，父母祖宗根基已尽，但按族谱和荣国府贾家拉上关系，属于一个庞大的血缘关系群。他在第二回便娶妻生子，完成了儿子到丈夫再到父亲的角色发展。任何一个人都会归属于一个血缘关系群，随着子孙后代的不断延续，其在家族中的角色将会不断地上升。一个人在血缘关系群中的人生轨迹，如图 3-2 所示。

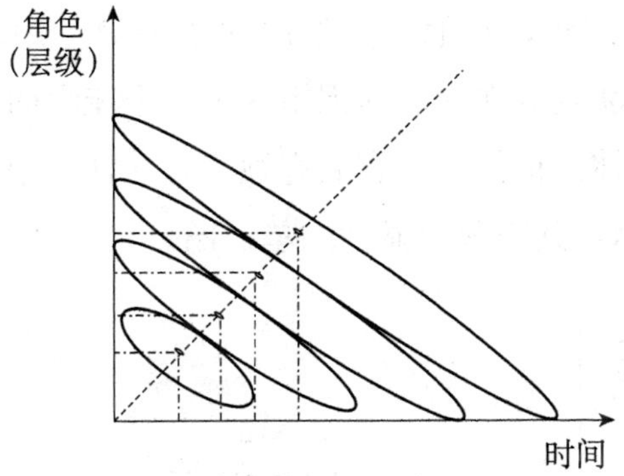

图 3-2　家庭关系群中的人生轨迹示意

第二，组织关系群。贾雨村原是一个穷书生，只身进京赶考，中了进士，进入官府的组织关系群。历经几次升迁，其角色从知府、应天府知府到京兆府尹等一级一级往上升。除了家庭之外，我们每一个人的一生中接触最多的是以组织形式存在的角色关系群。例如，小学、中学、大学、企事业单位等，我们几乎全部的时间都是在这些角色关系群中度过的，我们最主要的制度角色也几乎都是在这些角色关系群中一个一个地变换的。如果说血缘关系群中的个人角色可以随其子孙后代的延续无限发展的话，在组织关系群中个人角色的发展终归有一个顶点，如图 3-3 所示，其人生轨迹呈现为一条抛物线。

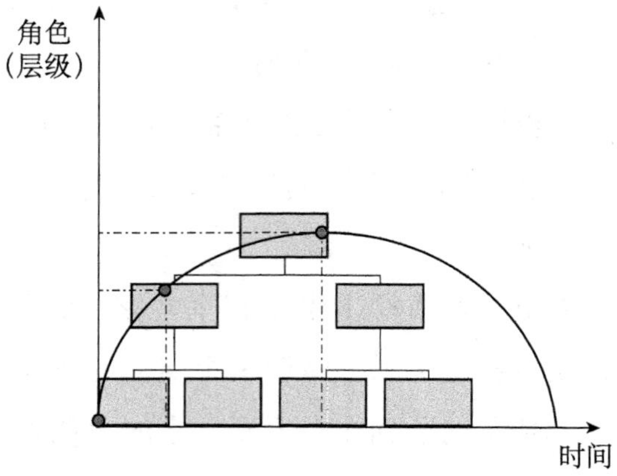

图 3-3　组织关系群中的人生轨迹示意

第三，社群关系群。贾雨村的婚事、仕途发展得到甄士隐、冷子兴等朋友的不少帮助，特别是因他做过林黛玉的塾师，林黛玉的父亲林如海把他推荐给荣国府的贾政，对他一生发展起了关键作用。我们的发小、同乡、同学、同事、朋友等在我们周围组成了一个庞大的角色关系群，这是一种非制度化的群体。他们都是有名有姓的，在社会中有不同的地位和影响。如图 3-4 所示，其表现为显性的星云图。

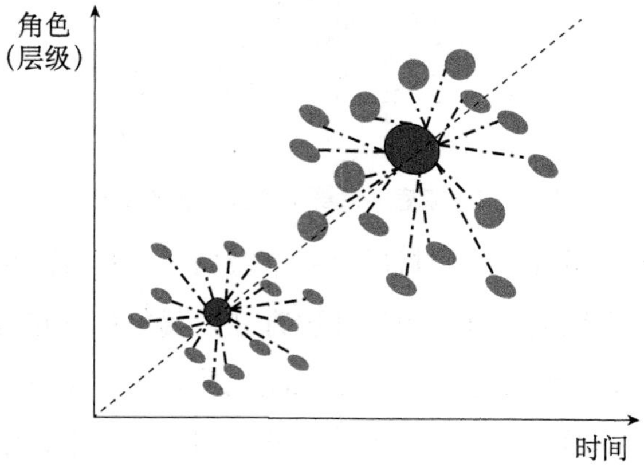

图 3-4　个人置身于其中的社群关系群示意

第四，法纪关系群。贾雨村先后被革职过两次，对他的评语是："因嫌纱帽小，致使枷锁扛"。第一次是被上司得了个空隙，参了一本。第二次是因为婪索属员等罪，递籍为民。贾雨村周围存在着一批人或机构，成为一种规范、监督其行为的力量。用现代语言来说，这种角色关系群可称之为法纪关系群。法纪关系群是客观存在的，但又是无形的、潜在的，如图 3－5 所示，其表现为隐性的星云图。

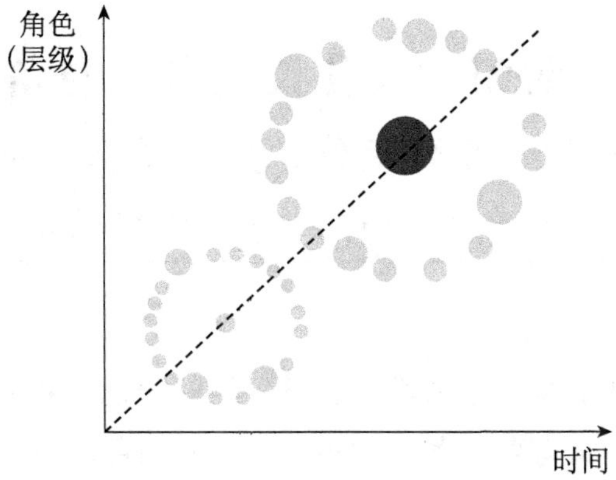

图 3－5　个人置身于其中的法纪关系群示意

第五，社会关系群。在现实生活中，一个人置身于其中的各种各样的角色关系群是相互交织在一起的，很多时候是同时存在的，可以统称为社会关系群。例如，贾雨村的社群关系和血缘关系都对他在组织关系群中的发展起到了一定的作用，反过来又对他在社群关系和血缘关系中的发展产生相应的影响。如图 3－6 所示，将血缘关系图、组织关系图、社群关系图、法纪关系图叠加在一起，则构成一幅社会关系图。它可以帮助我们把每一个人的角色关系及角色发展放到整个社会的大背景中去考察。

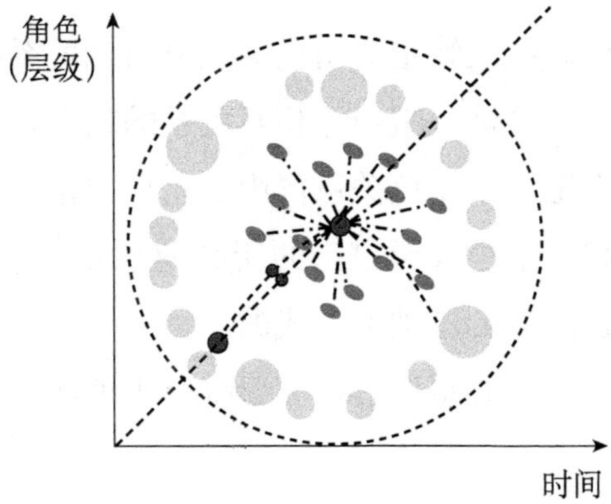

图 3－6　综合性的社会关系群示意

第四节 明朝“大礼仪之争”与角色确认

——角色认知、角色定位、角色意识、角色关系群中心定位、角色行为样式是角色确认的基本内容

如上所述，我们每一个人都是各种各样的角色关系群中的一员，在这些关系群中，我们又有各种各样的角色。这些角色就像一粒粒珠子，当把它们串起来的时候，就构成了我们的人生轨迹。这时面临着一个问题，我们对自身的角色是如何认识的，人们相互之间对彼此的角色又是如何认识的。更深入的问题是，在各种各样的组织中，对具体的制度角色是如何规定的，人们对自己的角色是否有明确的认识，是否了解并履行相关角色的责任和义务，在各种各样的组织活动中将会出现什么样的角色行为及后果，等等，这些都属于角色确认的问题。

角色确认包括四个方面的内容。

第一，角色认知。指对特定角色所代表的身份、地位、责任、权利、义务、要求、行为标准等方面的认识，可分为自我认知、他人认知和集体认知。

第二，角色定位。指在特定的角色关系或角色关系群中，关于自己的身份、地位及与他人、群体、组织等相互关系的认识，可分为个人角色定位、与他人角色关系定位、角色关系群中心角色定位，等等。

第三，角色意识。指个人对自己的所有角色及角色关系的整体认识，是在角色认知和角色定位的基础上形成的。

第四，角色关系群中心定位。指关于哪个角色或人员处于角色关系群中心位置的认识。

第五，角色行为样式。指在角色认知、角色定位、角色冲突、角色意识、角色要求权衡、角色行为选择等复杂的心理活动基础上产生的现实的

行为表现。人们在角色认知、角色定位、角色行为要求等方面可以有多方面的选择，但是所表现出来的现实行为只能是一种。俗话说“人贵有自知之明”，实际上指的是对自己要有明确的角色确认。

公元1521年在我国明朝时期曾经发生过一件很特殊的事情。明武宗在30多岁的时候就驾崩了，没有子嗣，也没有一个嫡出的兄弟。按照皇室世袭制，讲究血统正宗，继承皇位是“父死子继”或“兄终弟及”，在当时，这两个条件都不具备。大家都知道，皇帝一般都有三宫六院，子孙成群，既无儿子又无兄弟的情况历朝历代太罕见了。让谁来接班，这是个问题。明武宗去世后，按照其遗诏继承皇位者叫作朱厚熜。明武宗的父亲是明孝宗，明孝宗的父亲是明宪宗，从宪宗到孝宗再到武宗，这是一脉相传的，非常正统。朱厚熜的父亲是明宪宗的儿子，和明孝宗是亲兄弟，在血缘关系群中的角色定位，朱厚熜和明武宗是堂兄弟。对明宪宗来说，“父死子继”，明孝宗是长子顺理成章继承皇位，朱厚熜的父亲是次子，所以只封了个兴献王。朱厚熜在其父亲死后继承了王位。明武宗指定朱厚熜继承皇位，实际上是指定一个藩王来做皇帝。这样就引出了一个和角色确认有关的“大礼仪之争”。

先皇驾崩，新皇即位，要按一定的礼仪进行。最主要的问题是确定新皇和先皇之间的血缘关系，也就是说涉及角色认知和角色定位问题。按照当时首辅大臣杨廷和与多数朝臣的正统观念，觉得让一个藩王来当皇帝有点名不正言不顺。他们认为，明武宗没有儿子，按“父死子继”这一条行不通。但是如果让朱厚熜认明孝宗为父亲，他就成了明武宗的弟弟，按“兄终弟及”这一条继承皇位就名正言顺了。于是，大臣们和兴献王朱厚熜之间发生了礼仪礼制方面激烈的矛盾。

这个争议涉及兴献王朱厚熜用什么身份进京登基。按照以杨廷和为首的礼制派的意思，用皇子的仪式来迎接朱厚熜入京，走东华门进文华殿登基。但朱厚熜不同意，他首先要解决角色认知和角色定位问题。他说：“遗旨以我嗣皇帝位，非皇子也”，意思是说，遗诏是叫我来当皇帝的，不是来当皇子的，应该走大明门在奉天殿登基。他当时只有十四五岁，但说话很硬气，最后大臣也没办法了，遗诏确实写的是继承皇帝位。杨廷和等大臣认为朱厚熜只有入了孝宗那一脉才是正统，朱厚熜心里则认为他自己就是正统。最后的结果是朱厚熜不以皇子身份而是以继承皇位的身份进京登基。

但是，紧接着第二个问题又来了。这个问题是对先皇得有个谥号，对新皇的生身父母得有一个封号。先皇的谥号好说，关于新皇生身父母的封号问题再次发生激烈争执。按照杨廷和礼制派的意见，新皇纳入明孝宗这一支里来，只能称明孝宗为皇考，对自己的亲生父亲只能称皇叔考，即皇叔考兴献大王，新皇对其亲生母亲只能称皇叔母兴献太妃。朱厚熜很不高兴，心想，我父亲又不是孝宗，为何非让我把孝宗叫皇考。但是他自己势力还比较弱，只能勉强同意了，但心里是非常不痛快。因为他以后在祭祀亲生父母时只能自称为侄皇帝。

朱厚熜登基当了皇帝后，用什么身份迎接其生母进京成为与礼制派激烈交锋的第三个问题。杨廷和这些大臣们又议了，现在的皇圣母即明孝宗的皇后是皇圣母，朱厚熜的生母应该用王妃的身份，不能称皇圣母。新皇反对说，我的生母就应该是皇太后，不用皇太后的身份迎接我不同意。因为王妃和皇太后进什么门、住什么殿、享受什么待遇等是完全不同的。于是他哭哭啼啼地去求现在的皇圣母。皇圣母听后觉得有道理，心想，这是当今皇帝的母亲，虽然没有皇太后的名分，但是皇太后的待遇是可以享受的。最后还是按照皇圣母的意见，将新皇的生母用皇太后的身份迎进京来。

在新皇登基后的几年中，“大礼仪之争”时起时伏，从未停息。当时也有一些和礼制派观点完全相反的少数派很同情新皇，这些人没什么势力，官职很小。其中一个代表人物叫张璁的上书说，新皇生父就应该加封皇考。他的这个举动得罪了掌权的礼制派大臣，结果被贬到南京去了。这个人还挺硬气，认为小皇帝连自己的亲生父母都不能称呼，只能称皇叔考皇叔母，这叫什么礼制派。他到了南京后越想越不服气，又约了一批人再次上书。朱厚熜当了几年皇帝，慢慢有了势力，也希望改变人们对他的角色认知和角色定位。于是他就下旨宣张璁等人进京再议，第一次奉诏进京遭大臣们阻拦退回，第二次又奉诏进京。但是礼制派大臣们还是坚决反对，约有 230 多人跪在殿外大哭劝谏，认为礼仪不能改。这时新皇已不是当年的小皇帝，皇位已经坐稳，开始行使皇帝至高无上的权力了。一道圣旨下来，先下大狱 100 多人，五品以下官员廷杖，据说当场打死 16 个。杨廷和觉得自己大势已去，请求辞官回乡，朱厚熜正求之不得，当即准奏。最后的结果是新皇将旧的礼仪完全改变过来，明孝宗的谥号改称皇伯考，原来的皇太后改称皇伯母，他自己的生父改称皇考，自己的生母改称皇圣母，整个“大礼仪之争”，旧礼制派全盘皆输，新礼制派成为掌权大臣。

“大礼仪之争”第一个问题涉及一系列的角色认知问题，如朱厚熜进京时的角色和他母亲进京时的角色按什么确定，直接关系到他们进京时的仪式、住处、身份、待遇等，这是他进入权力最高等级及规范其与大臣关系的重要环节。第二个问题涉及角色定位。角色认知一般是直接确定一个人的角色，如明武宗直接下诏确定朱厚熜为下一任皇帝。角色定位则通过确定角色关系来确定角色认知。如 A 是 B（男）的母亲，C 是 B（男）的女儿，由此可确定 A 是 C 的奶奶，C 是 A 的孙女。杨廷和等礼制派大臣想通过确定明孝宗和朱厚熜的“父子”关系来确定朱厚熜的皇帝角色，而朱厚熜不愿意。第三个问题涉及角色意识。“大礼仪之争”涉及许多具体的人，如先皇及其父母、新皇及其父母、先皇旧臣、新皇新臣、礼制派大臣、非礼制派的小官员等，他们之间存在着复杂的角色关系，每一个人都会对此有整体认识，即他们有不同的、甚至截然相反的角色意识。第四个问题涉及角色关系群中心定位。任何一个角色关系群横向看有一个中心，纵向看有一个轴心。例如，每个皇帝都是其当政时的中心，明宪宗、明孝宗、明武宗、朱厚熜从上到下构成一组轴心。新皇登基后，杨廷和等礼制派大臣仍把中心定位在明孝宗、明武宗上，张璁等非礼制派则把中心定位在新皇上，两者的结局完全不同。第五个问题涉及角色行为样式选择。显然，不同的角色认知、角色定位、角色意识和角色关系群中心定位会使当事人有不同的行为表现。这一点在杨廷和等礼制派大臣和张璁等非礼制官员们身上表现得非常明显。

“大礼仪之争”反映了明武宗去世后明朝权力结构和关系结构的变化，

其背后隐藏着复杂的政治斗争和权力斗争。在我们的一生中，经常会遇到角色确认的问题，并且会对自己的一生产生重要的影响。杨廷和的儿子杨慎，是当代第一大才子，满腹经纶，才高八斗，本应前途无量，但在“大礼仪之争”中，他的角色认知、角色定位、角色意识、角色关系群中心定位、角色行为样式选择等出了偏差。当时他与礼制派大臣一起哭谏，得罪了新皇，被罢官流放云南，终生不得录用。这样一个有才华的人，从人生巅峰瞬间跌落低谷，身世坎坷，亲人离散，所以感触很多，便写下一首词《临江仙》，词云：“滚滚长江东逝水，浪花淘尽英雄。是非成败转头空。青山依旧在，几度夕阳红。白发渔樵江渚上，惯看秋月春风。一壶浊酒喜相逢。古今多少事，都付笑谈中。”这首词慷慨悲壮，以其自身感悟道尽历史兴衰、人生沉浮，成为千古绝唱。

第五节　对母亲的怀念与角色情感

——角色情感对个人事业和制度运行有巨大推动作用

2018 年 5 月 31 日深夜，我怀着十分悲伤的心情来写这一章节。前一天下午，我去首都机场坐飞机到内蒙古呼和浩特市参加一个会议。6 点多，刚到达机场，就接到哥哥的电话，说母亲突然感到身体不适，正在叫“120”紧急送往医院。十几分钟后，又来了一个电话，说“120”医生到来时，母亲的心跳已经停止了，再怎么抢救也不行了。我赶快通知会议主办方退票，立即返程去医院。到了医院，我的哥哥、姐姐、妹妹、爱人、孩子已在那里。看到母亲的第一眼，头向左侧躺在枕头上，就好像是无数个夜晚我们看到的那样，正在甜甜的熟睡中，面容仍然是那么的慈祥、宁静。但是我痛在心中，知道这样的情景永远过去了，亲爱的母亲，我在这个世界上最亲最亲的人永远离去了。我当时几乎泣不成声，只有在这个时候，我才刻骨铭心地感到什么叫悲伤，什么叫永久的心痛和思念。

我们上一部分讲到，在制度化的环境中，有两个影响我们行为的重要因素，一个是角色认知，一个是角色定位，但是除了这个因素之外，还有一个因素对我们的行为也有很重要的影响，这就是角色情感。一般来说，只要有一种角色，它就有一种相应的角色情感。比如，作为母亲，对子女有一种情感，作为子女对母亲也有一种情感，作为兄弟姐妹有一种情感，作为朋友有一种情感，作为同学、战友都会有不同的情感。我对母亲的怀念，就是这种角色情感的真实体现。

一般来讲，角色认知、角色定位是与人的理性认识相联系的，那么角色情感是否只和人的感性认识相联系呢？事实并非如此。人本身具有自然属性和社会属性两个方面，情感首先与自然属性相联系，如母亲与其亲生子女之间的情感是出自本能的，我的母亲可以说是为我们操劳一生，费尽了心血。但是，角色情感也同样受到社会属性的影响，而且在制度化的过程中，这种影响越来越大。母亲为了我们可以付出所有，我们越是认识到母亲付出的艰辛，越会对母亲产生强烈的感恩之心。恩情是一种角色情感，它和单纯与自然属性密切相关的情感不同，感恩、报恩等情感明显与理性认识密切相关。只有在理性认识的基础上，才能加强和强化个人的角色情感，亲情、友情、爱情等情感也是如此。一个人对他人的热爱、对事业的热爱、对祖国的热爱，只有在理性认识的基础上才有可能上升为更崇高的情感。

个人的角色情感与每一个人对自身角色和周边情境的感受、体验密切相关。角色情感可以分成四类。

第一，个人情感。每个人都有自己的喜怒哀乐，如苏东坡的诗句所说：“月有阴晴圆缺，人有悲欢离合，此事古难全。”我们每一个人通过各种各样的感受、体验，对不同的人有不同的感情，这是一种个人情感。

第二，家庭情感。大多数人一生下来就会有一个家庭，在家庭中生活，在家庭中长大。孝顺父母，感恩父母，这是一种家庭情感。

第三，单位情感。细算起来，人们在单位中的时间比在家庭中的时间长得多。在家庭中是生活，在单位中是学习或工作，这是两者之间的主要区别。单位基本上可以分为两类，一类是幼儿园、小学、中学、大学等以学习为主的单位；另一类是商店、工厂、学校、政府、军队等以工作为主的单位。人们对所在单位及其人员会有深深的感情。

第四，国家情感。如果说家庭是最小的组织，国家则是最大的组织，其间分布着大小不一的组织。国家构成了家庭、单位赖以存在的制度环境。爱国还是卖国是国家情感的具体体现。有多少种角色就有多少种情感。角色的复杂性和角色关系的复杂性决定了角色情感的复杂性。人们的个人情感、家庭情感、组织情感、国家情感是相互交织在一起的，并且是相互影响的。

我们为什么对父母的情感、对家庭的情感特别深，过去我只把主要原因归结为我们对父母、对家庭的依赖性特别强。现在我坐在“静静沉睡的”母亲的身旁，突然领悟到，深深情感的背后是感受到母亲伟大无私的爱。情感是在互动、交流中形成的。情感是心灵的感应，是可以通过心理体验传递的。母亲对我们无私的爱使我们对母亲有深深的感恩之心、怀念之情。母亲的爱是伟大的，伟大之处在于母亲对子女无私的奉献，它是在平常的生活中一点一滴、日日夜夜积累起来的。我们家是一个大家庭，母亲工作很忙，往往我们晚上睡觉了，她还没有回家，夜里回家后还要为我们的事情操劳。我记忆中有一个难忘的片段，那是在半夜中醒来，发现母亲拿着袜板在灯光下一针一线地给我们补袜子。这种真实感受的情境很多，从小我们就沐浴在深深的母爱中。

人类与动物之间有一个根本区别，人类的角色情感不仅源于本能，更多的是源于角色认知和角色定位。一般来讲，血缘关系越近的人感觉就越亲，这里边存在着血亲关系基础上的本能因素。但是，在很多时候，朋友情、战友情往往重于兄弟情、家族情，单位情感、国家情感对个人情感的影响比家庭情感更大，这里边存在着制度关系基础上的社会因素。和家庭情感一样，对组织的热爱、对国家的热爱，不仅仅来自物质的依赖性方面，更多的来自情感的交流互动方面。小时候学过一篇课文，其中有一句话“廉者不受嗟来之食”，当有人傲慢地扔给你食物时，即使它对你很重要，你也不会产生感恩之心。人都是“将心比心”。在你的一生中，对你的生存、生活、成长帮助最大的人，一般都是对你最有爱心的人，你对他们的感情自然也是最深的。

特定的角色情感是与特定的角色认知和特定的角色定位联系在一起的，在角色关系方面有亲疏远近等多种关系，在情感方面则有好恶喜憎等多种情感。如上所述，每一个人都是多种角色的复合体，因此也是多种角色情感的复合体。制度角色的多样性决定了角色认知和角色定位的多样性，同时也决定了角色情感的多样性。当对立的角色或角色要求集于一身的时候，将会使一个人在内心深处产生令人焦虑的角色冲突和角色情感冲突。父母之间、兄弟姐妹之间或婆媳之间发生冲突时，夹在当中的人在角色认知、角色定位和角色情感方面最容易出现这种心理体验。另外还有一种情况是，当相互一致的角色或角色要求集于一身时，将会使一个人产生角色共鸣或角色情感共鸣。我的母亲对孩子、对家庭、对单位、对国家的热爱，在她的内心深处汇合成了一个巨大的爱的源泉，同时在我们的家庭中形成了一个以这种爱心为主导的制度场，对我们每个孩子的角色认知、角色定位和角色情感产生巨大的影响。

母亲在家庭中的影响使我认识到，角色情感在制度场的形成方面具有重大的作用。制度场的形成一方面取决于规定和执行的力量，另一方面取决于人们的共识和情感的作用，对一个家庭来说是如此，对一个组织或一个国家来说也是如此，特别是在个人利益、家庭利益、组织利益和国家利益相互一致时，人们将把组织的发展与自己的事业联系在一起，把个人的命运与国家的命运联系在一起，人们的角色共识和情感共鸣会汇聚成巨大的民众执行合力，从而形成稳定制度运行或促进制度变革的巨大力量。这不仅仅取决于一种依赖关系，更多的是取决于一种与组织或国家相关的责任感或使命感的角色情感。角色共识和情感共鸣能够强化个人爱组织、爱国家的情感，汇聚民众情感的潮流，能够和制度执行的力量结合在一起，形成起主导作用的正能量的制度场作用力。

第六节 陈胜吴广起义与角色态度

——角色态度与角色行为可以相互影响相互转化

在复杂的角色关系群中，人们会形成一定的角色认知与角色定位，并且必然会产生相应的角色情感。在制度学的研究方面，除了要探讨角色认知、角色定位、角色情感等产生的因素、过程及相互联系外，关键是要探讨如何通过制度管理使人们的角色行为符合组织的要求，有利于实现组织的战略目标和绩效目标。本节重点探讨角色态度和角色行为的关系问题。

角色态度指一个人对角色关系和相关事物做出特定评价或者特定反应的一种角色心理或角色倾向。此前的论述曾提到角色意识的概念，两者的区别在于，角色意识指一个人处于复杂的角色关系中，具有多种多样的角色认知和角色定位，对其所有的角色和所有的角色关系形成的整体认识，侧重于对自身的认识。角色态度是对相关人员和相关事物做出何种反应的心理倾向，侧重于对外界的认识。角色态度的形成离不开角色意识，它以角色意识为基础，但又与角色意识相区别。比如，一个人对父母、老师、朋友等的态度不同，其原因在于他的角色意识中的认知和定位不同，但角色意识是一种理性的认识，角色态度的形成除受角色意识的影响外，还会受到情感因素、对方态度、文化因素、环境因素等的影响。

角色态度包括角色认知、角色情感、角色意向或行为倾向三个方面。关于角色认知和角色情感，前文已有所论述。角色意向或角色行为倾向是与个人的行为选择有关的一种心理体验或心理反应。人们置身于大千世界之中，不仅有自身的认识，还会有相应的行为。比如，看到一个苹果，吃不吃，拿不拿，或者说，看到一个熟人，打不打招呼，只要在心中思考采取何种行为时，就处于角色意向或行为倾向的状态。一旦决定采取何种行为，比如，准备伸手拿苹果或准备举手和对方打招呼，就是前文所说的角色行为样式选择和角色行为定位了，紧接着就是现实的行为表现。角色态度的形成是一个与角色认知、角色定位、角色意识、角色情感及周边环境密切相关的复杂的心理体验和心理反应过程。在现实社会中，不同的人有不同的角色、不同的角色态度，也自然会有不同的角色行为。在庞大的角色关系群中，角色态度和角色行为会表现出复杂的群体现象，也是制度学研究的一个重要内容。

记得小时候，曾学过一篇陈胜吴广起义的课文，摘自《史记·陈涉世家》，印象比较深。这是我国历史上有文字记载的最早的一次大规模的农民起义。其中关于农民起义前后态度和行为方面变化的描述很有趣。

> 陈涉少时，尝与人佣耕，辍耕之垄上，怅恨久之，曰："苟富贵，勿相忘。"佣者笑而应曰："若为佣耕，何富贵也?"陈涉太息曰："嗟乎，燕雀安知鸿鹄之志哉!"

文章说的是，陈胜过去是给别人打工的，在田里耕作停下休息时，心中惆怅，说了一句，以后大家富贵了，都不要相互忘记了。其他人笑话他，你只是个打工的，怎么能富贵起来呢。陈胜感叹道，小小的麻雀怎么知道天鹅的志向啊。如果从态度构成的三个方面进行分析，我们可以看到，陈胜的角色认知、情感与其伙伴完全不同，但他的角色意向或行为倾向与其他人无明显不同，因此还能一起佣工于垄上。

秦二世元年，陈胜吴广等900人被强令长途跋涉戍守渔阳。此时，陈胜等人的态度还是遵纪守法的。当他们走到一个叫大泽乡的地方时，遇到大雨没法行走，这种情况开始使他们的态度和行为发生了变化。首先是认知的变化，他们意识到，秦国的法律非常严酷，误了行期要被杀头的。同时意识到，当今"天下苦秦久矣"，秦朝的苛政民怨沸腾，反抗秦朝者大有人在。其次是情感的变化，感觉被秦二世冤杀的公子扶苏比较有声望，秦二世则昏庸残暴，对前者有好感，对后者很厌恶。同时内心深处仍是怀念楚国的，越是痛恨秦国，楚国情结越深。最后是角色意向和行为倾向发生了变化，觉得与其误了行期被杀头，不如造反寻个活路。

随着行期的延误，陈胜吴广的态度变化越来越大，最终体现在他们俩人的行为变化上。他们在起义的准备方面很有谋略，其中的关键在于如何转变同行900多人的态度和行为。这900人当时的态度差别很大，或是心存侥幸，或是听天由命，或是胆小怕事，等等，很少有人想去造反。陈胜吴广确认如何鼓动900人共同举事是面临的首要问题。他们着重做了几件事。一是从认知方面入手，让所有的人都明白，现在的处境是死到临头，不反不成。二是从情感方面入手。他们俩身为队长，平时关心同伴，和大家关系不错，人们对他俩很有好感，同时不断增强楚国情结和仇秦心理。三是从角色意向或行为倾向入手。他们采用一些迷信手法，增强人们造反的意向。他们在给伙伴吃的鱼肚子里偷偷塞进一个绸布条，上面写着“陈胜王”三个大红字。晚上当大伙围坐在篝火旁时，吴广藏在黑暗处学着狐狸叫：“大楚兴，陈胜王”。使人们认为造反乃是天意。起事那一天，陈胜吴广杀掉了带队的秦国军官，把大家召集在一起，大声说道，我们的行期肯定耽误了，按秦律当杀，就算不被杀头，戍边的结果也是死，与其这样，还不如造反起义。于是这900人，袒右臂，大家“敬受命”，为坛而盟，跟着陈胜吴广共同起事。

汉朝贾谊在其名篇《过秦论》中对此有生动描写：“始皇既没，余威震于殊俗。然而陈涉，瓮牖绳枢之子，氓隶之人，而迁徙之徒也；才能不及中人，非有仲尼、墨翟之才，陶朱、猗顿之富。蹑足行伍之间，而崛起阡陌之中，率疲弊之卒，将数百之众，转而攻秦，斩木为兵，揭竿为旗，天下云集响应，赢粮而景从，山东豪俊遂并起而亡秦族矣。”

陈胜吴广等900人从日夜兼程赴渔阳戍边到揭竿而起共举义旗，他们的态度和行为发生了明显的变化。这种变化主要存在着下面三种情况。

（1）态度变化导致行为变化。陈胜吴广起义首先和态度发生变化有关。陈胜年轻时就有鸿鹄之志，他对人生的态度明显和其他佣工不同。在赴渔阳戍边途中，大雨误期、相遇吴广、秦官跋扈、众人响应等因素的变化使他的态度变化越来越有倾向性。起事时，他高呼：“王侯将相宁有种乎?”不仅鲜明地表明了他的态度，也把所有900人的态度变化推向了高潮。当人们的认知、情感、角色意向或行为倾向逐渐发生变化时，态度的变化必然带来行为的变化，陈胜吴广起义充分说明了这一点。一般来讲，要改变人们的行为，首先要改变人们的态度。通过改变态度来改变行为是推进制度化过程的一个基本方法。通过培训、宣传、教育等方式端正人们的学习态度、工作态度、人生态度等都是运用的这种方法。

（2）行为变化导致态度变化。在陈胜吴广起义过程中，许多人因为已有起事的意向，陈胜吴广振臂一呼马上就加入了。也有一些人，原来犹犹豫豫，态度不坚决，但跟着陈胜吴广杀秦官、举义旗等一步步的行动，使其态度明显地发生了变化。新兵入伍后，大部分人对严格的军事训练和军事纪律不熟悉、不适应。但是不管新兵是什么态度，严格的训练和纪律首先要求他们在行为上必须表现出服从，久而久之，这些新兵将会逐渐习惯部队生活和训练要求，与入伍时相比，态度完全发生了变化。有些人甚至成为严格训练新兵的教官，将会用同样的训练方式要求新兵去做。通过改变行为来改变态度，是将外在化约束转变为内在化约束的带有一定强制性的方法。

（3）角色变化导致态度和行为的变化。无论是态度变化导致行为变化，还是行为变化导致态度变化，都是在一个人的角色没有发生变化的情况下发生的。当一个人的角色发生变化时，将直接导致其角色认知、角色定位、角色情感等方面发生变化，从而导致其角色态度发生变化，最终导致其角色行为发生变化。记得上学的时候，班主任有意识地指定一个淘气学生担任班干部，结果我们发现这个学生的上课行为有所好转，班主任为了转变淘气学生不认真上课的态度和行为，先使他有了一种新的角色和角色认知，收到了较好的效果。

从幼年到老年一系列角色的发展变化形成了一个人的人生轨迹，也使他的态度和行为相应发生一系列的变化。贫雇农陈胜起义后，当上了“陈胜王”，其人生态度和行为也发生了变化。当与他佣耕垄上的伙伴们来王宫中找他时，他不仅没有做到“苟富贵，勿相忘”，反而嫌他们不懂宫中礼仪，听信谗言：“客愚无知，颛妄言，轻威。”最后将故人斩首，自己闹得众叛亲离。陈胜和他当年的伙伴们都没有意识到角色和角色态度方面发生的变化，他们在角色认知、角色定位、角色情感、角色态度、角色行为定位等方面都出现了偏差，最终导致角色冲突和意想不到的行为结果。

第七节 孟子和荀子的历史争论与人性探讨

——人的本性是个体性和群体性、自然属性和社会属性的统一

如上所述，制度的本质是与规范和固化人的社会关系相联系的，只要有两个人，就存在着如何规范二者关系并如何使之常态化的问题。一讲到人，自然会联想到："人的本性是什么?""人性善还是人性恶?"这是一个古老的命题。我们国家早在战国时期就已经出现人的本性是善还是恶的争论。当时有两个代表人物，一个是持"性善论"观点的孟子，一个是持"性恶论"观点的荀子。他们都是我国历史上有名的思想家、哲学家，而且都是儒家的代表人物，但是他们在关于人性的观点上是完全相反的。

孟子比较早地提出了一套"性善论"的理论。在《孟子·告子上》中，记述了孟子和告子的一段对话。告子的主张是人性不分善恶，告子曰："人性之无分于善不善也，犹水之不分于东西也。"意思是说，人性本来就不分善与不善，就像水本来就不分向东流向西流一样。孟子曰："水信无分于东西，无分于上下乎？人性之善也，犹水之就下也。人无有不善，水无有不下。"孟子的意思是说，水的确无所谓一定向东流或一定向西流之分，但是，水难道没有一定向上流或一定向下流之分吗？人性向善，就像水向下流一样。人性没有不善的，水没有不向下流的。在《孟子·告子上》中，孟子进一步论证自己的理论："恻隐之心，人皆有之；羞恶之心，人皆有之；恭敬之心，人皆有之；是非之心，人皆有之。"孟子在《孟子·公孙丑上》中进一步提出论据："人皆有不忍人之心……今人乍见孺子将入于井，皆有怵惕恻隐之心——非所以内交于孺子之父母也，非所以要誉于乡党朋友也，非恶其声而然也。"其意是说，假如有人忽然看到一个孩子要掉到井里去了，都会有惊恐同情的心情。（这种心情

的产生）不是想借此同孩子的父母攀交情，不是要在乡邻朋友中博取名声，也不是讨厌那孩子惊恐的哭叫声。孟子曰："非由外铄我也，我固有之也"（《孟子·告子上》）。孟子认为，人的善心不是从外面强加的，而是人们心中固有的。

荀子不主张"性善论"，以和孟子论战的口气提出了"性恶论"。荀子生活的时代是战国末期，比孟子要晚。在《荀子第二十三·性恶》篇中，荀子开门见山地提出："人之性恶，其善者伪也。今人之性，生而有好利焉，顺是，故争夺生而辞让亡焉；生而有疾恶焉，顺是，故残贼生而忠信亡焉；生而有耳目之欲，有好声色焉，顺是，故淫乱生而礼义文理亡焉。然则从人之性，顺人之情，必出于争夺，合于犯分乱理，而归于暴。故必将有师法之化，礼义之道，然后出于辞让，合于文理，而归于治。用此观之，然则人之性恶明矣，其善者伪也。"其意思是说，人的本性是恶的，人性善之说是不对的，人性只有通过法治、礼制才能趋于善。荀子认为："不可学，不可事而在人者，谓之性；可学而能，可事而成而在人者，谓之伪"。也就是说，"恶"是人的本性，是生而就有的。"善"不是人的本性，是后天形成的，和人的作为或行为有关。荀子论证说，人的本性，一生下来就是趋利避害的，依顺这种人性，就会产生争抢掠夺、妒忌憎恨、残杀陷害、淫荡混乱、破坏名分礼仪等，就不会有推辞谦让、忠诚守信、礼义法度等，其最后结果是造成社会的暴乱。因此，必须推行"师法之化，礼义之道"，才能使人们知事明理，遵守礼法，才能达到天下大治。

关于人性之说有四种观点，分别为"性善论"、"性恶论"、"性无善恶论"和"善恶皆有论"。这四种观点各有各的道理。人们在分析问题时，一般都会受到时间和空间的限制，就好像"盲人摸象"，人们看问题的角度不一样，直接接触到的只是客观事物的一个方面或某个局部。就事论事，从局部看局部是对的，但是从局部看整体或论证整体，则容易出现偏差。所以看问题应尽可能地兼收并蓄，集思广益，才能有较客观的、完整的、全面的认识。人的本性中潜存着善恶的基因，它们将在特定的自然环境和社会环境中，特别是在现实的制度环境中，逐渐地发展并显露出来。

关于人性的问题，有下面四层认识。

（1）人的本性是个体性和群体性的统一。任何一个人首先是作为一个独立的个体而存在的，从而表现出个体性。和个体性相联系的基本特性是利己性。在某种意义上说，“恶”的因素一般是与人的个体性和利己性相联系的，如“自私自利”“损人利己”“谋取私利”“以权谋私”“结党营私”等贬义词都与其相关。如果一个人为了一己之利，不惜损害他人或群体的利益，其言行可被称为“恶”。任何一个人都不是孤立存在的，都是某一群体中的一个成员，从而表现出群体性。和群体性相联系的基本特性是利他性。“善”的因素一般是与人的群体性和利他性相联系的，如“舍己救人”“舍生取义”“不谋私利”“大公无私”“人人为我，我为人人”等褒义词都与其相关。当为了集体利益而牺牲个人利益，抑制个体性服从群体性时，则可称为“善”。如果一个人为了他人、群体或社会的利益，而舍弃或牺牲了自己的利益，其言行则被称为“善”。一般来说，个体是为了维持群体的生存和延续而存在的，只是群体生存和延续的一个环节或一个组成部分。在这个意义上说，人的群体性、利他性一般要强于个体性、利己性。在自然界中，蚁群、蜂群、狮群、象群等的活动和延续，都表现出这种本能，背离这种本能的群体或种群，其结果必然是消亡或灭绝。人类社会的发展也证明了这一点。

（2）人的本性是自然属性和社会属性的统一。人是从动物界发展而来的。人除了有动物普遍具有的自然属性外，还有动物所不具有的社会属性。人的自然属性一般指个体先天的、自然形成的所有特性。这些特性在个体后天的社会实践活动中，本质上是不能改变的，如性别、肤色、血型、面貌、人种、七情六欲等。人的社会属性一般指个体在社会实践活动中逐渐形成的所有特性。这些特性在人类后天的社会实践活动中产生并且有可能发生变化，如人的知识、技能、价值观、品行、行为样式等。人的自然属性是先天形成的，更多地和人的本能相联系，是人的个体性和利己性的动因。人的社会属性是后天形成的，更多地和人的认知或理性认识相联系，是人的群体性和利他性的动因。人的自然属性和社会属性并不完全是截然分开的，在许多情况是相互交融、相互影响的。人的自然属性可以影响人的社会属性，人的社会属性也可以抑制或激发人的自然属性，如喜怒、爱憎等情感变化可以同时包含着自然属性和社会属性的双重影响。

（3）人的本性通过制度角色的言行表现出来，其善恶也是通过制度角色的行为标准做判断依据。人本身不是一个纯粹的、抽象的人，而是一个现实的人，是一个生活在一个特定的制度环境中、处于特定的制度角色群中的具有特定制度角色的人。因此，一个人的个体性和群体性、自然属性和社会属性是通过其角色认知、角色情感、角色定位、角色意识、角色态度、角色行为定位、角色行为表现显露出来的。一般来说，对一个人品行的善恶评价也是与其的角色判定相联系的，与其角色行为相联系的行为标准一般会成为判断善恶的行为标准。例如，父母含辛茹苦把子女养大或在危险来临之际为保护儿女牺牲自己则被称为“善”，反之，则被称为“恶”。在不同的组织、不同的国家、不同的制度环境中，人们对善恶标准的判断存在着差异性。如“私有财产不可侵犯”和“私有制是万恶之源”，“抢劫偷盗”和“劫富济贫”等存在着两种不同的善恶标准。

（4）不同的制度环境对人们的个体性或群体性有不同的激发作用。因此，在私有制或公有制等不同的制度环境中，人们的个体性、群体性的表现也有所不同。20世纪五六十年代，学雷锋做好事的风气蔚然成风，在现今社会却出现了“老人倒地不敢扶”“见义勇为的人流血又流泪”的怪现象，这里不仅涉及人性本善还是本恶的问题，还涉及更大的社会问题。如何树立明确的善恶标准和良好的社会风气，通过正能量的制度场作用力激发人的善的一面，抑制恶的一面，这是一个很重要的制度学问题。

第八节　插队小故事与“制度人”概念

——“制度人”是与特定制度相联系的多种制度角色的复合体

上一节讲到人的本性问题，这一节继续加以探讨。在西方经济学和社会学的研究领域中，许多学者提出了各种各样的假设，其中最典型的是关于“经济人”和“社会人”的假设。

“经济人”的假设最初源于亚当·斯密，他认为利己性是人的本性。面包师、酿酒师、屠夫等进行生产的目的并不是为了满足他人需要和社会利益。他们本身都是出于利己的动机，为了满足自己的需要，但是这种利己的动机会造成有益于他人和社会的结果。许多经济学家进一步论证说，在经济活动中的行为主体都是“经济人”，也被称为“实利人”或“唯利人”。他们的各种经济活动都是利己的、唯利是图的，追求的是利润和效益的最大化，他们希望能够在经济活动和商品交换活动中用最小的经济代价或最小的交易成本去换取最大的经济利益。“经济人”还有一种典型的叫法是“理性人”，即这些人本身都是理性的，所有的经济活动都是在理性思考的基础上进行的。

另外，有一些专家学者持相反的意见。他们认为，人是“社会人”。人不是经济动物，不是纯粹地追求经济利益最大化、利己化，人也有社会情感和社会需求。人有归属的、安全的、受到尊重的需要。人们的工作动机不仅仅是追求经济利益，他们还要追求一定的社会名誉、声望和一定的社会利益。社会环境、文化环境等各种历史、社会因素对人的本性、行为、情感有重要影响。

我曾经读过一本西方经济学的著作，里面有这样一段描述。一个牧牛人的牛吃了一个农夫的庄稼，双方坐下来进行谈判，先各自计算自己的损失和利益，然后据理力争，讨价还价，最终签订一份协议，确定经济赔偿与利益需求。同时他们还可以在这个基础上就未来可能的经济合作进行协商谈判。该书作者认为这是解决经济纠纷的通行做法，也可以说是一种“经济人”或“理性人”的特定行为吧。我感觉这段描述和我们实际生活中的情况不同。

我在1968年到内蒙古土默特左旗插队，大约是在1970年的秋天，我们生产小队遇到过一件类似的事情。秋天是收获的季节，大家辛苦了一年，眼看遍地的庄稼渐渐成熟了，满怀喜悦地期待着颗粒归仓的那一天。但是，有人发现，我们小队有一块地的庄稼夜里有被猪拱过的痕迹，而且一连几天都出现了这种情况。大家很气愤，问题很严重。但是没有人承认是自己家的猪夜晚出来啃庄稼，小队社员们也从来没有过谈判协议的这种概念。有天晚上，小队队长把队里的一些精壮青年召集到一起，我这个北京知青也在其中。他没多说什么话，给我们每个人发了一把挑垛子用的钢叉，带着我们悄悄地出发了，我们趁着夜色埋伏在被猪啃过的农田里，当晚的月亮特别皎洁，像夜中之王一样在天穹中遨游。黑黝黝的庄稼地铺上一层月光，万籁俱静，给我的印象太深刻了（见图 3－7）。到半夜时分，一个黑影出现了，十几双眼睛目不转睛地盯着它慢慢走进伏击圈。突然，有人手持钢叉一跃而起，只见月光下猪在狂奔，数人挥舞钢叉在其后猛追。最后的结果是将猪杀死在其他小队的庄稼地里。第二天，猪的主人连哭带喊地在村里跳脚大骂，但我们队里的人默不吭声，就像没有发生过任何事一样。

图 3－7　皎洁月光下的庄稼地

按照"经济人"的假设，我们小队社员应该进行理性的思考，找到猪的主人进行谈判，并在协议中努力取得最大的利益。但在当年我们插队的情况下，这是不现实的。当年我们中断学业上山下乡，正处于"文革"期间，公检法系统不能正常工作，人们没有法律保障，没有法律意识，也不会有谈判意识和通过协议要求经济赔偿的理性人思维。最现实的想法是在夜里神不知鬼不觉地杀死偷食的猪，彻底解决问题。我们插队的村与相邻的村曾经为争地发生过大规模的群众械斗事件。现在 50 多年过去了，法律制度的逐步完善使人们在解决经济纠纷时具有了一定的法律意识和法律途径。

插队的经历使我想到，我们不能简单地、脱离实际或现实的制度环境看待人们的意识、思想、情感、动机和行为。人是生活在现实的制度环境中的。只有在法治化的制度环境中才会具有相应的法律意识和法律行为。马克思说："人的本质是一切社会关系的总和。"在现实社会中，人们的社会关系最终是通过制度关系和角色关系表现出来的。世界上每一个人都处在特定时期、特定国家的文化环境和制度环境中，在家庭、学校、公司、政府机关等特定的制度化组织中生活、学习和工作。每个人都有各种各样的制度角色，或者说都是多种制度角色的复合体。每个人的意识、思想、情感、动机、行为等都不是孤立存在着，都处于不同的文化环境、制度环境和制度角色的影响之下。人不仅是抽象的“经济人”“社会人”，而且是现实的“制度人”。

“制度人”是人的本质的现实表象，是个人在特定的制度环境中所有制度角色的统称。我们置身于其中并受其影响的制度环境是多重的、复杂的，每个人的角色及其角色关系是多重的、复杂的，每个人的意识、思想、情感、动机、行为也是多重的、复杂的。不同的文化环境或者制度环境中的制度角色，有不同的意识、思想、情感、动机和行为。文化环境、制度环境以及制度角色的变化，将会使当事人的意识、思想、情感、动机和行为发生相应的变化。正如商人特朗普成为总统特朗普后，其角色意识、言谈内容、思想行为方面的变化是很明显的。

“经济人”和“社会人”的假设都是一种抽象的概念，将人和人性抽象化，但是世界上的每一个人都是现实的人，都是生活在特定制度中并有特定制度角色的人。因此，“制度人”的假设肯定人和人性的差异性。世界上没有两个人是完全相同的。即使是同时出生的双胞胎，也分别具有兄弟姐妹等不同的角色，也分别具有不同的思想、情感、意识、态度、行为。在其未来角色演变的人生历程中，这种差异性会变得越来越明显。

对“制度人”的理解有以下四层含义：

（1）“制度人”是多种角色的复合体。其思想、意识、态度、行为等无不受到其角色认知和角色定位的影响。

（2）“制度人”存在于特定的文化环境和制度环境中。其角色认知和角色定位等无不受到所在文化环境和制度环境的影响。

（3）“制度人”更多地展示出群体性和社会属性。人的本性是个体性和群体性的统一，是自然属性和社会属性的统一。由于每一个人都生活在特定的群体、组织和国家中，也必然处于多种多样的、带有一定约束或强制力的规则、规范或法律的影响之下。

（4）“制度人”是有时空性的。制度始于规定，成于执行，表现为制度场。因此，任何一种制度的影响力和作用力都有一定的空间和时间范围。古代社会中的商朝人、周朝人、唐朝人、古罗马人、古希腊人、古巴比伦人等，以及现代社会中的中国人、美国人、俄罗斯人、日本人等，都是生活于不同地域、不同时代、不同国家并且具有不同特点的“制度人”。“制度人”的概念可以为我们研究人和人的本性及其意识行为提出一个新的视角。

第四章

组织绩效与制度效力

- 分粥的故事与制度效力概念
- 制度效力的内容与制度管理
- 泰罗制、霍桑实验与制度效率
- 彭宇案的影响与制度效果
- 酒驾行为与制度场作用力的调控
- 教师职称评聘制度与制度比较
- 茂名腐败窝案与问题诊断双环图
- 省区市经济报表与制度效力测评
- “问题疫苗”事件与制度效力的调控

第一节　分粥的故事与制度效力概念

——不同的制度形式有不同的效力

2018年俄罗斯世界杯期间，全世界的球迷都深深沉浸在32支球队的激烈赛事中。人们为俄罗斯5∶0战胜沙特的开门大捷、比利时5∶2血洗突尼斯、C罗上演帽子戏法等精彩表现拍手叫好。足球是一种团队竞技的项目，不仅需要高超的个人技巧，而且需要团体的战术配合。其中最重要的是阵型。阵型指的是除守门员之外的10名队员在赛场中的位置排列或战术组合。阵型种类繁多，如1235、1424、1433、1442，等等，分别表明包括守门员在内的11个队员中有多少个后卫、中卫、前卫或前锋。在足球比赛中，阵型是经常变化的，很显然，不同阵型的作用不同，有的侧重于防守，有的侧重于进攻。如果把球队看作是一个小型组织，阵型则是其制度形式。不同的阵型有不同的攻防能力，不同的制度形式则有不同的制度效力。金刚石和石墨的分子式是一样的，但是它们分子的排列方式不同，因此它们的物理性能（如硬度）是天差地别的。作为一个组织来说，不同的人员或者不同的制度角色结合为一个整体，不同的结合方式或制度形式也就会有不同的制度效力。"制度效力"是一个综合性的概念，它从总体上反映出制度形式给人们的意识、行为及其群体或组织活动所带来的实际影响和结果。制度效力可以分为制度效率、制度效果和制度场作用力三个方面。我们在这章中将会逐步对制度效力展开分析。

记得很早的时候我在《读者》上看到过一个“分粥”的故事，2017年在微信群中也曾以“制度的力量”为名广为流传。讲的是寺庙里的一群和尚为如何公平分粥煞费脑筋。粥的数量是有限的，如果一人一碗粥的话，用什么方法分能够做到公平。问题的焦点集中在分粥人身上，和尚们用了很多方法，但都不理想。最初是抓阄制，继而是轮流做庄制，每天换一个人给大家分粥，但有的人不自觉，每碗的粥有多有少，分粥人先挑粥多的一碗。然后和尚们改用个人负责制，推举一个德高望重或公平公正的人分粥。刚开始可能还不错，但是慢慢地，大家发现，他跟有些人关系好，跟有些人关系不好，或者有些人主动地去和他搞好关系，结果不公平的事情就出现了。如果再继续发展下去，时间长了，他的权力大了，想给谁多就给谁多，想给谁少就给谁少，最后会形成个人专权制。和尚们对这种结果当然不满意。大家引进了选举制和民主制，选出一个分粥委员会，由其选出分粥人，但是，选举太费时间，而且委员之间在人选方面经常发生争论和矛盾。然后和尚们又先后增加了考核制和监督制，分别成立了考核委员会和监督委员会，制订了考核标准和奖罚措施。其结果费时费力不说，仍然达不到满意的要求。

最后和尚们经过长时间的摸索，突然发现有一种方法不仅有效，而且简单易行。这个方法就是分粥的人喝最后一碗粥。按照这种方法，无论哪个和尚出来分粥，他一定是尽量把每一碗粥都分得一样多，然后大家随便挑，挑到最后，他自己的那一碗里的粥也和大家一样多，在保证大家利益的同时也保证了自己的利益。如果从制度层面来考虑，这个故事涉及的是与分配关系有关的分配制度。和尚们先后采用了抓阄制、轮流坐庄制、个人负责制、个人专权制、选举制、民主制、考核制、监督制等不同的制度形式，最后采用的是分粥人喝最后一碗粥的制度。显而易见的是，不同的制度形式有不同的结果，亦是说，不同的制度形式有不同的制度效力。

如果对制度形式进行分类的话，可以分为自律制和他律制两种类型。

自律制指当事人在内在力量作用下为公共利益或为他人提供服务、进行自我约束的制度形式。其最大特点在于，将当事人的利益与他人或组织利益直接联系或绑定在一起，当事人只有在保证或满足他人或组织利益时，才能使自己的需求得到满足。自律制本身存在着一种内在的力量，使当事人自觉地将自己的行为与组织所要求的行为保持一致。在我国，河豚是一种美味，但毒性很大。厨师烹烧河豚后自己先尝第一口的传统做法也属于自律制的类型。他律制指当事人在外在力量作用下为公共利益或为他人提供服务、进行自我约束的制度形式。在分粥的故事中，抓阄制、轮流坐庄制、个人负责制、个人专权制、选举制、民主制、考核制、监督制都属于他律制的制度形式，当事人的行为受到群体压力、行为规范、奖惩措施等外在力量的约束和引导，外在力量一旦削弱或消失，当事人很可能出现与组织目标不一致甚至相背离的行为。在公司治理、国家治理等组织管理活动中，他律制的制度形式比较普遍。

不同的制度形式有不同的效力。在分粥的故事中，与分配关系相联系的制度有七八种，它们各有不同的特点和侧重。和尚们采用这些制度形式的目的都是为了追求分粥的公平，但对当事人的约束力、成本和实际结果显然是不同的。制度效力的内容包括制度效率、制度效果和制度场作用力三个方面。人们可以结合具体目标对拟构建的制度形式进行适当的选择。例如，为了提高产品数量可以采用计件工资制，为了保证产品质量可以采用计时工资制。英国政府将澳大利亚变为殖民地后，曾有计划地将国内的罪犯流放到澳大利亚。英国政府发现，按上船人数给船长付费和按下船人数给船长付费，在保证到达澳大利亚的犯人人数及其在航运期间的医护、饮食方面，这两种制度形式完全是两种不同的结果。制度选择首先是在自律制和他律制之间进行选择，能够使当事人自觉、自律的制度形式自然是比较理想的。在他律制的情况下，也有多种制度形式的选择，在外在力量的强制性达到一定程度的时候也可产生自律行为。制度比较、制度选择和制度设计是领导者的制度管理能力的主要内容。

第二节 制度效力的内容与制度管理
——制度效力是制度效率、制度效果、制度场作用力的综合体现

任何组织都是一个由各种各样的制度角色组成的、内部关系极其复杂的制度化群体。组织中的全体成员分布在不同的机构和岗位上，表面上看来，他们各行其是，每一个人只是专注完成自己的工作。但是，所有组织成员的个别的、分散的工作将会形成一个巨大的合力。产品的数量、质量、成本、利润、劳动生产率、GDP（国内生产总值）等绩效指标都是这种合力的数据表现，这种合力我们可称之为制度效力。制度学注重研究人与人之间在制度化过程中所形成的制度关系，但制度学不是关系学，它并非单纯探讨个人之间如何认清和理顺各种各样的角色关系，而是注重研究作为公司或一个国家，如何从组织整体的角度确定、规范庞大复杂的内部关系和外部关系，协调整合所有机构、岗位、人员之间的互动关系和行为表现，形成和谐一致、共同努力的工作状态或运行状态，或者说是形成激发正能量的制度场作用力，最终实现预定的绩效目标和组织目标。制度效力的内容可以分为制度效率、制度效果和制度场作用力三个方面。在实际工作中，如何才能提高效率、增强效果、强化制度场作用力是任何一个组织都十分关心的问题。

1776 年英国经济学家亚当·斯密出版了宏篇巨制《国富论》，他在第一篇第一章探讨的第一个问题是分工如何提高劳动效率。他举了制针业的一个例子。他认为制作一枚针要经过 18 个工序，如抽铁丝、将其拉直、将其截断、将其一端削尖、将其另一端磨光、制作针头、把针涂白、把针装进纸盒，等等。如果让一个工人单独完成 18 个工序，可能一天也做不出一枚针。但是，有一个小厂，雇了 10 工人，做了专门分工。他们分别

完成这些工序，其结果是10个人每天可以生产48 000枚针，平均每人每天能生产4 800枚针。而如果他们不进行分工的话，“无论是谁都绝对不能一天生产20枚针，也许连一枚针也生产不出来”。① 亚当·斯密认为，在任何一种工艺和制造业里，分工的效果总是与这个微小的制针业相似。事实也的确如此，分工能够明显地提高劳动效率和劳动生产率，特别是其后采用流水作业线的大工厂的出现更是证明了这一点。

制针业的例子明确说明了“效率”的概念。我国《辞海》对“效率”一词的解释是：“泛指日常工作中所消耗的劳动量与所获得的劳动效果的比率。”在日常生活中，“效率”一词运用的很广泛，如机械效率、劳动效率、工作效率、经济效率、组织效率、决策效率、管理效率、劳动生产率，等等。与“效率”有关的一个词是“效果”，也是一个常用的概念。我国《辞海》对“效果”的解释是：“由行为产生的有效的结果、成果。”“效果”也可以引申出许多不同的概念，如劳动效果、工作效果、经济效果、社会效果、决策效果、管理效果、组织效果，等等。“效率”和“效果”是两个不同的概念。“效率”一般指的是一种比率关系或数量关系，其评价标准是“高”或“低”，主要和工作数量、成本、经费开支等量化的概念相联系。“效果”一般指预定目标实现的结果或成果，其评价标准是“好”或“坏”，主要和工作质量、公平公正以及个人和社会的满意度相联系。影响组织绩效的因素如图4－1所示。

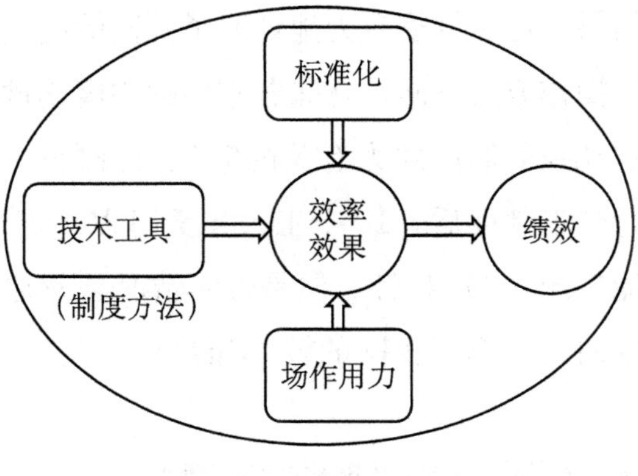

图4－1　影响组织绩效的因素

① 亚当·斯密．国富论［M］．唐日松，等译，北京：华夏出版社，2008：5.

“效率”和“效果”这两个词既有区别，又有联系。美国管理学家彼得·德鲁克曾对此专门做了区分：“当然，所有的机构都需要有效率……但是，服务机构的基本问题不是成本高，而是没有效果，他们可能效率很高——有一些也的确效率很高，但它们却不是做该做的事”“服务机构所缺少的是效果而不是效率。效果不能通过企业经营式，即提高效率而获得。”[①] 在我国行政体制改革和政府职能转变的过程中，彼得·德鲁克的这段论述仍有一定的借鉴意义。行政学的奠基人伍德罗·威尔逊也有类似的论述：“行政学研究的目标在于了解。首先，政府能够适当地和成功地进行什么工作；其次，政府怎样才能以尽可能高的效率及在费用或能源方面用尽可能少的成本完成这些适当的工作。”[②] 对政府的工作，威尔逊首先强调的是效果问题，其次强调的是效率问题。美国经济学家西蒙在其名著《行政行为》有一段很经典的论述：“效率准则要求在费用相同的两个备选方案中，选择目标实现程度较好的一个方案。在目标实现程度相同的两个方案中，选择费用较低的一个方案。”[③] 西蒙实际上强调，在两个效率相同的方案中选择效果较好的方案，而在两个效果相同的方案中选择效率较高的方案。无论是一个公司或一个国家，对于任何组织来说，都需要同时考虑效率和效果两个方面，也就是要从整体上考虑效力问题。

从亚当·斯密所举的例子来看，涉及分工和不分工两种生产制度。实行分工制度的制针厂既有较高的效率也有较好的效果，没有分工制度的制针厂则是相反的结果。这一例子有力地证明了不同的制度形式有不同的效力。这两类工厂的操作方式不同，意味着它们的制度化过程和所形成的制度是不一样的。这涉及与制度效力有关的第三个概念——制度场作用力。从理论上讲，实行分工制度后，10 个工人每天可以生产 48 000 枚针，平均每个工人每天能生产 4 800 枚针。但是现实情况是非常复杂的，并不是所有实行分工制度的工厂都有相同的效率和效果。在 18 种工序中，工人

① 彭和平．制度学概论［M］．北京：中国人民大学出版社，2015：233.

② 杰伊·M. 沙夫利兹，等．国外公共行政理论精选［M］．彭和平，竹立家，等编译．北京：中共中央党校出版社，1997：1.

③ 彭和平．制度学概论［M］．北京：中国人民大学出版社，2015：233.

们如何分工，需要多少个工人，每个工人需要完成哪几个工序，现有的分工是否合理，工人们之间的关系及他们与工厂主的关系怎样，每个人是否尽心尽责地做好自己的工作，他们的士气或劳动积极性是否高涨，等等，这些问题均属于制度设计、制度构建、制度管理方面的问题。毫无疑问，它们对制针厂的劳动效率和效果有十分重要的影响，生产力的要素要通过制度管理的过程来整合。制度场作用力是反映这些问题的综合指标，如上所述，它可以分为多种多样的吸引力和控制力。制度场作用力的评价标准用“强”或“弱”来表示。制度效力是制度效率、制度效果与制度场作用力的综合体现。制度效力的评价标准可以用“大”或“小”来表示。制度效力为选择和评价制度的“优”或“劣”提供了可靠依据。

第三节　泰罗制、霍桑实验与制度效率
——技术条件不变，通过制度管理和制度场作用力可提高制度效率

我们在上一节提出了制度效力的概念，在任何一个制度化组织中，所有人员行为的共同结果最终是以制度效力来衡量的。制度效力表明了制度化组织的绩效状况和运行结果，以全体组织成员共同努力的整体合力表现出来。制度效力包括三个主要内容，分别是制度效率、制度效果和制度场作用力。效率是一个最基本的概念，通常表明在劳动过程中消耗的劳动量和形成的劳动成果的比率，也可表明投入与产出、耗费与所得的比率。要提高效率，首先考虑的是改进技术。在技术不变的情况下，通过制度管理和制度变革也可以提高效率。通过制度管理和制度变革所提高的效率，可称之为制度效率。

在 19 世纪末 20 世纪初，美国管理学家弗雷德里克·泰罗在工时研究和动作研究的基础上，提出了科学管理理论。他的想法和目的很明确，就

是找到一种提高工人生产效率的科学方法。他研究了生铁搬运工、铲工、砌砖工人的最基本的劳动动作，提出了提高效率的方法，并使之标准化和制度化。例如，泰罗通过现场观察和测试证明，在每铲负荷 38 磅、34 磅、30 磅、21.5 磅、18 磅的铲子中，铲工在使用每铲 21.5 磅的铲子时全天的劳动效率最高。同时，他提出，由于矿石、炉灰、焦炭等的重量不同，为达到每铲 21.5 磅的负荷，需要准备小平铲、大铲、叉子等 10～15 种类型的大小不一的铲子。铲工在铲矿石时用小平铲，铲炉灰时用大铲，铲焦炭时用叉子，这样始终可以使铲工保持最高的劳动效率。同时，泰罗还专门研究了铲工使用铲子的标准动作，比如，如何抓住铲柄、如何用腿支撑、如何用全身的力气而不是只用臂力、如何在铲原料时节省力气。泰罗认为，任何一项特定的任务必定有一种效率最高的方法，应该改变工人们凭借个人经验和感觉操作的方式。他强调制订适当的劳动定额，推行标准化的工具和动作，采用具有激励作用的薪酬制度等。泰罗的科学管理实践效果比较明显，“处理一吨原料的费用从七至八美分之间降低到三至四美分之间”“一年实际可节省七八万美元”。①

泰罗的研究一直被作为开创“管理科学”的案例，实际上，它也是开创“制度管理”的案例。泰罗的研究不是针对个别工人的，他所要求的劳动定额、标准工具和标准动作是适用于所有工人的。他实行科学管理的过程少不了制度管理和制度化的过程。制度始于规定，成于执行。我们可以设想到，泰罗制也是在制度规定和制度执行相互作用的基础上形成的。泰罗在技术不变的条件下所提高的效率实际上是一种制度效率。只不过后人的研究更多地关注泰罗的实验方法而不是泰罗制的形成过程。

19 世纪 20 年代，美国哈佛大学教授埃尔顿·梅奥、F·J. 罗特利斯伯格等人在美国芝加哥西方电器公司霍桑工厂进行了一项研究，后人称之为“霍桑实验”。这项进行了长达 8 年的实验，分成两个阶段来验证科学管理的理论。第一阶段设立了实验组和对照组，主要目的是研究若是改变工人劳动的照明条件和工作条件，对劳动产量和生产效率有无影响。第二

① D. S. 皮尤．组织理论精粹［M］．北京：中国人民大学出版社，1990：163.

阶段是访谈计划，着重了解影响工人劳动积极性的因素。实验结果出乎实验人员的意料，用梅奥的话来说“是令人困惑的”。无论是提高实验室的照明还是降低实验室的照明，生产都是上升的。在改变实验室的其他工作条件时，如改变工间休息次数和时间、延长或缩短工作日或工作周、提供或取消工间休闲食品，等等，无论怎么改变，生产都是上升的。于是他们开始进行第二阶段的研究，找了一些工人进行访谈，更多的是探究工人心理的变化及其影响。首先，他们通过访谈发现，实际上除了刚开始设定的工作条件外，影响工人劳动积极性和生产效率最重要的因素是人的心理因素。这些工人在实验过程中受到了很多关注，他们认为这是很光荣的事情，这种额外的关注使工人们特别注重自己的表现，不管工作条件如何变化，他们都保持着较好的工作状态。其次，是群体因素的影响，因为实验时是分组进行的，若干个工人组成一个自我管理的小组，形成一种团队精神和合作氛围，“从整体上看，工人个人产量实际上是由工作群体的标准决定的”。[①] 最后，影响工人劳动积极性和士气的还有一个重要因素，即工人们与管理部门的制度关系和制度场作用力。“女工们变成了一个自我管理的小组，这个小组是一个真心实意地与管理部门合作的小组”“管理部门的成功（或失败）与工作群体是否无保留地承认它的权力和领导成比例”。霍桑实验的前两个发现受到了应有的重视，后一个发现却被忽视了。

关于制度效率问题，泰罗的科学管理理论和霍桑实验的科学发现给我们很多的启示，主要有下列几点。

（1）劳动效率、工作效率、生产效率等的提高，最重要的是和技术水平相联系，这是毫无疑问的。技术的进步是提高效率的永恒的动力。任何技术的进步，都会引起效率的变化，要想提高效率，先要考虑技术因素，考虑如何引进先进的技术设备或采用先进的技术方法。

（2）在技术不变的情况下，通过标准化管理可以明显地提高效率。再先进的技术，最终也要靠人去掌握和运用，而人是需要管理的。泰罗的工时研究和动作研究证明，标准化的工具、标准化的动作、标准化的管理是

① D. S. 皮尤．组织理论精粹［M］．北京：中国人民大学出版社，1990：283.

提高效率的重要因素。

（3）在技术条件不变、标准化管理条件不变的情况下，强化人的心理因素、群体因素也可以明显地提高效率。霍桑实验不仅推动了行为科学的发展，而且对单纯考虑管理因素、经济因素的传统的管理理论提出了挑战。

（4）制度管理是提高效率的根本因素。在任何技术条件、工作条件、管理条件或组织条件下，人与技术的关系、人与事的关系、人与物的关系、人与人的关系、人与组织的关系等最终都是通过制度化的过程实现的。对泰罗的科学管理理论来说，工人与工具或设备的结合、标准化管理的推行等本身是在规定和执行的基础上建立一套行之有效的管理制度的过程。在霍桑实验中，工人们所组成的实验组和对照组实际上是一个制度化的小组，它和公司的管理部门以及负责实验的科学家之间存在着正式的制度关系。霍桑实验注重研究的是非正式或非制度化的群体所产生的心理影响和群体影响，开创了行为科学研究的先河。实际上，它所揭示出的心理效应和群体效应，归根结底是制度场作用力的现实表现。制度管理贯穿于所有的管理过程之中，除了技术因素、管理因素、心理因素、群体因素外，制度因素是提高效率的根本因素。

第四节　彭宇案的影响与制度效果

——制度规定和制度执行对制度效果有直接影响

任何管理都包含规定和执行的内容，都必然是通过规定和执行的过程完成的，在这个意义上说，所有的管理都是制度管理。制度管理意味着所有的组织在制度化过程中都要采用不同的制度形式，因此，具有不同的制度效力，也就是具有不同的制度效率、制度效果和制度场作用力。即使对于以营利为目的的企业管理者来说也是如此。对管理者来说，在做任何事情的时候都不应该只是单纯地考虑效率问题，而应该同时考虑效果问题。制度始于规定，成于执行。制度规定的内容和制度执行的状况将直接影响到制度效果。

彭宇案是 2006 年 11 月发生在南京的一起事件，2007 年进行了三次庭审，引起了社会上的广泛关注。舆论认为这个事件的判决结果产生了非常不好的社会影响，也就是说它的制度效果很差。有人干脆把它作为中国伦理道德滑坡的标志性事件。事件起因于民间的一件小事。在南京的一个公交车站，几辆公交车先后到达。有一辆车从后门下来个小伙子叫彭宇，这时有一个老太太急急忙忙地要上车，突然摔倒了。按彭宇的说法是，他看到老太太摔倒了，就主动上去搀扶她，另外还有一个老先生大概也是去搀扶她了。由于老太太当时摔得挺重，彭宇出于好心，就带着老太太去医院。到了医院看完病，老太太身上没有钱，彭宇就帮她垫付了 200 块医药费。然而问题接着就发生了，老太太的儿子来了之后，老太太说自己是被彭宇撞倒的，彭宇不承认。彭宇说，他是从车上正常下来的，看见老太太摔倒了去扶她，并没有撞倒老太太。双方争执不下，于是老太太的儿子就报警了。警察来了后，把双方带到派出所去了解情况，双方说法不一，又都无证据，很难做出判断。这个事情越闹越复杂，越闹越大，双方僵持不下，最后老太太和她儿子把彭宇告到法院，由法院来裁决。

这件事涉及一个关键性的问题：彭宇到底是撞人了还是没撞人？按照老太太的说法，是彭宇把她撞伤了，要求经济赔偿。而彭宇的说法是，他没有撞倒老太太，他看见她摔倒了，把她扶起来，送她到医院，他本来是做好事，结果反而被诬告了，好心没有得到好报，让他赔偿，他觉得很冤。这件事当时成为新闻媒体和社会舆论关注的热点，人们很关心法官如何判这个案子。法官做了例行问询和调查，没有证据能够确认彭宇撞倒了老太太。法官在判决的过程中，最后是这么认定的，双方本身都无过错，但是按照平等分担的原则，共同分担老太太的医疗费。老太太骨折了，去医院住院治疗，花了十几万块钱，这个费用由彭宇和老太太共同分担。总体来说，彭宇从公交车上下来，没有证据能够证明是他撞倒了老太太，老太太也拿不出证据证明她确实是被彭宇撞的。法官的判决是，既然是否撞人无法判定，那么就共同分担医疗费，彭宇负担全部费用的 40%，老太太负担 60%。

经过三次庭审之后，这项判决一出来，舆论哗然。舆论普遍认为法官判决有失公正，尤其是人们忽然意识到，做好事的人有可能惹上官司，带来麻烦。而且法官在法庭上说了一些话，做了一些推理判断，也使人们产生了误解。比如，法官有两句很经典的话，大意是，如果彭宇是主动搀扶做好事，那应该先去抓住撞老太太的人，而不是先把老太太扶起来。如果彭宇是做好事的话，在老太太家属来了之后，正常的情况应该是说明情况，把老太太交给家属就可以自行离去了。另外，如果彭宇没撞人，为什么去交 200 元医药费？是不是觉得自己有责任所以才去交这 200 元钱？彭宇案的判决引起了舆论的不满。人们普遍认为，彭宇扶起老太太并送往医院交了 200 元医药费，这是做好事，应该鼓励这种见义勇为的精神。这样的判决结果造成了不好的社会影响，使人们做好事时产生了顾虑，不敢主动做好事了。在此之后，出现了多次搀扶倒地惹上官司的负面报道，以致形成了“老人倒地无人敢扶”的怪现象。彭宇案的法官可能也没有想到，自己的推论和判决会引起负面的社会效果。

作为案件本身已有最后的处理结果，但其过程中的一些现象在此可做一些理论上的探讨。作为法官来说，做出彭宇案的判决有其自己的道理，但是结果是令人深思的。据说，法官在判案时有一个保护弱势群体的不成文的规则。例如，在交通事故中，正常行驶的司机撞了违规的行人，即使是正常行驶，也有一定的经济赔偿责任，体现的正是这种规则。这种规则在强调一种制度效果的同时，可能会导致另一种不好的制度效果。法官的判决应是以事实为依据，以法律为准绳，维护的是守法行为，惩处的是违规行为。法官的判决是一种强大的制度场作用力，对人们的行为有明显的导向性。法官的判决对维护合规行为、惩处违规行为的导向性越明确，制度效果越好。彭宇案的判决和法官的推论，使人们对做好事的行为产生了疑虑，行为的导向性出现了偏差。从制度学的角度看，制度管理强调的是制度效力，注重的是现实的结果和行为导向。

在制度效率、制度效果和制度场作用力的三个概念中，制度效果是非常重要的概念，是评价制度优劣的非常重要的指标。对企业来说，降低成本、提高效率、增加利润是企业经营管理的基本目标，但是如果企业生产造成了环境污染或产能过剩，在提高制度效率的同时却损害了制度效果。同样，如果政府的办事效率很高，但管了不该管的事，效率越高，效果越差。在制度场作用力方面也有类似的情况。在处理交通事故时，要求正常行驶的司机对被撞伤的违规行人进行经济赔偿，保护的不是弱势群体，而是所谓弱势群体的违规行为，降低了违规行为的成本，也起不到警戒、抑制或减少违规行为的作用。对制度效果的评价是与制度目标的设计密切相关的。人类的所有社会活动都是由人的行为构成的。在现实社会中，人们的行为受到各种制度场作用力的引导和约束。顾客在商店中交钱购物、司机在行驶中不闯红灯等，都是这种作用力下的行为表现。各种制度规定所起的作用是明确地强调提倡什么行为、反对或抑制什么行为，各种制度执行过程所起的作用则是用制度的力量强化所提倡的行为并惩治所反对的行为，这样才能产生较好的制度效率、制度效果和制度场作用力，更好地实现组织的绩效目标和制度目标。

20 世纪五六十年代，人们学雷锋做好事是没有什么顾虑的，现在人们看到老人倒地，不是不想扶，而是不敢扶。这种现象不能单纯地埋怨世人道德素质低下。真正的原因在于制度场正能量的作用力不够强大。在一个“英雄流血又流泪”的制度环境中，很难想象会形成见义勇为的良好社会风气。2017 年 3 月 15 日第 12 届全国人民代表大会第五次会议通过了《中华人民共和国民法总则》，其中第一百八十四条明确规定：“因自愿实施紧急救助行为造成受助人损害的，救助人不承担民事责任。”这是一条新增的条款，这条规定对救助行为有明确的导向性，在其后的执行过程中，有助于增加较好的制度效果。

第五节　酒驾行为与制度场作用力的调控

——调控制度场作用力是提高制度效力的重要途径

制度始于规定，成于执行，表现为制度场。制度管理是一个规制者制定规定、执行者依法执行、互动者认同或质疑规定、自觉或被动遵守的过程。制度效力是制度管理的整体结果。制度效率、制度效果、制度场作用力可以用各种指标数据来表示，但在这些指标数据的背后是制度场内所有组织、机构及其人员的努力和行为表现的综合体现。制度效力、各类行为的人群数量与制度场作用力之间存在着一定的互动关系。制度场内的所有人员都具有各种各样的能量。例如，一个有正常体力、智力的人就是一个具有正常能量的人，他的能量强弱与他的能力大小成正比。一个人可以积极或消极地工作，可以伸手搀扶或拒绝搀扶倒地的老人，这种不同的行为表现是其个人能量释放的过程，表明了正能量和负能量两种不同的释放方向。

在特定的制度场中，每个人的能量释放和行为表现都会受到各种作用力的影响，其中影响最大的力量是来自制度规定和制度执行的制度场作用力。显而易见，制度场作用力对个人能量的释放有导向性的影响。通过调控制度场作用力可以调控制度场内所有人员的能量释放和行为表现，保证组织的正常运行，实现组织的绩效目标和制度目标。对酒后驾车行为的管控就是一个很好的例子。

记得很多年前，朋友们一起聚会对酒后驾驶是不太介意的，甚至还会热情劝开车的朋友适当喝点酒。当时酒后驾车发生事故的事情也常有耳闻，曾有一个小有名气的新人演员死于酒后驾驶事故，大家觉得很惋惜，但也没有引以为戒。真正的影响来自制度场作用力的变化。公安部从2009年8月开始在全国范围内开展酒后驾驶集中治理，当年全国共查处酒后驾驶案件31.3万起，其中醉酒驾驶4.2万起。人们开始对酒后驾驶的行为后果有所重视。按照有关规定，酒后驾车分为两种情况，一种叫作饮酒驾驶，也叫酒驾，指每100ml血液里酒精含量达到20～80mg；另一种叫作醉酒驾驶，也叫醉驾，指每100ml血液里酒精含量达到或超过80mg，两者的处罚标准不同。我国《道路交通安全法》于2003年10月通过并实施，2007年、2011年先后做了补充修改。2011年通过并实施的《道路交通安全法》提高了对酒后驾车的处罚力度，第九十一条明确规定“饮酒后驾驶机动车的，处暂扣六个月机动车驾驶证，并处1 000元以上2 000元以下罚款。因饮酒后驾驶机动车被处罚，再次饮酒后驾驶机动车的，处10日以下拘留，并处1 000元以上2 000元以下罚款，吊销机动车驾驶证”。同年实施的《中华人民共和国刑法修正案（八）》在《中华人民共和国刑法》（以下简称《刑法》）第一百三十三条中增设了新的条款，规定“在道路上醉酒驾驶机动车的，按危险驾驶罪定罪处以1至6个月的拘役期，并处罚金”。同年，最高人民法院、最高人民检察院通过并实施《〈中华人民共和国刑法〉确定罪名的补充规定（五）》补充、修改了十项罪名，其中醉酒驾驶、飙车以“危险驾驶罪”入刑。过去酒后驾车出了事故后方按交通肇事罪处理，按照这一规定，只要是醉酒驾驶，无论是否造成严重事故都将按照危险驾驶罪进行刑罚。

近几年，除了在制度规定方面对酒驾处罚加大力度外，在制度执行方面也加大了力度。人们在聚会后开车回家时经常会发现有交警在路边检查酒驾情况，检查点装备齐全，有阻车器、录像设备、手铐等警用设备，驾驶员必须现场接受血液酒精含量检查。酒后驾车者一律没收手机，视酒驾情况做出扣分、罚款、暂扣或吊销驾照、拘留、禁驾、追究刑责等各种处罚。现在人们在一起聚会时，观念已经发生了根本的变化，大家互相告诫“喝酒不开车，开车不喝酒”。这种变化显然是受到了严厉处罚酒驾行为的制度规定和制度执行所形成的制度场作用力的影响。在这种作用力的影响下，许多城市出现了“代驾者”的新行业，他们骑着可折叠的电动车，奔忙于大街小巷中的酒店、饭店。事实证明，随着对于酒驾行为处罚规定的不断升级和执行力度的不断强化，酒后驾车的违规人数和人群比例不断减少。

通过网络查询，许多国家都对酒后驾车行为有严格的管控，虽然在制度规定的内容和制度执行的力度方面有所不同，总的来看，一般的做法与我国大同小异，如吊销驾照、禁驾、罚款、刑拘等，但管控形式却是多种多样的，有的还别出心裁。比如，土耳其，会将酒驾者押到城外 30 公里以外，强制他走回去。新加坡有一种特殊的刑罚，对酒驾“二进宫”者施以鞭刑，先将鞭子在水里泡一夜，使它更有韧性，抽起来更狠。南非对酒驾者判处 10 年徒刑加一万美元罚金。瑞典、芬兰、挪威等国则是徒刑加劳教。有些国家对酒驾者甚至采用死刑，如保加利亚对初犯者“批评教育”，“二进宫”者则会枪毙；萨尔瓦多对初犯者即枪毙；美国对造成伤害的酒驾者可以二级谋杀罪起诉，最高可适用死刑。有的国家除了处罚之外，还采用一种警示的方法，对酒驾者形成一种巨大的精神的压力，如立陶宛规定，在酒驾者的车辆上挂一个字母“O”开头的特殊牌号，在澳大利亚，酒驾者除了刑罚外，还在当地报纸上公布酒驾者的姓名、近照和酒驾情况。有的国家除了处罚酒驾者本人外，对相关者也进行处罚。在马来西亚，如果遭拘留的酒驾者是个男子，那么他的妻子将会被请来整夜对他进行教育。日本的规定则是，不仅处罚酒驾者本人，给其提供车辆、酒水者、劝酒者、同乘一车者都将被追究责任。无论是哪一个国家，对酒后驾车行为的管控是一个制度化的过程，不同的处罚规定和执行力度会在其国土上形成一个有特定效力的制度场，场内所有驾车者的意识和行为都受到制度场作用力的影响和约束。

纵观我国和世界其他各国的酒驾处罚规定，对于酒后驾车者的处理可以采用批评教育、道德说教、公示、扣分、罚款、暂扣或吊销驾照、拘留、禁驾、拘役、劳教、徒刑、酷刑、死刑等多种多样的方式，如果按强制性和严厉性划分，它们可以从低到高划分出不同的等级，它们的处罚力度和对驾驶者的心理影响程度是不同的。强度越大、等级越高的处理方式对驾车者的威慑力越大，也意味着制度场的作用力越大。在仅进行批评教育和道德说教的情况下，人们的重视程度和自律性都较低，进行公示、扣分、罚款、暂扣或吊销驾照、禁驾等行政处罚时，人们的重视程度和自律性会逐步增强，当实行拘留、拘役、劳教、徒刑、酷刑、死刑等带有人身强制性的限制手段甚至刑罚时，人们的重视程度和自律性不仅能达到一个高限，而且还会产生一定的恐惧心理。一般来说，许多国家对酒驾行为的管控都是一个通过颁布并严格执行行政法规或法律不断升级、逐步加大处罚力度的过程，也就是说，是一个不断加大制度场作用力约束酒驾行为的过程。

我国从2003年开始制定《道路交通安全法》，其间经过了几次修改补充，是一个逐渐加大对酒驾行为处罚力度的过程，并且从刑法等法律法规的修改和公检法的执行方面不断加以强化。与此同时，人们对酒后驾车的严重后果及自律性的认识也随之相应提高。从理论上说，处罚的力度等级与合规人群的比例成正比，与违规人群的比例成反比。在处罚方式上每提升一个等级，将会减少一定比例的酒驾违规人群。根据社会上酒驾违规人群的数量和比例，可以逐步增大酒驾处罚的力度及制度场作用力，将酒驾违规人群的数量和比例控制在一个预定的范围内。从整个社会的制度学角度来说，制度场作用力并非仅限于处罚和刑罚等法律法规方面，而且包括政治、经济、文化、宣传、教育、舆论等各个方面。对于任何一个组织或国家来说，良好的组织氛围或社会风气是制度场作用力影响下的制度效力的综合体现，它不仅通过组织绩效而且通过人的精神面貌表现出来。如图4-2所示，通过加强制度管理、增强正能量的制度场作用力是提高制度效力的重要途径，其中复杂的关系和过程能否用量化的数学公式或模型来描述是一个值得进一步探讨的重要课题。

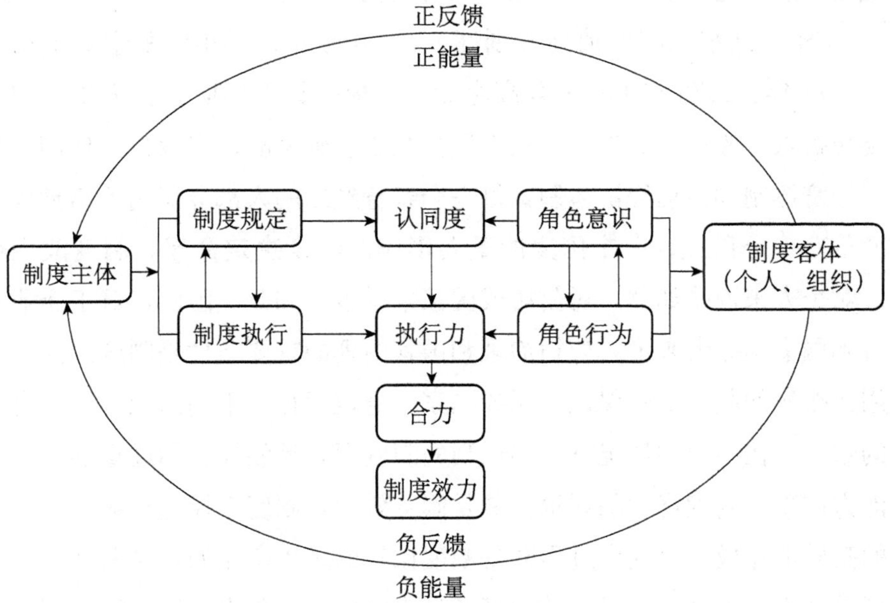

图4-2 制度场作用力示意

第六节　教师职称评聘制度与制度比较

——制度比较是在制度工具箱中
进行比较以利于做出有效的制度选择

如上所述，关于制度效力有一个很重要的原理，即不同的制度有不同的效力。动植物的生存空间是自然环境，人类的生存空间除自然环境外，还有一个制度环境，这两个环境是交织在一起的。我们平时所说的家庭环境、组织环境、工作环境、城市环境、国家环境、社会环境，都属于制度环境。我们平时有一个错觉，好像自然环境不会发生变化，制度环境也不会发生变化。实际情况并非如此。我们生存于其中的自然环境、制度环境处于永恒的变化之中。特别是制度环境，它将随着制度规定和制度执行的变化而发生变化，其变化比自然环境的变化快得多。

“文革”劫难期间取消高考制度，1 700 万知识青年中断学业上山下乡，1977 年、1978 年重新恢复高考制度，成为许多插队知青人生历程的重要转折点。改革开放以来，从人民公社制度到家庭联产承包责任制，从计划经济体制到市场经济体制，每一个亲身经历的人都会深刻地感觉到制度变革对一个民族、一个国家的重要影响。制度决定命运，制度改变命运。对个人来说是如此，对公司或国家来说也是如此。因此，对于企业管理者和国家领导者来说，公司治理和国家治理的首要条件是制度选择，即选用什么样的制度形式保证公司或国家的稳定运行。不同的制度形式有不同的效力，在不同的情况下选用适当的制度形式是领导者的最重要的责任和能力体现。制度优劣的评价标准是制度效力，制度选择是在测评制度效力的基础上完成的，这个过程即是制度比较的过程。比如，采取计时工资制还是计件工资制、人民公社制度还是家庭联产承包责任制、家长制还是董事会制、公有制还是私有制，都涉及制度比较问题。通过制度比较可以确定哪一种制度形式效率更高、效果更好、制度场作用力更强，从而做出适当的制度选择。

1977 年恢复高考制度后，全国高校开始逐步恢复中断十多年的教师职称评聘制度。当时高校管理百废待兴，教师职称评聘矛盾非常突出。中华人民共和国建立初期回国的老专家、20 世纪五六十年代毕业的大学生、“文革”中的工农兵学员、恢复高考制度后留校工作的青年教师，等等，几乎 90%以上的教师都面临着职称评聘问题，每年教育部下达的可评聘的教师职务名额有限，僧多粥少，有人称之为“千军万马过独木桥”。当时在高校中主要有两种教师职称评聘制度，一种可称为等额集中审批制，另一种可称为差额分级评聘制。

按照等额集中审批制，学校人事处公布当年教师职称评聘名额，确定教授、副教授、讲师、助教各是多少名，各院系领导统一上报申请人名单，和人事处领导共同研究名单，最后由人事处领导决定各院系的具体人选和实际名额。这种评聘制度的特点是，具体人选和名额的确定集中在人事处，矛盾也集中在人事处，各院系的普遍做法是尽可能多地上报申请人名单，尽可能多地争取名额。人事处一个院系一个院系地听汇报，逐一了解所有申请人的教学科研的具体情况，并最终确定哪个人可以评聘何种职称。由于多年的问题积累，申请人数远远多于评聘名额，申请人的个人资历、学历、教学、科研以及各院系教师的年龄结构、学历结构、职称结构千差万别，人事处不可能全面掌握每一个申请人的基本情况，评聘标准也不统一，矛盾最终都集中到了人事处。汇报的、约谈的、告状的、申诉的、攀比的、吵架的，各种各样的人都集中到人事处，最难回答的问题是：“只有一个名额，评老的还是评小的”“为什么他行，为什么我不行”，等等。这种制度费时费力、矛盾重重不说，还容易产生找关系、攀比、论资排辈、唯学历论等不良风气。

差额分级评聘制的做法则不同，人事处在公布当年评聘教师职称的名额时，留了一部分名额做机动使用，各院系成立教师职称评聘领导小组，通过投票方式确定申请人推荐名单并排出顺序，如有矛盾可向人事处申请增加推荐名额。第二级评审单位是学校按专业成立的专家评审组，也是采用差额投票的方法。人事处可用机动名额对矛盾较大的投票结果进行调剂。这种制度不再将矛盾集中在人事处，各院系对自己的队伍建设、工作需求、岗位设置和教师的具体情况较为了解，差额投票有利于确定标准、缓解矛盾和总体平衡，突出强调了教学科研和工作需求的努力方向。人事处也从人际纠纷的矛盾旋涡中解脱出来，可以更多地考虑和处理全校性的问题。

通过制度比较，可以明显地看出这两种制度形式的差别所在。等额集中审批制作的是减法。各院系报上来的申请人名单远远高于公布的名额，人事处只能用各种理由减掉申请人数，把各种矛盾都集中上来。差额分级评聘制作的则是加法，职称评聘的矛盾首先集中在各院系，其次集中在专家组，人事处可以根据矛盾情况给各院系增加申请人名额或给专家组增加评聘名额，从矛盾纠纷的中心变为缓冲器和疏导者。现在几乎所有高校的教师职称评聘工作采用的都是差额分级评聘制，而不是等额集中审批制。同样是一批人，人们的能力、经验、敬业精神没什么变化，但制度效率、效果、制度场作用力却发生了明显的改变，这完全是采用不同的制度形式所产生的结果。在制度比较的基础上进行制度选择，可以有效地确定哪一种制度形式能够更有利于实现组织的绩效目标和制度目标。

这个例子说明，同样的人做同样的事可以采用不同的制度形式，这样就可以取得不同的制度效力或制度结果。人们一般习惯于在现有的制度环境中做出各种努力，很少有意识地考虑如何通过制度比较和制度选择改变现有的制度环境。我们在前面的章节中反复强调，制度管理能力是领导者的首要能力，它本身包括制度比较和制度选择的能力。对任何管理者或领导者来说，制度可以成为构建人际关系、组织社会群体、控制工作程序、引导角色行为、增强组织绩效的重要方法或工具。司机出行时，为了保证正常行驶，一个装满各种工具的汽车工具箱是必不可少的。医生也是一样，出诊时必然随身携带着一个装满各种药品和各种医疗器械的医药箱。木匠在做家具时有多种型号的锯可供选择。管理者或领导者为了有效地进行管理也需要在包括多种制度形式的制度工具箱中进行比较和选择。如果缺乏制度意识，不可能成为一个好的管理者或领导者。在高校教师职称评聘工作中，许多高校的领导者不仅采用了差额分级评聘制，而且采用了适用于老教师的评退制度和适用于青年教师的破格晋升制度，有效缓解了教师职称评聘中的历史遗留问题，加强了培养年轻学科带头人的师资队伍建设。如果只局限于等额集中审批一种制度，只能加剧矛盾而不能缓解矛盾。

制度比较存在着量和质两个方面的比较。量化的制度比较在日常管理过程中较为普遍，通常涉及如何掌握奖励的力度、人数或惩罚的力度、人数问题，如年终发放的奖金数额太小或人数太少，起不到应有的激励作用，当奖金数额或人数按某一级差从低到高逐级上升时，可能会在某一个高点激励作用最大，然后会逐步下降。通过制度比较可以有效地确定激励作用最大的奖金数额和人数。有一种制度比较研究的是性质完全不同的制度形式，在此基础上进行的制度选择涉及制度创新和制度变革问题，将在后面的章节中加以论述。

第七节 茂名腐败窝案与问题诊断双环图

——制度解是社会问题的根本解

2014 年 1—2 月，我国华北地区有很多人觉得嗓子不舒服，到医院就医的人不断增多，最初诊断为感冒或呼吸道发炎，但最后发现人们致病的一个重要原因是 PM 2.5 含量超标造成的雾霾天气。导致人们生病的原因很多，但当时人们易于考虑个人体质、病毒感染、着凉受寒等问题，很少有人会考虑 PM 2.5 的问题。美国管理学家彼得·圣吉认为，世界上的各种事件都是互相关联的，如果把一个事件看作是“果”，那么引起其产生的原因是非常多的，“因”与“果”在时间和空间上的距离是不一样的，有的很近，有的则很远。人们判断事件的因果关系时，一般是近距离的、点对点的线段式思考，而不是多样性、多层次的动环式思考。但是，在现实社会中，“真实事件是由许多因果环组成的”。在彼得·圣吉看来，有些“因”虽然在时间和空间上离“果”距离很大，但却是产生这一事件的根本原因，找到这个原因就等于找到了一个解决问题的高杠杆解，它虽然很小却很有效，能够“以一个小小的改变，去引起持续而重大的改善”。① 显然，治理 PM 2.5 含量超标的雾霾天气是华北地区防病治病的高杠杆解。

我们在分析社会问题时，同样需要动环式的系统思考。广东省茂名市查处的腐败窝案就是一个典型的例子。2009 年 10 月茂名市一位常务副市长严重受贿被查，揭开了茂名腐败窝案的盖子。2010—2011 年，该市政法委书记、副市长、人大常委会副主任、市委书记相继落马，2012 年 1 月时任广东省委常委、统战部部长，茂名市委原书记也被中纪委通报查处。每一名市领导落马，都会牵扯出部分行贿官员，老百姓称之为“一拉一串，一端一窝”。涉案官员多，但案件处理结果只涉及少数人，当地民众严重不满，民怨沸腾，举报信不断。2014 年广东省巡视组进驻茂名复查，从群众的检举信入手，深入追查，已退休两年的原市政协主席及一大批官员受到应有查处。茂名腐败窝案举国震惊。该案涉及省管干部 20 多人，县处级干部 200 多人，涉事部门 100 多个，行贿买官人员 150 多人，数量巨大，触目惊心。

茂名腐败窝案提出了一个严肃问题，这么多人行贿受贿的主要原因是什么。据分析，除个人原因外，主要原因有以下几点。一是地方“一把手”权力过大，独断专行。茂名市前后两名市委书记涉案金额巨大，上梁不正下梁歪。二是市纪委受同级党委领导，起不到应有的监察作用。三是民众举报长期被忽视。茂名市买官卖官现象已不是什么秘密，甚至还流传有科长数十万、市长数百万的价目表，但群众的举报一直无人受理。四是市人民代表大会形同虚设，起不到应有的监督作用。五是贪腐者声名狼藉仍得到提拔重用，现有的问责制没有能够彻底追查其幕后的支持者或提携

① 彼得·圣吉．第五项修炼［M］．郭继龙，译．上海：生活·读书·新知三联书店，1999：69.

者的责任，等等，这些原因触及了深层次的制度建设问题。

茂名腐败窝案的涉案官员有的被判死缓，有的被判无期徒刑，都受到了应有的法律制裁和惩处。但是，抓了这些人并没有从根本上解决官员的腐败问题。上面提到的五个腐败原因，并不会因为抓了几个人而得到解决。任何一个事件产生的原因可以分为两类，一类叫作表面原因，另一类叫作根本原因。与此相联系，解决问题的方法也可以分为两类，一类叫作症状解，另一类叫作根本解，也就是彼得·圣吉所说的高杠杆解。这两种解的关系可用问题诊断双环图来表示。如图 4-3 所示，它就像一个“8”字形，图的上方是上环，表明问题或事件发生的表面原因及症状解，属于线段式思考的侧重点。图的下方是下环，表明问题或事件发生的根本原因及根本解，属于动环式思考的侧重点。上下环的连接点是面临的问题或事件。腐败窝案肯定与人有关，把腐败者抓起来绳之以法，是治理腐败现象的必然措施。但是，那么多人行贿受贿买官卖官，如果仅从上环方面考虑问题，“头疼医头，脚疼医脚”，单纯从个人因素上找原因是不够的。因此，还需要从下环方面考虑更深层次的原因和解决办法。在我国，改革开放以来，贪污腐败已经成为一个非常严重的社会问题。贪污腐败存在着一定的土壤和制度环境。如上所述，制度环境或制度场作用力，对人的意识和行为有导向性的影响，“好的制度能够使坏人变好，坏的制度能够使好人变坏”。如果不从制度层面考虑问题，我们很难理解，为什么一个省交通厅厅长“落马”了，其第二个、第三个继任者会重蹈覆辙。在茂名腐败窝案中，除个人因素外，人们普遍认为存在的主要原因无一不是制度层面的问题。问题诊断双环图中的根本解实际上是从制度建设方面考虑的制度解。

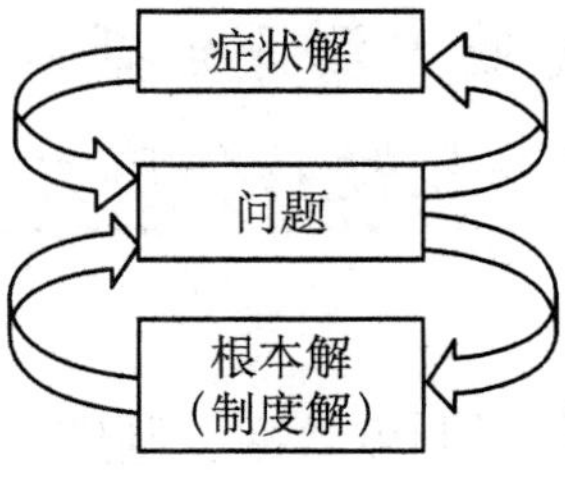

图 4-3　问题诊断双环图

问题诊断双环图有助于人们从更深层次的制度层面探讨各种各样的治理问题、群体事件、社会现象产生的原因及解决办法。例如，对于“老人倒地无人敢扶”的社会现象来说，单纯谴责当事人道德素质低下只是症状解，其制度解涉及政治、经济、法律、文化、宣传、教育、新闻、舆论、社会风气等各个方面。它们共同构成了人们生活于其中的制度环境，形成了影响每一个人的、起导向作用的制度场作用力。例如，在茂名市贪腐书记执政时期，买官卖官跑官、行贿受贿已经形成一种不良风气，产生的是激发人们负能量的制度场作用力，当时在茂名甚至流传着一个顺口溜：“不跑不送，原地不动。又跑又送，提拔调动。”有一个干部，在自己的岗位上兢兢业业工作了八年，得不到领导的赏识，而身边那些并不努力工作的人却因为送礼行贿屡屡升迁，心里不平衡的他没能坚持住底线，在贪腐领导东窗事发前送去了买官的大礼包，成为该案最后一个行贿者，同时又是被抓现行、证据确凿的第一个行贿者。我们试想一下，如果这种负能量的制度场作用力不被扭转，将会有新的行贿受贿者不断产生。而要扭转这种市场作用力的根本途径，只能从问题诊断双环图的制度解入手。制度始于规定，成于执行，制度场出了偏差，首先要检查制度规定方面有什么问题，其次检查制度执行方面有什么问题。影响制度场作用力的因素是多方面的，我们将在下一节进一步加以探讨。

第八节　省区市经济报表与制度效力测评

——制度效力测评包括制度效率、制度效果、制度场作用力三个方面

如上所述，制度效力包括制度效率、制度效果、制度场作用力三方面的内容（见表 4 - 1），无论是公司还是国家，任何组织经营管理活动的结果都可以通过这三个方面的指标表现出来。制度效率、制度效果的指标可

以通过绩效指标表示，由于对制度现象、制度管理缺乏实质性的研究，制度场作用力的指标目前还是一个新的有待开发的“处女地”。“绩效”是社会经济管理领域中的重要概念，泛指工作完成的实际情况或者取得的成效、成绩，既涉及工作数量又涉及工作质量，既涉及效率问题又涉及效果问题，如个人绩效、组织绩效、工作绩效、管理绩效，等等。

表 4-1 制度比较测评标准

测评对象	测评标准	
制度效率	高	低
制度效果	好	坏
制度场作用力（正能量）	强	弱
制度构型	优	劣

改革开放以来，我国政府把 GDP 作为政府政绩考核的一项重要的绩效指标。世界银行公布的 2017 年 185 个国家和地区 GDP 排名榜前十大经济体依次为美国、中国、日本、德国、法国、英国、印度、巴西、意大利和加拿大。中国 GDP 占世界的比重从 40 年前的 1.8%攀升到现在的 15%左右。但从世界银行 2017 年人均 GDP 世界排名来看，前十名依次为卢森堡、瑞士、澳门、挪威、冰岛、爱尔兰、卡塔尔、美国、丹麦、澳大利亚。中国排名仅在第 74 位，人均 GDP 的水平还是比较低的。关于 GDP，国内有些专家做了更进一步的分析。他们认为，不能把 GDP 单独作为评价一个国家综合实力的指标。中国的 GDP 指标反映的主要是房地产、制造业、传统产业等低端工业化水平的产值，而美国、日本、德国、法国、英国等国家的 GDP 指标反映的主要是人工智能、计算机、互联网、发动机、航空航天等高端工业化水平的产值。2018 年爆发的中美贸易战从一个侧面反映了我国与发达国家在高科技、高精尖产品发展方面的差距。

在某种意义上说，GDP 只是制度效率方面的指标，对于政府的政绩来说，更重要的是制度效果方面的指标。由于中央政府重视 GDP，各省区市政府自然也重视 GDP。据统计，2017 年中国 31 个省区市 GDP 前 10 名依次为广东省、江苏省、山东省、浙江省、河南省、四川省、湖北省、河北省、湖南省和福建省，上海市、北京市紧随其后。GDP 最低的是西藏自治区，其次是青海省、宁夏回族自治区、海南省、甘肃省、新疆维吾尔自治区、贵州省、山西省、吉林省、云南省、黑龙江省。2017 年 GDP 增速较快的依次为甘肃省、陕西省、浙江省、山西省、贵州省、西藏自治区等，辽宁省则出现了负增长。2017 年省区市人均 GDP 排名依次为北京市、上海市、天津市、江苏省、浙江省、广东省、山东省、内蒙古自治区、重庆市、福建省、湖北省等。GDP 同时也是考核地市级政府的重要的绩效指标。据统计，2017 年全国 100 个城市 GDP 排行在前的依次为上海市、北京市、广州市、深圳市、天津市、重庆市、苏州市、武汉市、成都市、杭州市等。

严格来说，GDP 主要是一种涉及制度效率的指标，反映的是一定时期内一国境内所有劳务和商品的总和。GNP（国民生产总值）、人均 GDP、居民人均可支配收入等则是能够更深层次地反应区域发展水平的指标。《中国经济周刊》等研究机构将居民人均可支配收入与人均 GDP 的比值看作是 GDP 含金量，又被称为“幸福指数”。据统计，2014 年 31 个省区市 GDP 含金量排名前十依次为云南省、安徽省、江西省、山西省、广西壮族自治区、贵州省、上海市、四川省、浙江省、海南省。GDP 高的省区市不一定含金量高，其中一个原因在于，不同的省区市 GDP 收入分配给企业、政府和居民的比例不同。如果把 GDP 含金量作为衡量制度效果的指标，可以推论出制度效率高的省区市不一定制度效果好。有人曾把新苏南模式和温州模式做过一个比较，2004 年苏州的 GDP 是温州的两倍，但苏州老百姓的人均收入是温州的一半，这种发展被人称为是只长骨头不长肉。这就提出了一个问题，如何在提高制度效率的同时增强制度效果。如果说经济、科技方面的绩效指标更多地侧重于制度效率的话，关于城市管理、公共安全、教育、住房、医疗、治安、就业、环保等方面的绩效指标则更侧重于制度效果，单纯地追求 GDP 不可能有效解决这些社会问题。在某种意义上说，在教育、医疗、住房、养老等方面提高制度效果比单纯地追求 GDP 提高制度效率重要得多。

除了制度效率和制度效果外，衡量制度效力的一个更深层次的指标是制度场作用力。事实表明，在制度效率和制度效果的指标背后存在着强大的制度场作用力的影响。中央政府强调 GDP，其作用力将从上到下依次传递到省区市政府、地市级政府、县级政府、乡镇、企事业单位和各级各类人员，其间经历了一个层层规定、逐级执行的复杂的制度化过程。许多地方政府片面追求 GDP，过度依赖土地财政，盲目招商引资，其结果不仅不能将 GDP 增长带来的红利改善地方的教育、医疗、住房、养老等民生问题，而且背上了沉重的债务，埋下了爆发金融和经济危机的隐患。我国有关机构公布的数据表明，2017 年地方债数字为 16.47 万亿元。有些专家学者认为，由于存在着违规担保、变相举债、地方融资平台、PPP 项目等一些隐性债务，真正的地方债数字可能要高得多。按照 2016 年债务余额、债务率、负债率等统计数据排名，债务风险最高的省区市主要集中在中西部及东北地区，其中最高的省市负债在 1 万亿元以上，贵州省、辽宁省、内蒙古自治区、云南省、陕西省的债务率都超过了警戒线，债务率最高的贵州省甚至达到了 178.9%。在地方债居高不下的情况下，为了追求 GDP，许多地方政府不得不把继续卖地作为城市财政收入的主要来源。一方面是中央和省区市政府高举房屋限购金牌，另一方面是三四线城市土地出让金额和房价异军突起，佛山、南通、常州、嘉兴等 20 多个城市，2018 年上半年土地出让金额均超过了 100 亿元。如果把这些社会现象看作是一个现实结果的话，其背后的一个重要原因则是制度场作用力。

制度场作用力对企业和国家经济发展的影响，不仅表现在国内方面，还表现在国际方面。目前中美两国之间爆发的贸易战，中美两国政府均宣布对进口商品提高 25%的关税，其产生的作用力对两国企业和国家经济发展的影响是不言而喻的。由于“制度”还没有成为一个专门的研究领域，“制度场”还是一个很少为人所知的概念，所以目前还没有系统的制度场作用力的指标体系。其实，许多企业和政府的绩效指标体系中已经包含了这方面的内容，如工作态度、团队精神、创新机制、应变能力等，主要是与人的意识和行为及其背后动力有关的指标。所有的组织和个人都是在特定的制度环境中活动的，也就是说都置身于一个特定的制度场内，其意识和行为都受到特定的制度场作用力的影响。制度始于规定，成于执行，表现为制度场。制度场作用力的指标体系应该围绕着更深层次的、制度方面的内容进行设计。关于制度场作用力的指标体系提出了一些初步设想，如表 4－2 所示。

表 4－2　制度场作用力测评指标

测评指标		高（大、强）	较高（大、强）	一般	较低（小、弱）	低（小、弱）
制度规定	合法性					
	合理性					
	代表性					
	公开性					
	认同度					
制度执行	个人自律行为					
	个人他律行为					
	机构执行力					
	民众执行合力					
制度关系	主客体关系					
	权责关系					
	确定性					
	和谐性					
制度场作用力	目标吸引力					
	利益驱动力					
	集体聚合力					
	群体内聚力					
	组织整合力					
	作用力导向性					
	正能量释放					

第九节　“问题疫苗”事件与制度效力的调控

——制度规定和制度执行是影响制度效力的深层次因素

2018 年，有关“问题疫苗”的报道迅速成为新闻媒体、各大网站以及遍布全国的微信群中的热门话题。2018 年 7 月 15 日，国家药监局发布公告称，1996 年上市的吉林“长生生物”公司生产的人用狂犬病疫苗经检查发现存在生产记录造假问题，严重违反药品生产质量管理有关规定，责令停产，收回 GMB（药品生产质量管理规范）证书。一石激起千层浪。人们突然惊恐地发现，原来最放心的、不辞辛苦带着孩子多次注射的疫苗是有问题的。而且，有问题的公司不仅是“长生生物”一家，“问题疫苗”也不只人用狂犬病疫苗一个品种，已经销往市场的数量也十分巨大，已查明的“问题疫苗”，有的是 25 万支，有的是 40 万支。一时间人人自危，许多家长担惊受怕，赶紧翻看疫苗本，检查给自己孩子接种的疫苗是不是“问题疫苗”。对此事件，国家主席习近平、国务院总理李克强先后做出重要批示，要求立即调查事实真相，一查到底，严肃问责，依法从严处理。疫苗市场的表面繁荣瞬间崩塌。许多生产疫苗的上市公司股票连续跌停，公司董事长高俊芳及部分公司高管也被公安机关带走依法审查。从制度效力的角度看，“问题疫苗”事件可以从几个方面进行分析。

如上所述，制度效力包括制度效率、制度效果、制度场作用力三个方面。改革开放以来，我国疫苗行业发展很快，上市的疫苗公司普遍有较强的盈利能力，业绩增长明显。有人发现，2018 年一季度，“长生生物”公司的销售毛利率为 91.59%，甚至高于“贵州茅台”公司。“问题疫苗”事件表明，疫苗行业的制度效率很高，但是制度效果很差。根据问题诊断双环图，依法惩处公司负责人只是症状解，深层次的原因还需从制度规定和制度执行的制度层面上查找。在制度规定方面，1984 年 9 月第六届全国人大常委会通过《中华人民共和国药品管理法》（以下简称《药品管理法》），对药品生产、药品经营、医疗机构、药品管理、药品包装、药品价格、药品监督及相应的法律责任等都做了明确规定。2002 年国务院公布《中华人民共和国药品管理法实施条例》。2017 年 6 月公布《中华人民共和国药品管理法实施细则》，相应的规定还有药品经营质量管理规范、药品流通监督管理办法、药品经营许可证管理办法、医疗机构药事管理规定、药品生产监督管理办法等。1989 年 2 月第七届全国人大常委会通过《中华人民共和国传染病防治法》（以下简称《传染病防治法》），对传染病的预防、疫情报告、疫情控制、医疗救治、监督管理、保障措施及相应的法律责任等做了明确规定。2005 年卫生部公布《中华人民共和国传染病防治法实施办法》，相应的规定还有传染病防治法实施细则、医疗机构管理条例、传染病医疗废物管理条例等。2005 年 3 月，国务院根据《药品管理法》和《传染病防治法》颁布《疫苗流通和预防接种管理条例》，2016 年 4 月通过《国务院关于修订〈疫苗流通和预防接种管理条例〉的决定》，相应的规定还有疾控中心疫苗管理、一类疫苗管理、二类疫苗管理、医院疫苗管理、卫生院疫苗管理、疫苗冷链管理、疫苗注射器管理、疫苗出入库管理等。

总体来说，关于药品管理和疫苗管理的规范体系已经初步建立起来，但是，社会舆论普遍质疑一个问题，即从药品和疫苗的管理规定来看，造假售假的违法违规成本太低，制度规定是有了，但其所达到的治理效果并不理想。疫苗问题出来后，要求严惩造假者的呼声异常强烈。但有人很快在微信群中转发《中华人民共和国药品管理法》第 73 条关于生产、销售假药的处罚规定，只是“没收违法生产、销售的药品和违法所得，并处违法生产、销售药品货值金额两倍以上五倍以下（劣药为一倍以上三倍以下）的罚款；情节严重的，责令停产、停业整顿或者撤销药品批准证明文件，吊销药品生产许可证、药品经营许可证或者医疗机构制剂许可证；构成犯罪的，依法追究刑事责任”。第 75 条规定：“从事生产、销售假药及生产、销售劣药情节严重的企业或者其他单位，其直接负责的主管人员和其他直接责任人员十年内不得从事药品生产、经营活动。”与酒驾入刑的规定对比，这样的处罚条例显然对生产、销售假药、劣药的企业和人员构不成强大的威慑力。制度规定是组织生存和发展的基因。制度规定不完善或有问题，一定会在社会发展和组织运行的某一个阶段或某一个环节表现出来。通过完善制度规定，可以有效提高制度效率、制度效果和制度场作用力。制度规定的处罚力度小，违规成本低，这是造成社会上造假售假现象屡禁不止的重要原因。

造成“问题疫苗”严重后果的原因，除制度规定方面外还有制度执行方面的问题。从组织结构和工作流程来看，制度规定到制度执行的过程是一个层层分解的过程。中央政府制定的法律法规，通过省、市、县、乡、村，一级级监管执行，通过层级结构这种方式，逐步把它的影响力作用力扩展到基层，落实到每一个企事业单位及其员工，这样才能形成现实的制度场。首先是“长生生物”公司等疫苗公司，采取恶劣手段严重违反疫苗生产、销售管理的有关规定，生产假药劣药。其次是地方疾控中心、药监局没有严格执行疫苗生产、销售的有关规定，认真履行监管职责。据报道，早在2017年，中国食品药品检定研究院经过抽检，发现“长生生物”公司生产的25万支吸附无细胞百白破联合疫苗效价不合格，文件中要求召回和处置这批问题疫苗，但实际上其已经全部销出，只剩下186支。山东省主管单位并没有按照有关规定采取严厉措施，发给下属单位的文件中还明确标示“不予公开”。对此事件的最后罚款也只是300万元。2018年7月6日，也就是疫苗问题爆发的前几天，山东省有关部门在烟台召开“流感防控研讨会暨长生生物流感疫苗上市会议”，山东省17地市200个区县的疾控中心近300人参加会议，“长生生物”公司是独家协办单位，并有代表专门登台讲话。网上评论十分尖锐：“制度是最好的疫苗”，“监管的腐败危害比假疫苗还大”。纠正制度执行偏差，加大制度执行力度，是提高制度效率、制度效果和制度场作用力的重要途径。

形形色色的社会事件并不是孤立发生和独自存在的，它们都是由各种因素相互影响产生的制度场作用力渐进发展的结果，疫苗事件也是如此。从制度场更广大的时空范围来看，“问题疫苗”事件的发生不是一个偶然的事件。多年前山西省曾发生过严重的“问题疫苗”事件，导致百余名孩子伤残或死亡。《中国经济时报》调查记者王克勤经过深入调查，发表《山西疫苗乱象调查》一文。但是时隔不久，他和签发此篇文章的总编辑包月阳先后被调离岗位。山西疫苗问题事件没有得到应有的重视和处理，疫苗行业的企业也没有得到应有的警示和监管。疫苗问题涉及千千万万孩子的健康，牵动着千千万万父母的心。除了政府的监管作用外，新闻媒体和公众舆论也是加强药品疫苗监管的强大力量。这两种监督力量是一把“双刃剑”，既可以迅速传播正面消息，扩大正能量，也可以迅速传播负面消息，扩大负能量，关键在于如何引导，使其和政府的监管汇合成强大的制度场作用力，增强反映社会经济和社会风气良好发展的制度效力。

制度效力是一个综合性的概念，它从总体上反映出制度形式给人们的意识、行为及其群体或组织活动所带来的实际影响和结果。在公司、国家等任何组织构成的制度场中，处于权力中心的规制者和执行者通过制度规定和制度执行的过程产生强大的作用力，作为互动者的个人、群体和组织也通过个体及集体的言论、行动表现出不同强度的作用力，各种作用力之间有的是相互一致的，有的是相互冲突的，其共振或碰撞的结果形成一种导向性的合力。制度场作用力是这种合力的现实表现，并通过对人们行为的导向性来影响制度效率和制度效果。在疫苗生产、销售的领域中，孩子家长、疫苗公司、疫苗监管部门、新闻媒体等同时成为制度场作用力的构成要素，以制度规定和制度执行的制度化过程为基础，以制度效力为各自的目标和行动依据，以不同的作用力方式共同推动疫苗生产销售领域的运行和发展。

第五章

文化的概念与制度观

- 古人的社会理想与制度观的影响
- 小学生守则与制度观内容
- 文化的定义与制度观
- 复活节岛之谜与文化特征
- 儒家学说的兴衰与主流思想
- 中小学语文课文与传统观念
- 东欧剧变与社会思潮
- “微笑门”人肉搜索与公众舆论
- 从“剃发令”看文化与制度的关系
- “辫子军”的覆灭与文化认同和制度认同
- 《三字经》的启蒙作用与制度化教育和宣传

第一节　古人的社会理想与制度观的影响

——制度观与制度的演变是一个相辅相成的过程

我们每一个人都生活在一定的制度形式和制度环境的条件下，置身于形形色色的制度关系和制度关系角色群中，具有多种多样的制度角色。我们很自然地会产生一个认识问题，即怎么看待周边的制度环境和制度关系，怎么看待自己的制度角色，怎么看待不同的制度形式。人们习惯于用自己的眼光来看待自己的人生和周围的世界，并在此基础上经过理论的阐述形成较系统的认识和看法，形成特定的人生观、世界观、价值观，人们对身处其中的制度形式和制度环境，也有自身的看法和体验，可以将其称之为“制度观”。

在我国，“观”通常指对人们的思想行为有重要影响的较为系统的认识或观念。《辞海》对“观”字的解释是：“对事物的看法或态度。”因此，制度观最简单的定义是指人们对制度的看法和态度。更准确地说，制度观是指人们对各种组织制度、社会制度、对自身、对人与他人、人与组织、人与国家的制度关系的总的看法和基本观点。

在人类社会发展的过程中，有三种基本的关系是贯彻始终的，即人与人之间的关系、人与自然之间的关系和人与社会之间的关系。“制度观”

的概念，虽然没有人明确地提出来，但是人们对制度环境的认识是与人们对自身、自然界和社会的认识密切相关的，这是一个漫长的历史发展过程。我们在第一章曾经论述说，制度的本质是对人与人之间社会关系的规范与固化，并且论证了人类社会早期婚姻制度、家庭制度的演变过程。这一过程必然包含着人类祖先对于血缘关系、婚姻关系、家庭关系的认知和规范。这种认知和规范形成了人类祖先婚姻观、家庭观和与之相联系的制度观的早期内容。随着人类社会的历史发展和各种制度关系的日益复杂化，制度观的内容也得以不断地丰富和充实。例如，社会分工、私有制和国家的产生，一方面是人类的制度观形成的现实基础，另一方面又是在特定的制度观指导下的实践活动。

从我国古代社会早期的禅让制、夏商周的分封制到秦汉的郡县制，在漫长的制度变革的过程中，可以揭示出制度观演变的脉络。《诗经》云："普天之下，莫非王土。率土之滨，莫非王臣。"即是对早期社会制度的现状，也是对早期制度观内容的描述。商鞅变法时期主张变法和反对变法的两派人的争论，实际上反映了两种不同的制度观。春秋战国时期儒家、道家、墨家、法家、兵家、阴阳家等百家争鸣，其中也包括制度观方面的不同认识。孟子主张："父子有亲，君臣有义，夫妇有别，长幼有序，朋友有信。"孔子强调："君君，臣臣，父父，子子。"汉代董仲舒提出："君为臣纲，父为子纲，夫为妻纲"和"仁、义、礼、智、信"的三纲五常理论。以他们为代表的儒家学说之所以能成为历代王朝所推崇的主流思想或统治思想，根本原因在于其学说中包含着维护封建等级制度的制度观，这也是儒家胜出其他各家为统治者所采用的根本原因。

除儒家学说外，其他各个学派在制度观方面也都有许多经典的论述。如老子在《道德经》中主张："其政闷闷，其民淳淳；其政察察，其民缺缺。"提出了小国寡民思想："小国寡民，使有什伯之器而不用，使民重死而不远徙。虽有舟舆，无所乘之；虽有甲兵，无所陈之；使民复结绳而用之。甘其食，美其服，安其居，乐其俗。邻国相望，鸡犬之声相闻，民至老死不相往来。"① 他描述了一种很美好的田园生活。人们生活在一起，

① ［清］黄元吉．道德经注释［M］．上海：中华书局，2012.

国小人也少，与世无争，不用出远门，也不相来往，自给自足，自得其乐。这是对人类的美好生活、美好的制度关系和美好的社会制度的向往，是其无为而治制度观的理想追求。

无独有偶，西汉理学家戴圣在《礼记·礼运篇》有一段关于“大同世界”的描写。他写道：“大道之行也，天下为公。选贤举能，讲信修睦。故人不独亲其亲，不独子其子，使老有所终，壮有所用，幼有所长，矜、鳏、寡、孤、独、废、疾者皆有所养，男有分，女有归。货恶其弃于地也，不必藏于己；力恶其不出于身也，不必为己。是故谋闭而不兴，盗窃乱贼而不作，故外户而不闭，是谓大同。”在他所描写的社会制度中，和儒家学说中“君君、臣臣、父父、子子”的等级关系完全不同，体现的是人与人之间完全平等的制度关系，人们没有私有观念，没有名利之争，所有的人都有归宿，安居乐业，天下太平。在“大同世界”的理想追求中，关于“大道”的认识就是一种“天下为公”的典型的制度观。

制度观与制度的演变是一个相辅相成的过程。人类社会早期历史证明，制度观的形成最初对人类婚姻制度、家庭制度的演变有重大的影响，继而对人类社会的劳动分工制度和在私有化基础上形成的社会组织制度有重大的影响，任何制度的形成反过来又可以强化与之相联系的制度观。不同民族、不同国家的婚姻制度、家庭制度的演变过程几乎是一致的，但在社会组织制度，特别是国家制度方面存在着巨大的差异，制度的差异背后隐藏着政治思想的差异和制度观的差异。

正如第一章所讲，公元前 8 世纪至公元前 6 世纪，古希腊没有形成中国和古巴比伦王国那样的中央集权的庞大的奴隶制国家，而是在氏族社会解体的过程中逐渐形成了采用民主政体形式的城邦制。古希腊著名思想家亚里士多德写了一本《政治学》，代表了他关于政治制度的制度观。他认为政治制度一共有三种形式：君主政体、贵族政体和共和政体。每一种政体都有议事、执行和审判三种要素，也就有了三种权力。在 17 世纪洛克写了一本《政府论》，进一步提出了行政权力的概念。他把权力分为三种：立法权、行政权、对外权。当时他还没有提到司法权的问题。法国启蒙思想家孟德斯鸠写了一本《论法的精神》，正式提出了三权分立的理论。他们的思想都属于制度观的范畴，对西方发达国家制度的形成和发展有重大影响。

1776 年美国通过了独立宣言，1787 年又通过了美国宪法，最终把三权分立的政治学说和制度观变成了现实的社会制度。如果没有一定的政治学说和制度观，美国的先驱们是不可能创立出现实的政治制度的。

在这里，需要强调的一点是，制度观并不仅限于政治学说或国家制度理论的范围。制度观是一种综合性的概念。制度的本质决定了制度观有广泛的内容，涉及人与人的关系、人与物的关系、人与事的关系、人与自然的关系、人与社会的关系等各个方面。现代社会的制度形式五花八门，多种多样，如人事制度、劳动制度、工资制度、婚姻制度、家庭制度、产权制度、经济制度、政治制度、军事制度、公司制度、国家制度、社会制度，等等。每一种制度的形成都不是随意的、草率的，都有一个讨论的、争论的甚至博弈的文字规定过程。可以说，制度观的影响贯穿整个制度规定和制度执行过程的始终。我们将在其后各节对制度观进行深入的探讨。

第二节　小学生守则与制度观内容

——制度观的内容包括角色观、行为观、法纪观和制度管理和发展观

最近在网上看到一些文章，比较、评论中、英、美、日等国家的小学生守则，正好与本文探讨的理论问题有关。我查阅了一些相关资料，各个国家都很重视小学生的培养，专门制定了《小学生守则》，先把它转录如下。

英国的《小学生守则》是十条。①平安成长比成功更重要。②背心、短裤覆盖的地方不许别人摸。③生命第一，财产第二。④小秘密要告诉妈妈。⑤不喝陌生人的饮料，不吃陌生人的糖果。⑥不与陌生人说话。⑦遇

到危险可以打破玻璃、破坏家具。⑧遇到危险，可以自己先跑。⑨不保守坏人的秘密。⑩坏人可以骗。很明显，英国的小学生守则把小学生安全放在第一位，着重培养小学生的安全意识。

美国的《小学生守则》是十二条。①称呼老师职位或尊姓。②按时或稍提前到课堂。③提问时举手。④可以在你的座位上与老师讲话。⑤缺席时必须补上所缺的课业，向老师或同学请教。⑥如果因紧急事情离开学校，事先告诉你的老师并索取耽误的功课。⑦所有作业必须是你自己完成的。⑧考试不许作弊。⑨如果你听课有困难，可以约见老师寻求帮助，老师会高兴地帮助你。⑩任何缺勤或迟到，需要出示家长的请假条。⑪可以允许的缺勤理由是个人生病、家人亡故、宗教节日，其他原因待在家里不上课都是违规。⑫当老师提问且没有指定某一学生回答时，知道答案的都应该举手回答。美国的小学生守则主要强调的是课堂纪律和学习。

日本的《小学生守则》是七条。①不迟到；进校后不随便外出。②听到集合信号时，迅速在指定场所列队；进教室开门窗要轻；在走廊和楼梯上保持安静，靠右行。③上课铃一响即坐好，静等老师来；听课时姿势端正，不讲闲话，勤奋学习。④遇迟到、早退、因故未到等情况，必须向老师说明理由，有事事先请假。⑤严格遵守规定的放学时间，延长留校时间要经老师许可。⑥上学、放学时走规定的路线，靠右行，不要绕道和买零食。⑦遇到地震、火灾等紧急情况时不惊慌，按老师指示迅速行动。日本的小学生守则注重的是课堂纪律和安全，第⑦条是结合日本的特殊自然环境制定的。

法国的《小学生守则》与众不同，分为三个部分。第一部分：我不应该①取笑他人；②伤害他人；③侮辱他人；④闲言碎语；⑤影响他人学习；⑥玩学习用具；⑦损害自己、他人和学校学习用品。第二部分：我应该①上课好好学习，课后认真复习；②认真听讲；③尊重师长，团结同学；④举手发言；⑤倾听他人讲话，轮流发言；⑥端正姿势；⑦进教室前，安静放置个人物品；⑧正确使用学习用具。第三部分：我有权利①学习；②犯错并寻求帮助；③在尊重同学言论的情况下，自由表达自我；④完成学习后，自己支配和管理学习用品；⑤课间休息时自由放松。法国的小学生守则以学习和课堂纪律为主，并从小灌输个人权利的理念。

其他国家小学生守则的内容大同小异，加拿大的小学生守则共五条，比较简短。德国的小学生守则共十五条，内容与美国的小学生守则比较接近，但增加了学校不允许使用手机、注意交通安全等条款。

我国教育部1955年制定并发布小学生守则，主要强调小学生的行为准则和道德规范，1963年、1979年和1981年先后进行过三次修订。过去一直沿用独立的小学生守则，如1981年版的《小学生守则》共十条，内容比较简练。①热爱祖国，热爱人民，热爱中国共产党；②按时上学，不随便缺课，专心听讲，认真完成作业；③坚持锻炼身体，积极参加课外活动；④讲究卫生，服装整洁，不随地吐痰；⑤热爱劳动，自己能做的事自己做；⑥生活简朴，爱惜粮食，不挑吃穿，不乱花钱；⑦遵守学校纪律，遵守公共秩序；⑧尊敬师长，团结同学，对人有礼貌，不骂人，不打架；⑨关心集体，爱护公物，拾到东西要交公；⑩诚实勇敢，不说谎话，有错就改。

2004年教育部将《小学生守则》和《中学生守则》合并为《中小学生守则》，2015年又做了进一步修订，由二十条压缩为十条，内容相对于小学生的水平来说比较复杂。从各国情况来看，小学生守则和中学生守则似乎应该分开。因为小学生和中学生的区别还是很大的，至少小学生刚入学时识字不多，小学生守则的内容应该言简易懂。

现代社会是一个高度制度化的社会。每一个人都在家庭、学校、公司、国家等特定的制度环境中生活、学习和工作，每个人都有各种各样的制度角色，同时都有各种各样的角色要求和行为要求。如何认识置身于其中的制度环境和自身的制度角色，不仅涉及人生观、世界观、价值观，还涉及制度观。《小学生守则》无疑对每一个人的制度观的形成都有重要的、潜移默化的影响。

如图5－1所示，制度观的内容包括角色观、行为观、法纪观、制度管理和发展观四个方面。我们下面做一个简单的分析。

1. 角色观

指个人对制度角色、特别是对自身角色的看法和态度。角色观是形成制度观的基础。在任何一个国家中，每一个人都会兼具国家公民角色、家

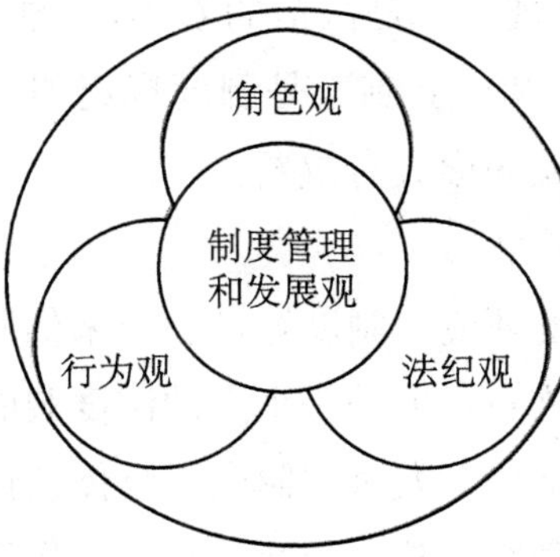

图 5-1　制度观的基本内容

庭角色、组织角色三种最重要的角色。家庭角色、公民角色是每个人生而具有的，小学生则是每一个人最早的组织角色。《小学生守则》是每一个人最早形成角色观和制度观的教育规范。随着一个人的成长，以后还会有中学生守则、大学生守则、员工守则以及各种教育规范、工作规范、法律规范，等等，它们与家庭环境和社会环境结合在一起对每个人的角色观和制度观产生巨大的影响。

2. 行为观

指个人对角色行为、特别是对自身角色行为的看法和态度。行为观是在角色观的基础上最早形成的观念，任何一种角色认知都会随之产生行为认知。与角色行为联系最密切的是角色认知、角色定位和角色行为定位。各国的《小学生守则》都包含着对小学生的行为要求和行为标准。在很多情况下，人们的角色行为并不一定与角色认知相一致。不孝子女对其父母的行为表现就是一个具体例子。如上所述，在角色冲突的情况下，角色行为的选择更是处于一个复杂的过程中。

3. 法纪观

指个人遵守法律、法规、纪律来约束自己行为的看法和态度。法纪观是行为观的进一步深化，对角色观和行为观有重要影响。角色观的形成通常受伦理道德教育的影响较大，涉及的是行为要求和行为标准的上限，而法纪观的形成更多地取决于法律规定和法律执行的力度和现状，涉及的是行为要求和行为标准的底线。法纪观包括法制观念和法治观念两个方面，前者要求知法、懂法，了解法律规定，后者要求遵法守法，执行法律规定。"法制"侧重于制度规定，是法治的基础，"法治"侧重于制度执行，是法制的目的。"建章"和"立制"是制度规定和制度执行相互作用的制度化过程，对人们法纪观的形成有重要影响。

4. 制度管理和发展观

指个人对现实的制度环境、制度管理和未来的制度发展的基本看法和态度，是整个制度观的核心，也是一个人的制度观的最成熟的表现。角色观、行为观、法纪观都是一个人对"制度"整体认识的一部分，它们相互之间有内在的、密切的联系，其中起纽带和中心作用的是制度管理和发展观。制度管理和发展观包括核心价值观念、制度管理观念和制度发展观念三个方面。核心价值观念，反映了一个人的本性和为人处世的基本态度。很显然，"宁我负人，毋人负我"与"先天下之忧而忧，后天下之乐而乐"这两种相反的价值观念对角色观、行为观、法纪观的导向性作用是不同的。制度管理观念指对现实的制度环境、具体的制度形式和制度管理措施的基本看法和态度。我们每一个人对置身其中的公司或国家制度等会有自己的亲身感受和看法。制度发展观念指对制度的本质及其发展规律的基本看法和态度。制度发展观念是在核心价值观念和制度管理观念的基础上形成的，对人类社会的制度发展规律和历史进程的认识是推动制度变革和社会进步的思想动力。在一个人的成长过程中，其制度观的形成也有一个从小学、中学、大学到社会的逐渐深化、成熟及变化发展的过程，我们将在下面章节逐步进行探讨。

第三节　文化的定义与制度观

——文化的定义有广义和狭义之分

制度观的形成和其他思想观念一样，不是人一出生就在头脑中固有的，而是人们在特定的制度环境中和自身的生活、学习、工作的社会活动中逐渐形成的。中国人、日本人、美国人的制度观为什么不一样，主要是受到周边人及周边环境影响的不同，如家长的影响、学校的教育（上文所讲的《小学生守则》即是一例）、读书的体会、社会的宣传、对现实的亲身感受等，影响制度观形成的因素是非常多的。我们可以把它们划分为两类：一类叫作文化的因素，另一类叫作制度的因素。关于什么是制度，前面已经做了较多的分析。"文化"的概念则和"制度"的概念一样，是非常普遍的、经常使用的一个术语，但是同样缺乏深入的研究，它的内涵究竟是什么，一般的人考虑很少，专家学者也没有统一的意见。我国大文学家钱钟书曾说过一句很有意思的话，大意是说："文化这个词，你不问我，我倒觉得挺清楚，你要一问我，我倒糊涂起来了。"我觉得，我们很多人基本上应该也有这种感觉。

关于什么是文化，我查了一些相关的资料。最早的、权威性的定义是1871年英国文化人类学家泰勒在《原始文化》一书中提出的，他说："所谓文化或文明乃是包括知识、信仰、艺术、道德、法律、习惯以及其他人类作为社会成员而获得的种种能力、习性在内的一种复合整体。"① 英国文化人类学家马林诺夫斯基被认为是文化功能学派的创始人，他在《文化论》一书中指出："文化是指那一种传统的器物、货品、技术、思想、习惯而言的，这概念包容和调节着一切社会科学。"在他看来，文化的范围较为广泛，除了思想、习惯、技术之外，有形的器物、货品等也属于文化的范畴。当代美国人类学家克鲁克洪在《文化概念：一个重要概念的回顾》一文中，对161种文化定义进行了归纳和总结，提出了一个较为经典的定义："文化是历史上所创造的生存式样的系统，既包括显性式样也包含隐性式样；它具有为整个群体共享的倾向，或者在一定时期中为群体的特定部分所共享。"按照克鲁克洪的定义，文化的范围更为广泛。按字义理解，显性式样不仅包括有形的器物、货品，而且应该包括房屋、建筑、城市等所有有形的存在式样，隐性式样不仅包括知识、信仰、思想、习惯、技术、能力等，而且也包括组织、机构、制度等所有无形的存在式样。

---

① 潘一禾．观念与体制：政治文化的比较研究［M］．上海：学林出版社，2002：5～15.

在我国，较权威的、常被引用的、有代表性的文化定义，主要有两个，而且分别代表范围最大和范围最小的文化概念。一个定义是《辞海》关于文化的定义："从广义上来说，（文化）指人类社会历史实践过程中所创造的物质财富和精神财富的总和。从狭义上来说，指社会的意识形态，以及与之相适应的制度和组织机构。"《辞海》关于文化的广义定义，包括了人类所创造的所有物质财富和精神财富，是外延最广、内涵最多的文化概念。其关于文化的狭义定义，与克鲁克洪所描述的隐式式样较为一致。我国有代表性的另一个定义是毛泽东同志 1940 年在《新民主主义论》中的阐述："一定的文化（当作观念形态的文化）是一定社会的政治和经济的反映，又给予伟大影响和作用于一定社会的政治和经济；而经济是基础，政治则是经济的集中表现，这是我们对于文化和政治、经济的关系及政治和经济的关系的基本观点。"毛泽东同志的定义仅从观念形态的角度来说明文化，可以说是对文化的最狭义的理解。

综上所述，关于文化的定义多种多样，涵盖的范围有大有小。但不管它们的差异有多大，都有共同包含的内容，即知识、信仰、思想、观念、精神，等等。这是文化定义的精髓或是文化的核心部分。有了这个内容，就是关于文化的定义，否则就不是关于文化的定义。这样，我们可以先对"文化"下一个最狭义的定义："文化是指一定的社会群体在社会生活和生产发展过程中形成的认知、情感、意图、爱好、兴趣，看法、观点、态度、思想、信仰等意识形态和思想观念的总和。"

另外，在我们的认知中，像不同的绘画、器具、设备、建筑、城市面貌甚至组织结构、制度形式等都代表着不同的文化，因此对"文化"也应该有一个更广义的定义，才能和我们的认识相一致。上述所有这些有形的、显性的或无形的、隐性的存在样式都是人类的创造物，也可以说都是人类观念的产品，我们可以称之为"文化产品"。每一种文化产品都凝结着创造者的文化观念，都是文化观念的产物。由此我们可以得出最广义的"文化"定义："文化是文化观念和文化产品的总称，是特定的组织、民族、国家在社会生活和生产发展过程中累积传承的文化观念及其外在化的行为样式和一切创造物的总和。"文化观念和文化产品的关系如图 5－2 所示。

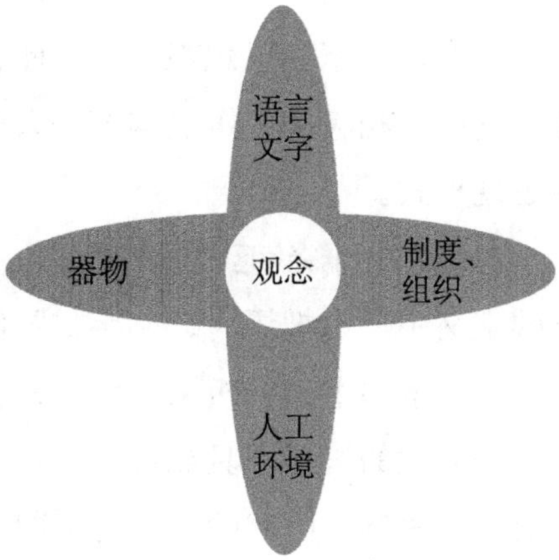

图 5-2　文化观念和文化产品的关系示意

1. 文化与文化产品的区别

从字义上来理解的话，文化产品指的是文化的产品，而不是文化。文化与其产品是有区别的，“文化产品”不等同于“文化”，就像“劳动产品”不等同于“劳动”一样。劳动和劳动产品是有区别的，劳动属于人们的智力、体力输出的过程，劳动产品是人们在这种过程中所制作或创造出来的产物或创造物。比如，石头和树枝原本是自然物，原始人打制石头，削平树枝，把二者结合成一把斧子。这把斧子就是劳动产品，是自然界没有的劳动创造物。同时这把斧子也是文化产品，原始人在制作它之前，已经有了一个大致的构思。文化产品可以是一件艺术品、一幅画、一个雕像或一座大桥，所有这些显性的存在式样都是某个人或者某些人思想的结晶或创造物。当我们观察它们的时候，我们可以体会或感受到创作者的意图、观点、思想、爱好、兴趣、信仰、审美观、艺术观，甚至他的品德和人生态度。创作者的思想观念凝聚在或者说是物化在这些作品、器物或文化产品中。因此，这些器物或文化产品是创作者的思想观念的载体或物化物。一般来说，人类的思想观念只有两种存在形式，一种是存在于人们的头脑中，另一种是存在于人类的创作物中。前者以观念的形式存在，后者则以物化的形式存在。

2. 文化与制度和组织结构的区别

“制度和组织结构”属于隐性的存在样式，和器物一样，也是文化的产品。比如，制度始于规定，成于执行，它们明显地体现出规制者、执行者、互动者的意识和思想观念。世界各国宪法、法律的制定者或创立者分别具有不同的理论基础、意识形态和思想观念。因此，通过各种制度化过程形成的宪法和法律制度以及相应的组织机构都是人们的意识、理论和思想观念的载体和外在表现形式。

3. 文化与语言、文字、图像的区别

在许多关于文化的定义中，常把语言、文字、图像等同于文化，与人们的思想观念并列在一起。按照上述分析来理解，语言、文字、图像也不等同于文化，它们是一种显性的沟通工具或传媒工具，同样是文化产品或人类的创造物。不同地区、民族、国家的人们有不同的语言、文字和图像等表现形式，它们也同样凝聚着创造者的意识和思想观念，也是创造者特有文化的载体和物化物。文化产品是人类在社会实践活动中有意识、有目的地创造出来的，它们各有不同的功能和用途。比如，器物是人类创造来适用于生活和劳动需求的，制度和组织机构是被创造来适用于群体和组织活动需求的，语言、文字、图像是被创造来适用于交流、沟通以及文化传承需求的。最后需要指出的是，人类所创造出来的所有显性的或隐性的存在样式，或者说人类所创造出来的所有物质财富或精神财富，共同构成了人类生活于其中的人工环境，可以说，这是所有文化产品的总和，它和自然环境交织在一起，构成人类在地球上繁衍生息的共同家园。

第四节　复活节岛之谜与文化特征

——文化观念凝结在文化产品中，并通过文化产品传承和表现出来

记得小时候，我经常在父亲的书柜中找《知识就是力量》的杂志看，其中有一篇文章给我留下很深的印象。文章的名字是“复活节岛的秘密”。讲的是在茫茫无际、烟波浩渺的南太平洋上，有一个面积 117 平方公里的

孤零零的小岛，存在着很多难以解开的秘密。小岛的名字是以被现代人发现的日期命名的，当地原住民管它叫作“地球的肚脐”。它距离有人居住的最近的岛屿也有 2 000 多公里。英国人在 1686 年最早发现它，之后在 1772 年荷兰人的一只舰队到达了这个小岛，因为当时正是基督教复活节的第一天，所以荷兰人就把这个小岛命名为“复活节岛”。外来人登上岛之后，惊奇地发现这个岛上不仅有居民，还有很多巨大的石像，与之相联系，在这个小岛上存在着四种谜团，也就是复活节岛之谜。

1. *石像之谜*

在复活节岛的海边，竖立着许多巨大的石像，每个石像都是面朝大海，昂首远望，神态也比较忧郁。石像很高大，一般在 5～10 米高，也很重，大约有几十吨。特别奇怪的是，有的石像上面还戴着红色石头雕出的帽子，据说也有十几吨重，放在石像头顶上。如图 5－3 所示，石像是半身头像，鼻子很大，鼻梁很高，眼窝很深，耳朵很长，大耳朵。人们很奇怪，树立这些石像究竟是为什么。人们发现，这个岛上的生产水平是非常低的，雕刻石像的水平大约也就相当于石器时代。岛上没什么树木，多是一些低矮的灌木，资源较为贫乏。岛上的石头集中在山上，制作工具很简陋，从采石场到海边有几十公里远。问题来了，岛上的人雕这些石像是做什么用，是为了怀念他们来的地方呢，还是一种宗教仪式呢。当时他们怎么把这么重的石像搬到海边去，又怎么把这么重的石像立起来。而且他们还修了一些大石台，要把这些石像放到大石台上，有的石像上还放上去几吨或者十几吨重的红石头帽子。他们是怎么完成这一切的，这是一个谜。

图 5－3　复活节岛石像

2. 来源之谜

岛上的居民有 2 000 多人，他们的体征和面貌与石像的体征面貌是不一样的。有人猜测，他们还不是原来雕刻这些石像的人的后代。那么，雕刻这些石像的人是来自哪里呢。复活节岛是一个孤零零的小岛，距离周边的岛屿很遥远，距离有人居住的岛屿就更遥远了，更别说远离大陆了。这些人来自哪里成了第二个谜。

3. 去向之谜

岛上有这么多巨大的石像，无论是制作还是搬运都应该有很多的人。但是发现者登上小岛时，岛上并没有多少人。而且，人们还发现，山上的采石场有很多没有雕刻完的石像，有几百个石镐散乱地扔在那儿，给人的感觉是，采石场的工作本来还在热火朝天地进行着，突然就中断了。人们不知道当时究竟发生了什么事情，使岛上的居民一下子就消失了。到底是发生了战争，还是出现了瘟疫，或者是外来人入侵，这样一个很繁荣的景象一下子就衰败了。岛上的人，正如他们神秘地来又神秘地去了，他们去了哪里，为什么人突然不在了，这也是一个谜。

4. 文字之谜

小岛居民手中有一种木板，上面刻有很多奇怪的图案和文字符号，估计是雕刻石像的神秘人留下的文字。但是这些图案和文字符号到底代表什么，至今没有人能够破译。几百年来，很多专家学者想尽了各种办法，或是问询当地的居民，或是寻求破译之法，但一直毫无所获。我小时候在《知识就是力量》看到的那篇文章说，曾经有一位英国女士想破译这种文字，精心照顾岛上据说是唯一懂这种文字的一名老人，但这个老人始终不说木板上的文字。最后，当这个老人病得很重的时候，他拿着木板对上面的文字喃喃自语，不久就去世了。那位英国专家仍然不清楚老人在临死前念的是什么，这就更增加了一种神秘的感觉，成为第四个复活节岛之谜。

复活节岛石像具有典型的文化特征。它们是其雕刻者文化的无言的物质载体和最好的见证。它们定格在一个具体的时空点上，向现代游客展示着古老的、已经失传的文化。它们昂首挺胸，静静地凝视着大海，似乎想穿过漫漫长空回到遥远的过去，使人们产生无限的遐想。通过复活节岛石像，我们可以了解文化以下的几个明显特征。

1. 文化观念是文化的精髓和核心

复活节岛石像最神秘的地方在于，它们的主人是谁，它们的主人为什么要造这些石像，为什么要把石像造成这个样子，为什么要把这些石像排列在海边，为什么要让石像面向大海凝视远方。这些石像在被雕刻前，只是一些巨大的石块，没有任何文化的特征。石像的主人在雕刻石头时，将自己的观念融入石像之中，把它们从纯粹的自然物变成了人工的文化产品。没有石像主人的文化观念就没有石像、文字木板等文化产品。

2. 文化观念可物化于文化产品之中

人们的观念必须通过人工产品才能被他人所感知。石像主人的某种观念是通过石像的形状、摆放位置等表现出来的。文化有两种存在形式，一是以观念形式存在于每一个人的头脑中，二是以物化形式存在于某一个产品、某一种载体以及人类的各种创造物之中。如上所述，人类的创造物有显性式样，也有隐性式样。复活节岛石像就是一种显性式样，它们包含着某种信息，我们可从石像身上感受、探讨雕刻者的观念和动机。石像主人雕刻石像时，可能是想自我表达某种观念。但他们没有想到，他们的观念以石像为载体传递给了我们。从商代青铜器、古波斯地毯、雅典娜神庙到现代风格的建筑群、星罗棋布的现代城市等，可以说都是特定文化的物质载体和表现形式。

3. 文化观念可通过器物等载体，特别是语言、文字和图像等传媒工具代代相传

复活节岛石像的主人谜一样地消失了，但其文化观念以石像为载体保存至今。除石像外，其可流传久远的载体还有岛上居民代代相传的语言和刻满奇怪图案和文字符号的木板。在没有现代的录音设备之前，语言只能靠人与人之间的口述传递信息，文字则可刻写在兽骨、龟壳、竹简、木板、羊皮或纸张上突破人和时空限制长久保留文化信息。石像主人刻在木板上的文字符号和奇怪图案是一种传递文化信息的图像形式，其和语言、文字一样，也包含着许多有助于破解复活节岛秘密的信息。

4. 文化可以创新和复制

广义的文化是文化观念和文化产品的总称，与之相联系，文化有观念存在和物化存在两种形式，这两种存在形式在文化的传承方面表现出创新

与复制的不同特点。文化观念存在于人们的头脑中，可以在人们的社会实践活动中不断创新，突破固有的认识和条条框框，构思、创造以前没有的新思想、新观念。文化观念的创新以个体的创新活动为基础，通过个体的创新活动表现出来。文化产品存在于人们的意识之外，是人们的思想观念通过社会实践活动而形成的产物。复活节岛上的石像就是一种典型的文化产品。文化产品本身一旦形成就只能复制而不能创新。创新活动离不开人们的思维过程。文化产品的复制、仿制可以成为一种大规模的生产过程。

5. 文化以群体性的形式存在、拓展和传播

复活节岛的文化特征具有典型的群体性特征。文化的类型有很多，如政治文化、经济文化、教育文化、制度、文化等，文化的形成和发展是与特定的群体活动相联系的，比较有代表性的是民族文化和组织文化。民族文化指一个民族全体成员整体表现出来的文化观念、风俗习惯、行为倾向、文化产品和社会风貌的统称，带有一定的地域性。组织文化主要指企业、学校、机关、军队等制度化组织的全体成员整体表现出来的文化观念、组织氛围和整体素质的统称，其内容包括组织管理者和各级员工在内的全体成员所具有的制度意识、组织观念、价值观念、管理宗旨、角色意识、团队意识、工作态度、精神面貌以及对组织的认同感，等等。组织文化是在制度规定和制度执行及组织成员相互作用的制度化过程中形成的。

第五节　儒家学说的兴衰与主流思想

——主流思想是起主导作用或占据核心地位的思想体系

我们生活在一定的制度环境和文化环境中，我们的人生观、世界观、价值观、制度观以及处事态度、言行举止将会受到各种思想的影响。这些影响主要来自家人朋友的言论、学校的教育、图书杂志、新闻媒体、社会和法律规范，等等。如图 5 - 4 所示，我们可以将这些思想来源分为主流

思想、传统观念、社会思潮、公共舆论四种类型。河流有主流、支流之分，思想潮流好似一条历史长河，也有主流和众多的支流，汇聚在一起浩浩荡荡，奔腾不息。主流思想指特定时期内一个民族或一个国家中起主导作用或占据核心地位的思想体系。主流思想不是一个人的思想观点，而是整个民族、整个国家甚至包括其他民族和国家在内的思想精华的凝聚和集体智慧的结晶。主流思想对现行制度下人们的人生观、世界观、价值观和制度观的形成起着正面的、主导性的作用。主流思想的影响主要来自社会和法律规范、大中小学教育、广播电视报纸杂志等主流媒体的宣传。

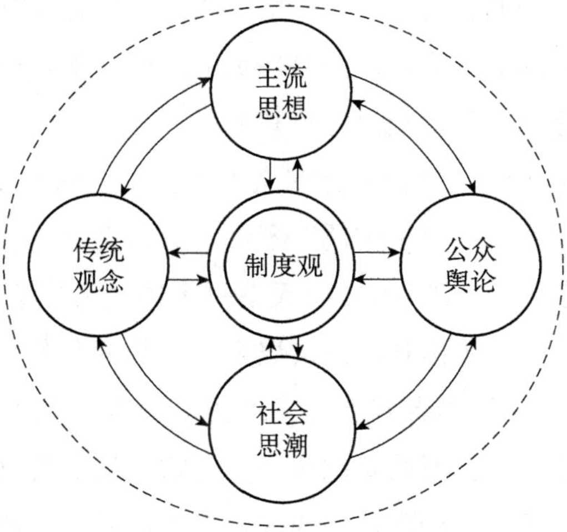

图 5-4　影响制度观形成的文化因素

主流思想的形成一般要经过一个较长的历史发展过程，并且和特定的国家政权及其制度形式相互推进。在我国，春秋战国时期（公元前 770 至公元前 221 年）是一个思想非常活跃的时期，各种学派不断产生，百家争鸣，群星闪烁。当时周朝王权衰微，从夏朝、商朝沿袭来的分封制度逐步没落。分封制下的大大小小的诸侯开始演变为大大小小的国家，对内实行变法，对外实行兼并。春秋五霸，战国七雄，烽火连天，战争不断，礼乐征伐自天子出的局面变成了自诸侯出。每个国君都想谋求富国强兵，争相招贤纳士，各种学派因此应运而生。许多人著书立说，自立门派，传道、授业、解惑，四处游说，其中主要的有儒家、法家、道家、墨家、兵家、名家、纵横家、阴阳家、农家、杂家等，此外还有不少小家小派，人称

"诸子百家"。据《汉书·艺文志》记载，当时能叫出名字的共有 189 家，4 324 篇著作，而《隋书·经籍志》《四库全书总目》等书则认为可能有上千家。当时中原大地诸侯征战，百家争鸣，没有统一的中央政权，也没有公认的主流思想。哪一个国君看中了哪个人，就运用哪一派的理论治国变法、整军兴农，如魏文侯用李悝，楚悼王用吴起，韩昭侯用申不害，秦孝公用商鞅，等等，有的是法家，有的是儒家，有的是兵家，各派理论有兴有衰。

到了秦始皇时期，一统天下，"分天下以为三十六郡"，"别黑白而定一尊"，书同文，车同轨，统一度量衡，在思想上也有统一的必要。秦国在商鞅变法之后，国力强大，用的是法家的理论，丞相李斯也是这一派的继承者。秦统一之初，各派理论还比较盛行。在朝廷议事时，也常发生各家各派不同观点的争论。社会上有些文人术士的言论被认为是借古讽今，诽谤朝廷，由此引发了"焚书坑儒"事件。据《史记》记载，秦始皇采用李斯等人建议，公元前 213 年，"收天下书不中用者尽去之"，"天下敢有藏诗、书、百家语者，悉诣守、尉杂烧之"，"所不去者，医药卜筮种树之书"，并且"有敢偶语诗书者弃市"。公元前 212 年，将妖言以乱黔首者四百六十余人皆坑之咸阳。秦始皇此举是为了防止私学议政，扰乱朝纲，树立天下一统、王权至上、严刑苛法的统治思想，强调"若欲有学法令，以吏为师"。[①]《史记》曰："明法度，定律令，皆以始皇起。"可以说，随着秦王朝中央集权制度的巩固，春秋战国时期百家争鸣多元论的局面已被一元论的统治思想的确立所取代。

西汉初年，虽说是汉袭秦制，但汉高祖刘邦的统治思想已和秦始皇有所不同。汉朝统治思想的核心仍是大一统观念和王权至上观念，刘邦回故乡时有感而发的一首"大风歌"充分反映出这种理念。刘邦年轻时鄙视儒生，称帝后认识有所转变，治理天下不仅采用法家思想，而且开始征用儒生，"废秦苛法"，以教化为主，刑罚为辅。刘邦登基时，"命萧何次律令，韩信申军法，张苍定章程，叔孙通制礼仪，陆贾造《新语》"，参照秦朝法

① [清] 梁玉绳．史记志疑（卷五）[M]．上海：中华书局，1981：180.

律“取其宜于时者，作律九章”，确立了一整套汉朝政治礼仪制度。秦始皇焚书坑儒并没有让诸子百家绝迹，他们或靠记忆口述或靠藏匿古籍代代传承并因此形成了今文经派、古文经派等多种派别，法家、儒家、道家等学说在西汉初年都获得了生机。

文景之治时期，主张清静无为的黄老思想受到推崇。汉武帝继位时，其祖母窦太后“治黄老言，不好儒术”，先后将一些推崇儒术的官员办案罢官。窦太后去世后，情况发生了转变。公元前 134 年，汉武帝下诏征求治国方略，在长安亲自召集各地贤良方正文学之士上殿策问。汉武帝对儒学博士董仲舒的对策和“推明孔氏罢黜百家”的主张非常欣赏，并决定推行“罢黜百家，独尊儒术”的政策，使儒家学说成为中国封建王朝延续两千年的主流思想。董仲舒儒家学说中的核心是“天人感应”、“大一统”、“王权至上”和“三纲五常”思想，非常符合汉武帝和历代封建帝王的统治需要，二者融为一体形成庞大的理论体系。儒家学说在宋明理学时期达到顶峰。1911 年的辛亥革命推翻了其封建帝制的制度基础，1919 年的“五四运动”进一步动摇了其主流思想的地位。1949 年中华人民共和国的成立，确立了马列主义、毛泽东思想为我国社会主义建设时期的主流思想。

主流思想一般具有下列特点。

（1）具有系统的理论框架、基本原则和思想体系。主流思想代表着一个民族、一个国家的整体的思想认识水平和文化水平，其理论内容包括政治、经济、科学、文化、教育、伦理道德等人类活动的各个领域和人类认识的各个方面，是一个观点明确、结构严谨、内容丰富的庞大的思想理论体系。

（2）受到执政者或制度主体的肯定和支持，甚至本身就是执政者治理国家的思想体系。西汉时期，汉武帝利用制度力量“罢黜百家，独尊儒术”，奠定了儒家学说的主流思想地位。汉以后的历代封建王朝不仅继续肯定和支持儒家学说，而且许多朝廷重臣也成为儒家学说的集大成者，使儒家思想在继承和发扬的过程中具有越来越浓厚的官方色彩。

（3）具有鲜明的制度观，明确倡导和维护现实的制度体系。主流思想与现行制度密不可分。一般来说，现行制度都是按照主流思想的核心观点构建和运行的。西方国家“三权分立”的议会制度和我国的人民代表大会制度都是以特定理论为指导的。同时，构建现行制度的理论自然会成为执政者所支持的主流思想，继续为现行制度的巩固和发展提供思想武器和理论支持。

（4）具有符合本民族、本国发展需要的思想观念。在各个民族、各个国家的漫长的历史发展过程中，都会发现存在着一条与之相适应的、较为清晰的思想发展主线。这条思想发展主线通过许许多多的政治家、思想家、理论家的理论学说、文学作品以及广大民众的言行举止表现出来，构成起主流作用的共同价值观念体系，如“大一统”观念、“王权至上”观念、“三纲五常”观念、“精忠报国”观念、“以民为本”观念等作为一条思想主线贯穿于我国封建社会两千多年的发展过程中，是维护国家统一、推动社会经济发展、延续中华文化的强大的思想动力。由于自然环境不同，政治、经济、文化、制度等国情不同，构成不同民族、不同国家主流思想的价值观念体系存在着一定的差异性，但其核心部分存在着共性和同一性。

（5）具有广泛的群众基础，得到本民族、本国大多数民众的认同。纵观各个民族、各个国家的发展史，提出并构建主流思想理论体系的先驱们，无不是当时代表本民族或本国先进文化的精英，他们的思想观点和政治主张客观地顺应了广大民众的愿望和历史发展的趋势。主流思想虽然是靠执政者的政权力量确立的，但其必须得到广大民众的认同，融入广大民众的日常生活和言行举止中，才能具有坚实的社会基础，成为具有主导作用的思想理论体系。

（6）具有能够融合本民族、本国及其他民族或国家的文化精华的兼容性。主流思想的发展并不意味着排斥其他的学术派别和思想观点，社会经济的发展变化客观上也要求主流思想不断增添新的内容。儒家学说作为中国传统文化的主流思想在漫长的历史过程中，是和诸子百家学说、少数民族文化以及佛教文化、道教文化等多种学派、多种观念共同发展的，并且兼收并蓄、融合吸纳其他各种学说、学派的思想精华，推动了富有生命力和活力、博大精深的中华文化的发展。当一个民族或国家的主流思想处于封闭状态停滞不前时，预示着它的发展已经走到尽头，失去了原有的生命力和活力。清王朝后期实行以天朝自居的闭关锁国政策，对国外的先进技术、先进理论、先进思想视而不见，主流思想的保守和愚钝状态使国家处于落后挨打的地位。主流思想的兼容性要求：一是不割裂历史，不抛弃历史形成的传统观念；二是不排斥同时代的不同的学术派别和学术思想，吸取其思想精华；三是不隔断与世界的联系，学习融合国外的先进技术和先进思想，真正做到“古为今用，洋为中用”“取其精华，去其糟粕”“吐故纳新，推陈出新”。道路创新、理论创新、文化创新和制度创新是一个民族、一个国家长治久安、长盛不衰的思想精髓。

第六节　中小学语文课文与传统观念

——传统观念的教育是民族文化形成的重要途径

不同民族、不同国家有不同的语言和文字，也有不同的文化观念，传统观念的传承是造成这种差异性的重要原因。任何一个民族或国家都有与自己的历史、文化、风俗习惯相联系的传统观念，它以语言、文字、图像等思想沉淀的方式凝聚着整个民族或国家在其发展过程中形成的知识、理论、伦理道德观念和思想精华。传统观念的形成和发展使不同的民族文化呈现出丰富多彩的特色，对青少年时期文化观念的早期形成有根深蒂固、潜移默化的影响。

我们每一个人的童年和青少年时期大部分时间是在家庭和中小学的环境中度过的，这是两个从小让我们受到传统观念熏陶的最重要的场所。传统观念的影响首先是从父母和家人的语言、教导和行为举止开始的，其次来自幼儿园、中小学的学习和行为规范。前者以潜移默化的方式、后者则以系统教育的方式影响着我们，使我们慢慢形成与整个民族和国家的主流思想、传统观念相融合的人生观、价值观、世界观和制度观。

传统观念的传播渠道主要来自历史和语文课文、通俗读物、史书、传记、小说、古诗古词、连环画、寓言故事、电影、电视剧等社会文化产品，其中影响最大的是中小学的历史和语文课文，它们用长达九年的时间有计划地讲授传播主流思想和传统观念。据查询中小学教学资源网站和人教版教学资源网站，中小学语文课本有人教版、部编版、苏教版、鲁教版、粤教版等多种版本，其均从小学一年级至初中三年级逐步由浅入深地编排古诗、古词、古文、古代寓言故事、历史故事等教学内容，系统地传授古代传统观念的精华。例如，人教版一年级小学生语文课文上册主要内容是汉语拼音和识字，但其中单独有一篇课文是李白的诗《静夜思》，下册则包括古诗两首和涉及传统观念的两篇课文《司马光》和《曹冲称象》。人教版小学生二年级语文课文的上下册共有古诗四首，还有《坐井观天》《守株待兔》《揠苗助长》等文言文的寓言故事。三年级语文的上下册，除古诗和寓言故事外，还引入了《孔子拜师》《盘古开天地》《赵州桥》《西门豹》《女娲补天》《夸父追日》等历史故事和神话故事。四年级语文的上下册仍然有多首古诗和两则寓言，课文内容增加了古文和有关长城、颐和园、秦兵马俑、文成公主进藏的历史知识。五年级语文的上下册出现了古词，除古诗、古词和寓言故事外，引入了四大名著的古文《草船借箭》、《景阳冈》和《猴王出世》。六年级语文的上下册有古诗词和《伯牙绝弦》《学弈》《两小儿辩日》三篇文言文，虽然篇数未增加，但是难度较大。

初中课本中古文的内容更丰富。人教版初中一年级语文课文的上下册有《论语》《世说新语》《女娲造人》《寓言四则》《木兰诗》《孙权劝学》等古诗、古词、古文，涉及传统观念的课文内容明显增加了。初二的语文上下册有《桃花源记》《短文四篇》《刻舟记》《大道之行也》《杜甫诗三首》《三峡》《湖心亭看雪》《古诗四首》《与朱元思书》《五柳先生传》《送东阳马生序》《诗词曲五首》，《小石潭记》《岳阳楼记》《醉翁亭记》《满井游记》《古诗五首》《行路难》《茅屋为秋风所破歌》，不仅传统观念的课文篇幅明显增多，而且难度也明显增大。初三课文的上下册有《智取生辰纲》、《杨修之死》、《范进中举》、《香菱学诗》、《陈涉世家》、《唐雎不辱使命》、

《隆中对》、《出师表》、《古词五首》、《公输》、《孟子两章》、《鱼我所欲也》、《庄子故事两则》、《曹刿论战》、《邹忌讽齐王纳谏》、《愚公移山》和《诗经两首》。我们可以看到，按照九年义务教育制的教学计划，加上课外阅读、家庭环境和社会环境的影响，一个初中毕业生将会深深打上传统观念和民族文化的烙印。

在我们生活的环境中，传统观念的影响是无时不有、无处不在的。记得小时候，看过的小人书、连环画很多，现在印象还很深的是全套的《三国演义》《水浒传》《西游记》《岳飞传》《杨家将》的小人书。年龄再大些时，开始看故事书，到我母亲机关单位的图书馆借了不少古代寓言、民间传说、神话故事的书，至今还留下来非常美好的回忆。再大些，到小学五、六年级和初中时，同学们之间开始传阅《三国演义》《水浒》《西游记》《说唐》《三侠五义》等名著，晚上熄灯后在宿舍里开始“说书”。对我们这一代人影响最大的是古诗古词，尤其是李白、杜甫、白居易、苏轼、陆游等大文豪和屈原、岳飞、辛弃疾、文天祥等爱国诗人的诗篇，从小就在我们的心田中种下了热爱生活、热爱祖国的种子。我清晰地记得和父亲在机关宿舍附近的河边散步时，一首首地背诵《石壕吏》《茅屋为秋风所破歌》等古诗古词，在小学的操场上和同学们一圈圈地走着背诵《木兰诗》，当时的情景至今历历在目。我想，我们一代一代的年轻人，都有类似的环境和类似的经历，从小就受到传统观念和中华文化的熏陶和影响。各个民族和各个国家之间的文化差异，也是在这个过程中形成的。

中华民族的传统观念有如下几个鲜明的特点。

第一，天下太平、四海归一、保境安民、安居乐业的“大一统”观念。“大一统”观念的形成源远流长。《公羊传·隐公元年》曰：“何言乎王正月？大一统也。”《荀子·议兵》曰：“四海之内若一家。”秦朝宰相李斯明确提出：“灭诸侯，成帝业，为天下一统。”《汉书·董仲舒传》曰：“《春秋》大一统者，天地之常经，古今之通谊也。”我国自夏、商、周开始形成疆域庞大的国家，其后出现过许多次战争、外族入侵、国家四分五裂的状况，但最终结果都是一统天下的新的王朝的诞生。大一统观念在这一历史过程中起着巨大的导向性的作用。大一统观念坚持的是一个统一的国家，支持统一，反动分裂，促进国家的统一完整、多民族的融合和中华民族的形成，是中国传统观念中起核心作用的观念。

第二，君权神授、定于一尊的“王权至上”的观念。“王权至上”（又可称为“皇权至上”）的观念是与“大一统”观念密切相关的。我国自公元前221年的秦朝开始正式确立了“王权至上”的强有力的中央集权制度。“王者，父天母地，为天之子也”。“王”被认为是天地人的主宰，最高权力的象征。“普天之下，莫非王土；率土之滨，莫非王臣”。孔子《论语季氏》曰：“礼乐征伐自天子出。”夏、商、周时，最高统治者称为“王”，秦始皇“采上古帝位号，号曰皇帝”，这个称号一直延续到辛亥革命清王朝覆灭为止。王权至上观念本质上是强调中央集权的权威性和控制力，其理论基础是君权神授论，强调全部权力都集中在皇帝一个人手中。“王权至上”观念曾和“大一统”观念一样是传统观念的核心内容，如今其赖以存在的封建王朝的制度基础已经消失，但是作为一种与历史传说和历史传统相联系的文化观念，即使在现代社会中仍然具有十分重要的影响。

第三，“三纲五常”的伦理道德观念。“大一统”观念、“王权至上”观念是与“国”有关的观念，家庭伦理观念则是与“家”有关的观念。伦理道德观念是在血缘关系基础上形成的关系规范和行为规范，其产生和发展的历史比与“国”有关的观念要久远得多。在春秋战国时期，许多思想家、哲学家已经有了比较经典的论述。孔子最早论述君君、臣臣、父父、子子的关系问题和仁义礼智的伦理道德观念，并主张通过“正名”确认各种角色及其关系。孟子则提出后人称为“五伦”的道德观念：“父子有亲，君臣有义，夫妇有别，长幼有序，朋友有信”。孟子认为这是最基本的道德准则。西汉董仲舒提出“三纲五常”学说，成为儒家伦理道德观念的集大成者。三纲者：“君为臣纲，父为子纲，夫为妻纲”。君、父、夫，为主、为尊、为阳，臣、子、妇，为从、为卑、为阴。“五常”则指五个常规或准则，即“仁义礼智信”。“三纲五常”的伦理道德观念和“大一统”观念、“王权至上”观念一样曾经是长达两千多年的封建社会政治制度的理论基础及主流思想的核心内容，影响到封建社会中人们的政治生活和社会生活的各个方面。具有一定的历史局限性。随着封建制度和君臣关系的消亡，“三纲五常”的伦理道德观念已经失去了存在的基础和原有的政治影响力。但是在现代社会中，父子关系、夫妻关系仍是基本的家庭关系，许多人的老观念并没有改变，有传承性的传统观念在现代社会中不可避免地存在着潜移默化的影响。

第四，我国传统观念是由多民族文化、多种学派构成的庞大的思想体系，儒家学说被历代封建统治者奉为正统思想或主流思想，成为传统观念的主要构成部分。儒家学说的思想内容具有一定的历史局限性，随着封建社会的瓦解已经由主流思想变为了传统观念。其所包含的某些思想逐步被扬弃，如忠君思想、君权、父权、夫权观念、等级观念；某些思想精髓则被融入现代社会的主流思想中成为重要的核心内容和弘扬民族正气的主线，如爱国思想、国家统一、领土完整观念、为民请命观念。特别是，传统观念的思想内容经过几千年的历史演变已经融入语言和文字体系中，成为和人们的社会生活、行为举止密切相关的成语、日常用语和重要词汇，如“天下兴亡、匹夫有责”“修身齐家治国平天下”“尊师重教”“和气生财”“百善孝为先”“家和万事兴”“学而优则仕”“忠贞不二”“有仁有义”“仁至义尽”“大义灭亲”“见义勇为”“深明大义”“礼义廉耻”“礼贤下士”“礼仪之邦”“智勇双全”“讲信修睦”“信誉至上”“知书达理”，等等。这些词汇和用语简单精练，寓意深刻，对人们衡量行为举止、评判思想品质有重要的导向作用，是传承民族文化和传统观念的大众化的喜闻乐见的基本方式。

第七节　东欧剧变与社会思潮

——社会思潮在现代社会中具有越来越重要的社会影响

纵观历史，我国自秦汉以来，经历了三国、晋朝、南北朝、隋朝、唐朝、五代十国、宋朝、元朝、明朝、清朝等朝代更替的历史发展过程。无论是一统天下还是战争割据时期，从总体上来说，不同王朝、不同国家的制度构建和运行都是在以儒家学说为核心的主流思想的影响下进行的，存在着一条以中华民族文化为主线的独立发展的思想脉络。与此同时，在世界各地，先后出现了古埃及、古巴比伦、古印度、古希腊、古罗马等许许多多大大小小的国家，它们各有特定的语言文字、神话传说、宗教信仰、风俗习惯、理论学说、主流思想、国家制度等，存在着各自以本民族文化为主线的独立发展的思想脉络。

在政治、经济、文化、科技、宗教等方面，各个国家之间彼此存在着相互交流、交融和影响，但其主流思想的发展，基本上保持了相对的独立性。主流思想的核心内容是政治理论、国家制度学说和伦理道德观念，不同的主流思想决定了世界各国国家制度的特点和差异。17—18 世纪殖民主义的兴起打破了世界各国主流思想和国家制度独立发展的状况，除了本民族、本国的主流思想和传统观念外，来自其他国家或民族的政治理论和文化观念逐渐成为具有重要影响的思想潮流，我们可以称之为社会思潮。

社会思潮是在一定历史时期内反映特定政治势力、特定阶层或特定群体的利益和要求的一种思想倾向。社会思潮的来源多种多样，有的来自传统观念，有的来自主流思想，有的来自民族意识，有的来自宗教信仰，也有的来自国外的文化观念和思想理论体系。在近现代社会中，受国外文化观念和思想理论体系影响而形成的社会思潮在各个国家中具有越来越大的影响，有时甚至成为改变整个国家制度的重要力量。我国推翻封建帝制的辛亥革命和中华人民共和国的成立，以及第二次世界大战后马克思列宁主义的传播和社会主义阵营的产生都是这种历史发展趋势的集中表现。

1945 年第二次世界大战结束后，世界各国形成以美国为首的资本主义和以苏联为首的社会主义两大阵营。两大阵营的所属国家具有截然不同的主流思想和截然不同的国家制度，与此同时，在每个国家内部各自存在着多种多样的传统观念和社会思潮。经过半个多世纪的角逐，两大阵营所属国家政治、经济、思想、文化等方面发生了许多深刻的变化，特别是西方国家所主张的政治思想理论在东欧、苏联等国家中逐渐形成了具有重大影响力的社会思潮，并对维护和发展社会主义国家制度的主流思想形成了巨大冲击。如果说1956年的匈牙利事件、1968年捷克斯洛伐克的“布拉格之春”已经显露了这种迹象，20世纪80年代产生于波兰的“团结工会”则成为这种现象的显著标志，拉开了苏联社会主义阵营崩溃的序幕。

第二次世界大战后，匈牙利、波兰、罗马尼亚等华沙条约组织的东欧国家普遍实行社会主义苏联的制度模式和与其相适应的主流思想，由于政治、经济、历史、文化等多方面的原因，西方国家主张多党制、议会制、选举制、私有制的政治思想在这些东欧国家内逐渐成为具有巨大影响的社会思潮和政治力量，不仅造成这些国家的政治动荡，而且在很短的时间使这些国家的共产党和工人党丧失政权，原有的主流思想被颠覆，苏联模式的社会制度也随之发生根本性的变化。以西方思想为主的社会思潮最初由一些持不同政见者所推动，以后逐步成立了许多社会团体和政治组织，如波兰的团结工会、捷克斯洛伐克的第77宪章集团、保加利亚的支持工会、罗马尼亚的博爱工会、匈牙利的民主反对派、民主工会联盟、东德的剑与犁组织、美国民主基金会、乌克兰的国际复兴基金会等。推崇西方思想、反对苏联模式的社会思潮和政治力量的进一步发展最终导致了对世界政治格局发生重大影响的东欧剧变。1989年8月波兰经过议会选举，团结工会领袖瓦文萨出任总理，成立了战后东欧国家第一个非共产党领导的政府，其后东德（1989年10月）、罗马尼亚（1989年12月）、捷克斯洛伐克（1989年12月）、匈牙利（1990年3—4月）、保加利亚（1990年6月）、南斯拉夫（1990年11—12月）、阿尔巴尼亚（1990年12月）等东欧国家先后修改宪法，推翻苏联的制度模式，推行多党制和议会民主制，成为一个个倒下的多米诺骨牌。

东欧剧变的发生与苏联国内的政治经济形势变化密切相关。斯大林时期确立的主流思想在赫鲁晓夫任内发生了显著的变化，主张西化的社会思潮在苏联国内逐步形成具有重大社会影响的政治力量，戈尔巴乔夫的“新思维”实际上也是受这种社会思潮影响的产物。1991年发生的“八一九”事件和苏联的解体是东欧剧变的最后结局。追本溯源，苏联的解体有政治、经济、体制、历史、民族、文化、党建、国际势力等多方面的原因，政治思想方面的原因则可以从主流思想、传统观念、公众舆论特别是社会思潮几个方面去探讨。从20世纪末到21世纪初，从独联体国家和中亚、北非地区许多国家的制度变革和政权更迭中都可以发现社会思潮的重大影响，如捷克斯洛伐克的天鹅绒革命、格鲁吉亚的玫瑰革命、乌克兰的栗子花革命（又称橙色革命）、伊拉克的紫色革命、吉尔吉斯斯坦的郁金香革命，等等。

一般来说，社会思潮具有以下特点。

（1）与一定的阶级、阶层、政治势力、思想派别或利益集团相联系。不同的社会思潮，有不同的社会背景，分别反映出不同社会群体的利益要求和政治思想倾向。在目前的国内国际背景下，出现了一种很特殊的社会现象，由于西方国家不断向其他国家输出其主流思想，世界各国较有影响力的社会思潮的根源大多数来自国外的政治势力或思想派别。他们在国内的发展受到国外政治势力和政治思想派别的支持，其结果常会产生与本国的主流思想相互冲突、对抗的现象。

（2）政治性强，具有左、中、右不同的政治倾向。各种社会思潮关注的重点是政治问题、经济问题、制度问题、政权结构问题、治理模式问题、普世价值问题，等等，其观点具有较鲜明的政治立场和政治态度。社会思潮的产生不仅仅是由于纯粹的、抽象的思想观点的分歧，其背后还有更深层次的政治因素、经济因素、制度因素、利益因素在起作用。

（3）主要以民间形式活动。各种社会思潮不像主流思想那样能够得到执政者的肯定和支持。他们的活动主要以在民间发表言论的形式进行，如利用报纸杂志、思想论坛、学术讲座、专题讨论会、大众传媒等方式陈述、宣传他们的理论和观点。各种社会思潮的代表人物以理论界、新闻界、学术界、法律界的人员为主，除了和主流思想进行论争外，各种社会思潮之间也存在着激烈的竞争，相互争夺话语权，力求扩大对政府及民众的影响力。社会思潮在民间的活动有一定的群体性和地域性。

（4）具有外来文化的特征，在特定的历史时期可以融入甚或成为主流思想的核心内容。从历史上看，外来思潮对一个民族或一个国家的影响主要表现在经济、文化、科技、宗教等方面的交流，在政治思想理论、制度变革、政权结构等方面的影响较小，世界各国有不同的各自发展的历史。各种社会思潮在政府支持、基本国情、传统文化、民众基础、利益需求等方面很难具备形成主流思想的条件，特别是没有本国文化根基的外来思潮，由于缺乏与之共生的制度土壤及传统观念的基因，其在兼容性较小的国家中，很难起到引领思想潮流的主导作用。这种现象随着 17—18 世纪殖民主义的扩张发生了根本的变化，具有外来文化特征的政治思想理论在许多国家融入甚或成为主流思想的核心内容，“二战”后马克思主义在世界各国的传播及西方发达国家的政治思想理论所引发的东欧剧变、苏联解体、颜色革命等社会现象都是这种趋势的现实表现。

（5）具有正反两方面的作用，需要结合国情推进制度建设和制度管理。社会思潮的产生有其历史必然性。社会思潮作为一种思想倾向，一般都是针对社会存在的、较为敏感的现实问题提出其政见和观点，如社会问题、政治问题、经济问题、制度问题，等等。有些社会思潮的理论观点与现实制度和主流思想相一致，有些则是相反的、甚至带有挑战性和攻击性。其正面的作用在于，社会思潮的存在会引起制度规制者和制度执行者对所存在的现实问题予以重视和关注，在制度层面制订适当的解决方案，并推进社会的稳定和发展。其负面的作用在于，某些社会思潮的背后有国外敌对势力的支持，他们的目的是动摇民众对主流思想和现实制度的信心，造成民众的思想混乱和“主流思想真空”的状态，颠覆现行的社会制度和国家政权，且具有很大的危险性。如何结合本国国情加强制度建设和制度管理，在推进社会思潮正面作用的同时防范其负面作用具有非常重要的理论意义和现实意义。

第八节 “微笑门”人肉搜索与公众舆论

——公众舆论是社会稳定发展的晴雨表

如上所述，文化因素对制度观的形成有很大影响。前面分别论述了主流思想、传统观念、社会思潮这三个重要的文化因素。一般来说，无论是主流思想、传统观念还是社会思潮，都有其特定的群体或代言人，他们或者是政治家、思想家、理论家，或者是议会议员和政府官员，或者是专家、教授、学者、作家、新闻记者、报纸杂志编辑等。因为其表达的方式主要是著书立说、思想论坛、学术讲座、新闻评论、报刊文章等，所以被看作是占人口比例较小的领袖人物、社会精英或民意代表参与的活动。对于占人口比例绝大多数的民众来说，其表达自己思想和观点的主要渠道是公众舆论。

公众舆论又称社会舆论或公共舆论，泛指社会公众对特定事件、人物、社会问题及现行政策、现实制度的意见和评价的总称。我们每一个人都是一个具有独立思想和独立判断能力的个体，都有自己的人生观、价值观、世界观、制度观，以及各种各样的观念和认知。我们对身边及社会上的各种人、各种事、各种问题、各种新闻和各种社会现象都有自己的看法、表达意愿和表述方式。用最通俗的话来说，公众舆论就是老百姓的论坛，其所代表的人群有男有女、有老有少、有学历高的、有学历低的，分布在各家各户、各行各业，遍及社会的各个阶层和各个角落。过去公众舆论的表达方式主要是几个人聊聊天、街谈巷议、家长里短地说一说，或者是通过印个材料、搞个集会、聚会等各种渠道表达出来。现在更多的是在互联网上利用微博、微信等渠道表述自己的心声，使具有极大爆发力的网络舆论成为现代生活中公众舆论最重要的表达方式。

2012 年 8 月 26 日，在陕西延安境内的高速公路上，发生了一起严重的交通事故。一辆双层卧铺客车和一辆装有甲醇的车相撞，引起大火，车上 36 名旅客全部遇难。事故发生后，各级领导、记者及抢救人员赶赴现场，新闻记者现场采访的照片在网络上广泛转发。其中有一张照片引起了某位网民的关注，他发现在烧焦的大客车旁显著的位置上站着一个胖胖的男子，面带微笑，和事故现场的氛围很不协调。这位网民很愤怒，心说这个人太不尊重死难者了，于是将截图上传到网上。这个截图一发出，便引起了更多网民的同感和愤怒。该照片和评论在各个论坛和网站迅速大量转发，引起了更多的关注和评论。随着各种信息纷至沓来，结果又有了新发现。有人指出微笑者是陕西省安监局局长，是当时在现场处理交通事故的最高官员。很快，有的网友又爆料说，这个人不但面带微笑，他戴的手表还挺高级。好奇心驱使人们继续搜索浏览有关这个人的照片。结果发现，面带微笑者前后戴过五种不同款式的手表。当这一发现又转发到网络上时，引起了更大范围的关注和更深入的搜索。在事故现场面带微笑，一点都没有沉痛心情，还带着高级手表，人们对这种官员表示愤怒。有些行家开始进行评论，说第一款表是什么名表，第二款是什么名表，估价是多少，一时成为网络的热门话题。因为舆论的压力太大，该局长在 29 日晚上，应新浪微博记者的邀请做了一个访谈，跟网友们见面，回应网友提出的问题和质疑，但是无法阻止事态进一步发酵。有些网民继续搜索，发现他除了这五块手表之外还有第六块表，这下不得了，许多网民被激发出强烈的搜索欲，于是第七块、第八块、第九块、第十块、第十一块、第十二块、第十三块，越发现越多。这时对他的称呼都变成了“表哥”“表叔”。最后又有人发现他还戴过很贵的手镯、很贵的眼镜等，这样就从“微笑门”演变成“名表门”，又从“名表门”演变成“手镯门”“眼镜门”，跳跃式地不断升级。这个时候，在公众舆论的强大压力下，省纪委出面了，开始全面启动调查。结果发现这个人存在严重的腐败问题，通报撤销其党内外一切职务，并严肃处理。这件事沸沸扬扬了一段时间，成为当时舆论的焦点。从一位网民上传的一张现场照片开始，到无数的网民转发跟入，迅速将事件扩大升级，最后导致“一笑丢官”的结局，显现出互联网时代公众舆论的强大威力。

从这个事件来看，公共舆论具有以下特点。

（1）民众真实思想的流露和表达。公共舆论是公众个人表达自己的态度、看法的最主要、最直接的渠道。它的表现形式主要是聊天、街谈巷议、接受访谈、填写调查问卷、计算机网络、手机短信、微信等。有的是和家人朋友彼此相知无所不谈，有的是匿名表达没有顾忌。因此，公众舆论往往是公众个人内心世界和思想观念的真实流露和直接表达。在这个意义上说，公众舆论是社会稳定发展的晴雨表。

（2）很少进行理论分析，更多的是一种情绪化的表现。公众舆论往往是公众个人对某一社会人物、社会事件、社会问题有感而发，有什么就说什么，没有经过认真的思想准备。因此，它不像主流思想、传统观念或社会思潮的表述那样采用理论形式，而是直截了当地陈述个人的观点和意见，带有鲜明的个人情感和强烈的情绪化特征，在涉及一些较为敏感或备受关注的社会问题时，甚至会以一种井喷式的形式爆发出来，迅速感染更多的人，形成强大的社会舆论压力。

（3）具有多元化的特征。社会阶层和社会群体的多元化、个人经历、角色的多元化、群体利益和个人利益的多元化、思想观念的多元化导致了公众舆论的多元化。在对同一事件或同一社会问题的看法上，公众舆论常会出现不同的甚至是完全相反的见解，因而发生激烈的论战和冲突。就社会公众整体而言，在个人观点的表达方面也存在着多种多样的形式。进行论战的持不同意见者容易成为一种自显的“舆论领袖”，围绕着他们的则是一些“粉丝”，更多的人则是“潜水者”或“沉默的大多数”。支持率较高一方的言论一般代表公众舆论的主导意见。

（4）对民众个人的思想观念、政治倾向有重大社会影响。社会公众的思想观念、政治倾向不仅受到主流思想、传统观念、社会思潮的影响，而且还受到公众舆论的影响。公众舆论是建立在民众个人意见基础之上的集合或总和，容易形成一种群体性的社会效应。现代心理学的研究证明，人们在群体活动中或在群体压力下，容易产生从众心理和从众行为，如“随大流”“人云亦云”“社会助长效应”，特别是在具有明显情绪化特征的氛围和活动中特别容易出现这种现象。

（5）可以测量和进行适当的疏导。公共舆论是客观存在的，任何一种社会事件、社会人物或社会问题都有可能引起社会公众的关注，成为公众舆论的焦点。对公众舆论需要进行科学的分析和适当的疏导，“防民之口甚于防川”。实际上，对于每一个社会公众个人来说，在涉及国家利益、民族利益的大是大非的问题上，都有基本的共识和底线，这是对公众舆论可以适当疏导的基础。通过民意测验、舆情分析、社会调查等，可以掌握舆论动向、舆情走势，在知民心、察民意的基础上，适当调整政策，完善各种制度，增强制度效力，提高社会公众的认同度，是引导公众舆论的基本途径。

第九节　从“剃发令”看文化与制度的关系
——文化是制度的先导，制度是文化的基础和推动力

“文化”和“制度”既是两个非常重要的概念，也是两种非常普遍的社会现象。每一个公司、每一个国家都有自己的文化和制度，它们是怎么形成的，彼此之间存在着什么样的关系，在前文对这两个概念分别论述的基础上可以进行更深入的探讨。制度始于规定，成于执行，表现为制度场。“建章”和“立制”是构建制度的基本过程。如果要成立一个公司，必须制定公司章程和各种规定，确定公司的基本框架和基本关系。如果要建立一个国家，必须要制定一部宪法和各种法律法规，确定国家的政权结构和制度形式，这一过程属于“制度”的范畴。但是，无论是制定公司章程还是国家宪法，其规制者首先要有一种想法，即基本理念或政治思想理论，公司规定或宪法条文是他们信守的基本理念的具体体现，这一过程属于“文化”的范畴。文化是制度的先导，制度则是文化的基础和推动力。一定的文化与一定形式的制度相联系，有什么样的文化理念就决定着规定和构建什么样的制度形式，反过来说，有什么样的制度形式将会推进和增强与其相适应的文化理念。

众所周知，明朝时期人们习惯于束发于顶，无论男女都留着长长的头发，用各种方式把头发盘起来或扎起来，有着各种各样的发型。清朝时期男人习惯于髡发留辫，将额头上的一圈头发剃掉，从脑顶向下留着一条长长的辫子。这是与不同民族的风俗习惯相联系的两种不同的文化。《孝经·开宗明义章》中有一段对话，子曰：“身体发肤，受之父母，不敢毁伤，孝之始也。立身行道，扬名于后世，以显父母，孝之终也。”意思是说，身体头发肤是父母赋予的，不能随随便便把它损伤了，应该爱惜它。

因此，古代人一直有保留头发的习惯。

在我国不同的民族基本上有两种不同的文化观念。一种是束发于顶，把头发盘起来用簪子把它固定住。另一种是髡发留辫，头上有一圈要剃掉，留着中间头发将它编起来，有的叫作编发，也有的叫作辫发。髡发又叫作剃光头，有一种髡刑，是古代五种刑罚之一，将犯人头发去掉，再加上髡钳，即剃光头后，用铁圈将脖子套住。在我国古代，中原地区汉族的观念基本上是蓄发留发，而少数民族地区基本上是髡发留辫，反映的是两种不同的文化观念。从髡发留辫的传统上，辽国的契丹人、金代的女真人、元朝的蒙古人、清朝的满族人等，基本上都是髡发留辫的文化观念，清朝人脑袋后边拖着长长的辫子就是一种典型，前额剃得光光的，后边的头发留着把它编起来。

历史上，在宋朝的时候，女真人侵入中原，在其统治下的汉人都被要求髡发留辫。在蒙古人统治的元朝，也要求当时的汉人髡发留辫，并且要穿戴蒙古人的服饰。但是元朝的统治者并没有要求强行剃发，所以汉族人在发型上还是保留着原来的习惯。到了明朝初年朱元璋统治之后，“诏复衣冠如唐制”，恢复以前汉民族的做法，还是束发于顶。

明末清初，清兵入关以后，在发型上又有一个根本性的变化。顺治元年清兵入关时，曾经发布过一道命令，凡是投诚的官吏军民一律都要髡发留辫，服饰也要接受清朝的服饰。这道命令下达了之后遭到了汉人激烈的反抗，当时的摄政王多尔衮考虑到政权还不是太稳固，又发了一个布告，说大清的臣民愿意留发的还是可以留。但是在顺治二年，情况发生了变化。这个时期清军已经攻下了南京苏杭，天下大局已定，于是下了一个“剃发令”，要求统治下的汉人全部髡发留辫，不许再留长发，一律要扎辫子。当时汉民觉得这简直是奇耻大辱，元朝时都没这样做，清朝怎么能如此。各地的反抗很强烈，但是清政府采取了残酷的镇压手段，叫作“留发不留头，留头不留发”。据说在这场斗争中死亡了大约上千万人。国外评论说，这种反抗不是为了国家，也不是为了皇室，只是为了自己的头发。其结果是，所有臣服于清朝统治的人都留起了辫子，这种文化一直延续了二百多年。

辛亥革命后推翻了清王朝，又发生了新的变化。许多人受外来的西方文化的影响，对发式和服饰的观念发生了变化，剪辫子成为一种风潮，席卷中国大地。有些人是强行剪辫子，不仅自己剪了，还要剪别人的。有些人很重视，选一个黄道吉日，拜祭先祖，然后再将辫子剪掉。还有些人联合在一起，大家共同选个吉日，举行一个集体剪辫子的仪式，然后放鞭炮，举行酒宴，庆贺一下。清王朝时期满街都是留辫子的人的情景一去不复返了。

无论是束发于顶还是髡发留辫，本来是一种观念认识，表现出不同的民族文化，但是为什么在不同的朝代流行不同的发式，就不仅仅是纯粹的文化问题，而和制度有关了。

文化和制度的关系可从以下几个方面进行分析。

首先，一定的文化和一定的制度形式相联系。不同的民族有不同的发式、不同的服饰、不同的风俗习惯、不同的建筑风格、不同的语言文字等，即有不同的文化。历史发展进程表明，不同的文化和不同的制度形式相联系。例如，宋朝、辽国、元朝、明朝、清朝各有不同的文化和制度。朝代的更替意味着制度形式的变化，同时也带来了发式、服饰等文化的变化。文化的发展变化并非仅仅是某一个民族内部的风俗习惯与传统自发传承的结果，它同时与制度形式的发展变化密切相关。

其次，文化的演变是一个制度化的过程。宋朝、元朝、明朝、清朝四个不同的朝代有不同的发式，有的是束发于顶，有的是髡发留辫，发式的变化可以看作是一种文化变化的缩影。当一种制度形式取代另一种制度形式时，与其相联系的文化将会成为主流文化。新的统治者运用制度的力量使与其制度相适应的文化取代旧有的文化。制度始于规定，成于执行，这一演变过程是一个制度规定和制度执行相互作用的制度化过程。明朝初期“诏复衣冠如唐制”，清朝初期颁布“剃发令”，严厉的规定伴随着严厉的执行，文化的变化成为制度变化的衍生品。

再次，文化是制度的先导，制度规定是文化观念的文字性表述。制度规定是构建制度的前提条件，成立一个公司或国家，首先要制定公司章程或国家宪法。毫无疑问，公司章程或国家宪法的字里行间体现着规制者的目标、意图、原则等文化观念。每一项成熟的制度规定都是规制者深思熟虑的结果。他们在制定法律法规时，对相关的目标、原则、实施步骤和方法、预期的结果等事先都有基本的想法和观念，通过法律化、法规化、政策化等各种程序，最终形成规范化的文字规定，并要求各级机构及人员认真执行。同时，各级机构及人员的文化观念将决定执行过程中的认同度和执行力。在这个意义上说，文化是制度的先导，政治思想理论等特定的文化观念在构建特定制度的过程中起着重要的指导作用。

最后，制度是文化的基础和推动力。制度规定的过程是少数人通过文字规定表达其制度目标和文化观念的过程，制度执行的过程则是使多数人在遵守并执行制度规定的同时接受其中所包含的文化观念及具体要求的过程。制度执行过程包括引导、奖励、惩罚甚至武力征服等强制性手段，且要求制度场内的所有人接受其所主张的制度规定和文化观念，清王朝的“剃发令”就是最典型的例子。制度执行的结果将会导致其所确立的主流文化的扩张和其所打击的原主流文化的消亡。从历史上看，一般经过几代或十几代人的发展后，人们的思想和文化观念将会发生根本的变化。清王朝颁布“剃发令”时，许多汉族人因为不留辫子被杀头，两百多年后，到了辛亥革命时，又有许多汉族人，因为被剪了辫子痛不欲生。这种现象充分说明了特定的制度形式对特定文化的推动和固化作用，深入探讨文化与制度的关系是制度学研究的一项重要内容。

第十节 “辫子军”的覆灭与文化认同和制度认同

——文化认同和制度认同直接关系到社会的稳定和制度变革的成败

正如前文所述，明朝时期人们的习惯是束发于顶，清朝时期人们的习惯是髡发留辫，这两种习惯均与其当时的主流文化和现实制度相联系，这两种习惯的转换同时也是两种不同的主流文化和现实制度转换的结果。

明朝的臣民在明朝的统治者被推翻不得不接受清朝的统治者强加于他们的主流文化和现实制度时，在束发于顶被强制变成髡发留辫的过程中，经过了一个文化认同和制度认同的痛苦的过程。我们每一个人都在学校、企业、城市、国家等特定的制度环境中生活、学习和工作，对置身其中的制度都有自己的看法和感受，如满意还是不满意，好还是不好，对我有利还是不利，等等。我们可以把这种现象归结为文化认同和制度认同，它既是一种观念性的反映，同时也是一种现实的社会状况。如图 5 - 5 所示，所谓“认同”，是指人们认可、赞成、支持、拥护、捍卫某种观念、理论或社会制度现实，并产生相应态度及行为倾向的心理状态，其思想认识和行为表现是一致的，可相应划分出五种不同的行为样式。与“认同”相反的概念是“存疑”，是指人们怀疑、质疑、反对、抗拒某种观念、理论或社会制度现实，并产生相应态度及行为倾向的心理状态，其在最初阶段，思想认识和行为表现并不一致，表现出服从、顺从、屈从三种不同的行为样式，当其存疑的思想认识和行为表现一致时，则表现出反对、抗拒两种不同的行为样式。社会公众对主流文化和现实制度的“认同”或“存疑”直接关系到社会的稳定、政治力量的对比、制度变革的成败和人类社会历史发展的方向。

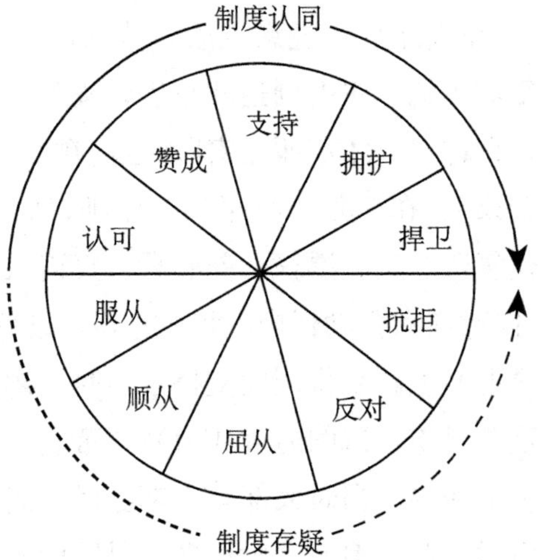

图 5 - 5　文化认同和制度认同的形成过程和人群比例示意

在辛亥革命爆发前后，中国进入制度变革的剧烈震荡时期，人们的文化观念、制度观念都发生了根本的变化。让我们仍以发式的变化为例。辛亥革命后，剪辫子成为一种社会风潮，但仍有人坚持在脑后留着长长的辫子，并把坚持这种习惯和维护旧的清王朝封建帝制紧密联系在一起。其中最典型的代表是张勋作统帅的“辫子军”。张勋以前做过清朝的江南提督，又做过袁世凯的统带总兵。他带领的军队最初驻守南京，1911 年辛亥革命爆发后，受到革命军的攻打，退到徐州一带。1912 年孙中山组织中华民国临时政府，宣布“中华民国临时约法”，同年隆裕太后代表宣统皇帝颁布退位诏书。统治中国 270 年的清王朝的覆灭也意味着中国 2 000 多年封建制度的覆灭，社会制度已经发生了翻天覆地的变化。和历史上一个封建王朝取代一个封建王朝不同，辛亥革命不仅推翻了一个封建王朝，而且推翻了整个封建帝制，用共和体制取而代之。但是，人们的思想观念有一种惰性，特别是“文化认同”和“制度认同”，一旦形成是很难改变的。

辛亥革命爆发后，社会上流行剪辫子，张勋这支军队就不剪，当时被称为“辫子军”，张勋也被称为“辫帅”。坚持留辫子实际上代表的是一种与共和文化相对立的制度观，表示对清王朝的认同和忠诚。1916 年 6—7 月，临时大总统黎元洪和总理段祺瑞之间发生了冲突，史称“府院之争”。这个时候，张勋认为机会来了，以“调停国事”的名义，带了十个营 4 000人的“辫子军”开进北京。进京以后，他和属下与保皇派的康有为联合起来，企图恢复清王朝。张勋到达北京后，头戴红顶花翎，进宫谒见溥仪，行跪拜大礼，自称“奴才恭叩圣安”。他们在 6 月 30 日悄悄潜入清宫开了一个“御前会议”。在 7 月 1 日早晨，张勋、康有为等数十人联名上奏，请清逊帝溥仪复辟登基。溥仪在养心殿召集诸人，宣布复位，一次下发七道“上谕”，同时任命张勋任内阁议政大臣、北洋大臣兼直隶总督。这样辫子文化在形式上又重新获得制度支持。当时“辫子军”在北京也占据了车站、邮局等重要设施，试图通过武力恢复帝制。但是，“辫子文化”和“共和文化”发生了冲突。当时大部分人都已经认同了共和观念，所以全国各地不断掀起声讨复辟的浪潮。段祺瑞、冯国璋等各自调集军队组织讨逆军兵分三路进攻北京，7 月 7 日—12 日，短短六天战事即告结束。“辫子军”终究力量弱小而土崩瓦解，张勋自己躲到了荷兰使馆，“辫子军”全部投降。最后结果是溥仪退位，张勋在天津租界做了寓公，“辫子军”被遣散回家或分割裁减，头上的辫子也完全剪光了。从此“辫子文化”与封建王朝制度一起退出了历史舞台。

张勋复辟成为一个闹剧，但它反映了文化观念和现实制度的关系问题。文化是制度的先导，制度是文化的基础和推动力，没有一定的观念就不可能构建相适应的制度，但没有一定的制度也不能使与之相适应的观念普及推广和发扬，“辫子文化”的覆灭典型地说明了这一点，可以为我们提供下列四点启示。

1. 文化认同和制度认同是人们制度观的现实表现

对“辫子文化”的认同代表了对与其相适应的封建帝制的认同。1644年后，随着清军进入中原建立大清王朝，现实制度对文化观念的兴衰具有决定性的影响，辫子文化成为主流文化，髡发留辫取代了束发于顶。辛亥革命之后，大清王朝土崩瓦解，共和制取代了封建帝制，“辫子文化”就失去了支持和维护其存在的制度基础。但是，由于制度观具有一定的相对独立性，在一些人的头脑中仍然残存着“辫子文化”的影响，并希望重新恢复与其文化观念相适应的社会制度，张勋的“辫子军”就是典型的案例。

2. 现实制度的变化必然导致文化观念的变化，产生新的文化认同和制度认同

辛亥革命后，颁布中华民国临时约法，成立中华民国临时政府，用共和制度取代了封建帝制。对现实制度的认同导致了文化认同的变化，与共和制度相适应的共和思想成为主流文化，并通过制度的力量使多数人接受、传播和认同。对坚持旧的文化观念的辫子军在利用军事力量击垮它的同时，将其部众遣散回家或分割裁减，并一律剪掉辫子，让其形成新的文化认同和制度认同。

3. 文化认同和制度认同有不同的认识程度和人群比例

文化认同和制度认同存在着认可、赞成、支持、拥护、捍卫五种不同的程度、层次或环节，与其相对应，文化存疑和制度存疑也存在着服从、顺从、屈从、反对、抗拒五种不同的程度、层次或环节。从个人的认识过程来看，它们分别代表了一个人从幼年到成年、从感性认识到理性认识的发展过程。低层次的认同或存疑与一个人对其所出生的制度环境的适应性

相联系，高层次的认同或存疑与一个人对生活于其中的制度环境的理论思考相联系。从制度观的层面来看，它们分别代表了不同的人群比例，毫无疑问的是，文化认同和制度认同的人群比例越高，制度运行和社会发展越稳定。反之，将会产生社会震荡和制度变革。

4. 新的文化认同将导致社会革命和制度变革

在我国历史上，多次爆发过农民起义和外族入侵，但是由于文化认同和制度认同没有发生根本的变化，结果都是用另一种封建王朝取代原有的封建王朝。这种现象可以称之为制度变迁，是一种文化认同和制度认同具有同一性和内在传承性的历史发展过程。辛亥革命是在一种完全不同于以往的、新的文化观念和制度观念的影响下爆发的，其结果是创造一种新的制度关系和社会制度，没有“诏复明制”，而是用共和文化取代了“辫子文化”，用共和制度取代了封建帝制。这种现象可称之为制度变革，这是制度的质变，是用一种新型的文化认同和制度认同取代旧有的文化认同和制度认同的历史发展过程。无论是“辫子军”进京扶持溥仪恢复大清王朝，还是其后的袁世凯自己登基企图复辟封建帝制，最终都在全国的讨伐声中草草收场。文化是制度的先导，而制度则是文化的基础和推动力。纵观人类社会发展史，制度变迁的过程是一个漫长的历史过程，当一种新的文化观念和制度观念产生的时候，会通过制度变革的过程创立并形成一种新的制度形式，并进入一个更高阶段的制度变迁过程。文化认同和制度认同是导致制度变迁和制度变革过程交替发展的重要因素。

第十一节 《三字经》的启蒙作用与制度化教育和宣传

——制度观的培养要从儿童开始

前面的几节论述提出了制度观的概念，强调了主流思想、传统观念、社会思潮、公众舆论，以及文化认同和制度认同等对制度观形成的重要影响。如图 5-6 所示，制度观的形成不是一个自然发生的过程，一方面，它受到人们的家庭、组织、国家制度和日常交往的影响；另一方面，也是更重要的方面，它还受到制度化教育和制度化宣传的影响。

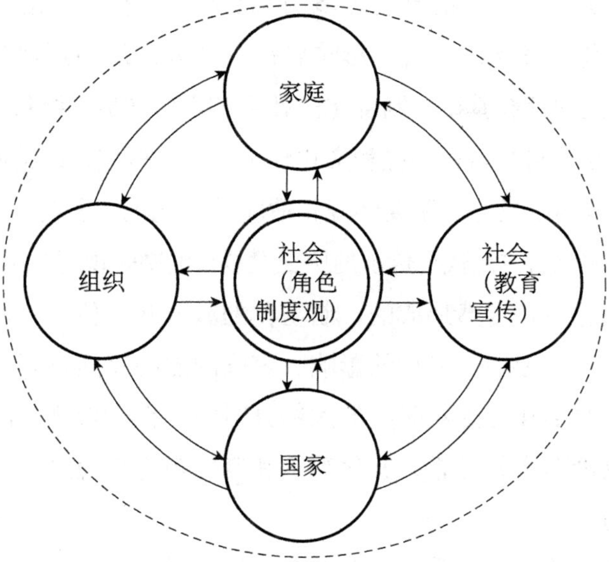

图 5-6　影响制度观形成的社会因素

在现实生活中，民族文化的传承、主流思想的确立等都建立在制度化教育和制度化宣传的基础之上。教育和宣传是各国政府有意识地通过制度化的组织形式传授、传播、传承制度文化、培养国民制度观的重要活动。教育是从幼年开始以集中学习的形式系统讲述、传授文化观念和制度观念的活动，学校是专门的教育机构，如小学、中学、大学，等等。宣传是利用广播、电视、报纸、杂志、专栏、黑板报、传单等新闻媒体和视觉、听觉传播工具公布、转达、传送文化观念和制度观念的活动，宣传活动的主体包括政府、企业、学校、科研机构、社会团体等制度化组织和政治家、思想家、社会活动家、演员、作家、艺术家、医生、群主、“意见领袖”等有社会影响力的人群。从某种意义上说，文化观念和制度观念的培养是以教为主，以宣为辅。因为人的童年和青少年时期是其人生观、世界观、价值观、制度观形成的启蒙阶段和奠基阶段。在这一阶段，虽然社会宣传有重要的影响，但教育则是最主要的培养方式。

中国几千年的封建制度历经了很多朝代，不管朝代如何更替，始终能够保持以儒家学说为主流思想的中华文化，究其原因，从公民幼年就开始实施的制度化教育和宣传发挥了非常重要的作用。制度化的教育和宣传是我们每一个人置身于其中的制度环境的重要组成部分，它通过系统的课堂讲授和潜移默化的宣传效果直接影响着每一个人的思想形成过程，并且在民间形成了广泛的社会基础。制度化的教育和宣传构成、维持和延续着各个国家、各个民族不同的语言环境和文化环境，同时构成、维持和延续着各个国家、各个民族的成员与其制度环境相适应的文化观念和制度观念。这一点在我国以中华文化为主线代代传承的历史发展长河中表现得非常明显。

人们的观念不是自然形成的，制度化的教育和宣传对人们观念的形成具有巨大的作用和影响。父母的影响、家庭的熏陶固然重要，但更重要的是，人们幼年时期和青少年时期的大部分时间是在学校度过的，人们的语言、知识以及伦理道德思想、文化观念和制度观念是通过学校的系统教育获得和形成的。

从我们自身的发展来看，一般是在三岁的时候上幼儿园，七岁的时候上小学，然后是初中、高中、大学，这是一个制度化的教育过程，也是对我们的人生观、世界观、价值观、制度观的形成影响最大的过程。在第五章第二节“小学生守则与制度观内容”、第五章第六节“中小学语文课文与传统观念”等章节的论述中，已对这方面的内容有所涉及。如图 5 - 7 所示，制度观的形成过程可以划分为幼儿、中小学、大学三个不同的时期。在制度化的教育过程中，幼年时期的中小学教育属于人生观、世界观、价值观、制度观等文化观念和制度观念的启蒙阶段，青少年时期的中小学教育属于奠基阶段，大学的教育则属于形成阶段。

中华文化为什么历经五千年而持久不衰，其中一个很重要的原因是注重幼年时期和青少年时期的文化教育，从小为文化观念和制度观念的培养和传承奠定了坚实的基础。比如，《三字经》《百家姓》《千字文》被称为中国古代的三大幼儿启蒙教材，既是传授知识的儿童识字课本，又是灌输、传承文化观念和儒家学说、进行思想教育的儿童启蒙读物。在私塾中作为课文讲述，属于教育过程；在社会上通过课外读物、名家解读、官媒

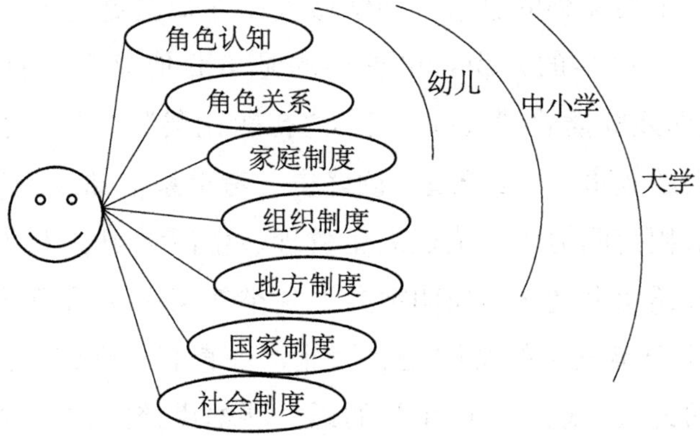

图 5-7　制度观形成过程示意

倡导等方式传播，则属于宣传过程。

一般认为，《三字经》是南宋学者王应麟所创，距今已有 700 多年历史。其后历朝历代不断有人增加新的内容，现在网传的《三字经》的内容从三皇五帝一直叙述到"立宪法，建民国"，时间跨度非常大。《三字经》三字一句，内容广泛，包括人性探讨、教育理念、教学方法、人生哲理、生活常识、经典著作、历史综述、天文地理、伦理道德、民间传说等各个方面。既富有哲理，寓意深刻，又生动活泼，朗朗上口。例如，"人之初，性本善。性相近，习相远""养不教，父之过。教不严，师之惰"，等等。这些仅由三个字构成的短句把一些最深刻的道理用最通俗的语言陈述出来，不仅便于理解，还便于记忆，成为幼儿启蒙读物的上乘之作。

《三字经》的编写者特别注重对少年儿童的思想培养，一再强调教育的重要性，特别是强调思想教育、修身养性要从幼儿开始。"人之初，性本善。性相近，习相远。苟不教，性乃迁。教之道，贵以专。"《三字经》的前四句开宗明义直奔主题，认为人们刚出生的时候本性都是善良的、相近的，但随着后天的发展差距越来越大了。如果不及时进行教育的话，人的本性就会发生变化，而且教育要专心致志，要有专门的讲授方式和方法。"养不教，父之过。教不严，师之惰。子不学，非所宜。幼不学，老何为。玉不琢，不成器。人不学，不知义。"《三字经》仅用两句六字，就分别说明了父亲对子女、老师对学生在教育方面所承担的责任，并且分别说明了学习的自觉性和教育的重要性。"首孝悌，次见闻。"《三字经》包含着一个很深刻的思想，即学做人比学知识更重要，不仅要从小培养一个人掌握更多的知识，更重要的是培养他具有优良的品德。在《三字经》里面还穿插着“孟母三迁”“孔融让梨”“黄香温席”等好几十个教人育人的故事。“经子通，读诸史。考世系，知终始。”《三字经》不仅用大量篇幅简明扼要地论述人生哲理、生活常识、天文地理等方面的知识，而且还用大量篇幅简明扼要地列举儒家学说的经书子集，勾画出中华民族几千年发展的文明史。因此，一直有“熟读《三字经》，可知千古事”的说法。现在，中小学的语文课本讲授的教育内容比《三字经》更系统更丰富，宣传工具也更先进更发达，对我国青少年的思想形成过程有终身的影响。

为什么说制度观的培养要从儿童抓起，可从下面几点做个简单的分析。

第一，儿童时期是角色观的最早形成阶段。我们每一个人从一出生时就确定了两种最基本的角色，即家庭成员角色和国家公民角色。上了幼儿园及中小学后则开始初步成为一定的组织角色。这三种基本的角色观是在家庭生活和中小学教育中自然而然、潜移默化地形成的。

第二，儿童时期是行为观的最早形成阶段。对每一个人所应具有的伦理道德观念、角色行为要求和标准即行为观也是在儿童时期主要靠家长和老师的言传身教确定的。

第三，儿童时期的角色认知和角色情感是制度观形成的基础。角色观和行为观一旦形成则不易改变。角色认知的确定、角色情感的产生与每一个人的生存、成长条件或依赖性密切相关。依赖性越强，角色认知就会越明确，角色情感也会越强烈。

第四，儿童时期是教育和宣传的最佳时期。儿童时期思想单纯，文化和知识的来源有限，其法纪观和制度发展观易受到家庭熏陶和制度化教育、制度化宣传的影响。从各个民族和国家的情况来看，民族文化的传承和延续无一不是从儿童时期开始的。

总体来说，一个人的幼年和童年时期所受到的培养和教育，不仅对其个人的人生经历和制度观的形成有重要影响，而且对整个社会的人力资源储备、民族素质的提高、国家发展的动力和社会稳定的基础有决定性的影响。因此，注重人生早期阶段制度观的培养，加大全社会儿童和青少年教育的投资，在全国各地统一制订标准化的办学条件，吸引和吸收优秀人才加强中小学的师资队伍建设等，都对国家的建设和发展具有非常重要的意义。

第六章

制度的构建、运行、调控和创新

- 大青山下的小村庄与制度变革
- 英国工业革命与制度变革的动力
- 俄国的历史发展与制度构型
- 美国国家的诞生与制度构建
- 禁穆令的冻结与制度运行
- 罗斯福新政与制度调控
- 香港金融保卫战与市场调控
- 柯达公司的破产与技术创新和制度创新
- 《海国图志》与制度之道的探索

第一节　大青山下的小村庄与制度变革

——制度变革是历史发展的节点

2018年，对我来说是非常不寻常的一年。50年前我这个北京的初中生来到内蒙古自治区大青山下的一个普通的村庄插队落户当农民，40年前我又离开内蒙古到中国人民大学上学。回首往事，如果有人问我，对我一生影响最大的是什么，在多种多样的答案中，我的选择是“制度变革”。显而易见的是，当时几千万知识青年上山下乡的直接原因在于取消了正常的升学制度和高考制度，而正是由于恢复了高考制度，才有77、78级同学们及其后历届学生的人生转折。今年9月，当我和一批北京知青重返50年前的故地时，我对“制度变革”有了更深刻的体验。

来到大青山下的村庄，仰望星空，俯瞰人生。星星还是那个星星，月亮还是那个月亮，山还是那座山，梁还是那道梁，地还是那片地，村还是那个村，人也还是那些人。然而，我们的生活、我们的经历、我们的命运、我们的环境、我们的时代都发生了巨大的变化，这一切都源于制度的变革。我所插队过的村庄就是一个制度变革的缩影。

虽然这是一个边疆地区的小村庄，但它跟全国各地的农村一样，经历了一系列的制度变革过程。解放初期，先是实行土地改革，把地主的土地没收分给贫下中农。大概过了一两年后，就开始成立互助组、初级社、高级社，把农民个人私有的土地变成集体所有制。插队时，我们队的农民家里还都存着小账本，上面写着加入互助组、初级社时自己有什么财产交给队里或者社里，我记得当时还做了一些记录，可惜没有保存下来。1958年后随着全国农村制度改革的步伐进入了人民公社时期，我们北京知青来这里插队时还是人民公社社员。

这些制度方面的变化，带给老百姓一种很新鲜的思想观念。人民公社化时，许多人最初对“点灯不用油，耕地不用牛”的宣传就很不理解，觉得不用油怎么能照亮、不用牛怎么能耕地呢。人民公社集体化、农业机械化等更是从未听过的新名词。刚开始搞人民公社时，我们村也搞过共产主义食堂、无人售货商店，用当地的话说是“跑步进入共产主义”，但很快就被纠正，并转入“队为基础，三级所有”的比较稳定的人民公社运行机制。我插队时的村庄是一个有几百户人家的大队，下面再分成十几个生产小队。各小队独立核算，队长派活，集体出工，统一记工分，我们每一个人都有一个工分本，劳动一天记一个工分，作为秋收后分粮分钱的依据。各小队地块的自然条件、队长的带头作用、队员们的精神风貌、工分值和个人收入差别很大。我们村的北京知青分在两个小队，一个队较富，年终结算一个工分1元多；一个队较穷，一个工分一两毛钱。当时致富发展的道路主要是强调农业学大寨、斗私批修、艰苦奋斗、爱社如家，但是已经显露出一些制度层面的问题，如出工不出力、平均主义、劳动效率低下、劳动积极性不高、生活贫困、发展前景不大，等等。

2018年我们回去时，村里的制度已经发生了根本的变化。人民公社制度时期所反对的“三自一包”等观念已远远地被现实所突破，“家庭联产承包责任制”的制度形式已经取代了人民公社制度。我们插队时的“公社”已变成了“乡”，“大队”已变成了“村”，当年的“公社社员”“小队社员”已变成了“单干户”。生产队的核算和记工分形式已经不存在了，田地、牲畜甚至机械设备分给各家各户，自己种地自己吃，生活条件比以前改善了许多，但乡镇企业的发展远远不如南方农村。最典型的变化是，村里的青壮年大多数都到城里去打工，基本变成了“老人村”，许多村民的土地承包给外人耕种，人民公社制度时期作为主要劳动力的青壮年集体出工的情景已经一去不复返。许多现象使我们深刻地感觉到，以个体经济为基础、以个体劳动为主要特征的制度形式已不适应农业机械化和农业现代化的发展需要，目前正在推进的三权分置制度、农村基本经营制度标志着一场更深刻的制度变革正在酝酿发展之中。

60 多年来，我插队过的大青山下的小村庄经历了一系列的制度变革，我们可以从中悟出下列几点认识。

(1) 制度决定命运，制度改变人生。我们每一个人都生活在一定的制度环境中，制度环境变了，我们的人生和命运也会相应地发生变化。个人的努力是在一定的制度环境条件下进行的。对于一个人的人生道路来说，制度环境不变，个人努力是决定性的因素。反之，个人努力不变，制度环境则是决定性的因素。

(2) 制度变革是历史发展的节点。人类社会展现为一个制度发展的历史过程。动植物只能简单地适应自然环境，物竞天择，优胜劣汰。人类则可以通过制度变革改善或改变已有的制度环境和生存条件。

(3) 制度始于规定，成于执行，制度变革也是如此。中华人民共和国成立初期中共中央通过了《土地改革法》；1951 年中央有关部门发布了《关于成立农业生产互助合作的决议》；1956 年通过了《农业生产高级合作示范章程》；1958 年中共中央根据毛主席“人民公社好”的指示，通过了成立人民公社的决议和条例；1982 年中央 1 号文件批转了全国农村工作会议关于农民自发实行分田到户的纪要，等等。这些文件的规定和执行不仅推动了全国农村一系列的制度变革，而且还使大青山下的这个小村庄也发生了相应的变化。

(4) 制度的形成和变革是规制者、执行者、互动者相互作用的结果。在制度变革过程中，中央政府和地方各级政府起着积极的主导作用，广大农民的态度和行为则是推动和决定制度成败的基本力量。

(5) 制度变革有其历史必然性。如图 6－1 所示，从制度发展过程和具体程序上看，先有规定，后有执行，制度的形成、运行和变革是人为的结果。但从制度成败的历史过程来看，制度的产生和发展有其历史必然性。只有反映客观现实，才能做出正确的制度规定，才能在多数人认同的基础上得到有效的执行。由于人们认识的局限性及各种社会因素的发展变化，所以其所采用的制度形式可能会超前、滞后或不适合于现有的社会条件，这些都会在制度运行和制度变革的过程中逐步加以纠正。关于具体内容，我们将在其后各节展开论述。

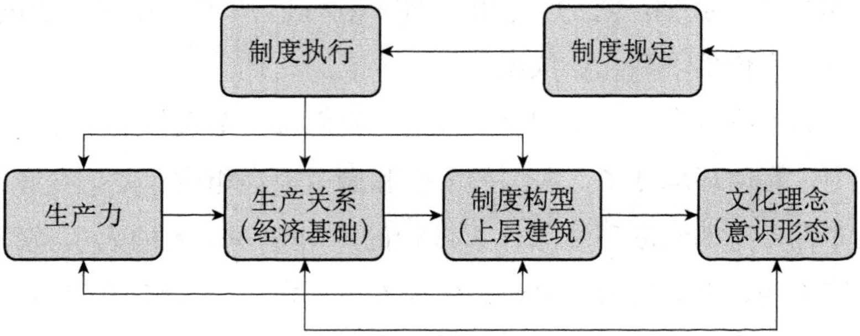

图 6-1　制度变革的内部规律

第二节　英国工业革命与制度变革的动力
——市场竞争引发技术创新，技术创新推进制度变革

发生于18世纪60年代的工业革命不仅引发了生产与科技革命，而且推进了从封建制度向资本主义制度过渡的制度变革。

一般认为，工业革命最早发源于英国的英格兰中部地区，与工商业、航海业和纺织业的发展密切相关。13～15世纪，英国的养羊业和毛纺织业发展很快，近300年的“羊吃人”的圈地运动改变了以小农经济为主的经济结构，大批与土地分离的农民成为扩大纺织业手工工场的主力军。15世纪末开辟出几条全球性的新航路，如欧洲至非洲最南端的好望角、亚洲最南端的印度及美洲新大陆等，加剧了海上贸易、国际市场的扩张与竞争，刺激了毛织业、棉织业、麻行业等纺织工业的发展和技术创新。统计资料显示，16世纪中叶，英国羊毛制品的输出占其全部输出商品的80%，到17世纪初，羊毛品制造业已普及到全国，大约有1/5的人口从事毛织业。贸易市场的竞争无疑会促进工业领域的技术革新。1733年机械师约翰·凯伊发明了提高织布效率的飞梭。1764年詹姆斯·哈格里夫斯以他女儿的名字命名发明了手摇的珍妮纺纱机。一般认为，这标志着英国工业革命的开始。1769年理查德·阿克莱特发明了以机器取代人力的水力纺纱机，1770年制造出多轴纺纱机。1779年赛米尔·克隆普顿在珍妮纺纱机和水力纺纱机的基础上发明了骡机，又名综合精纱机。1785年工程师埃地蒙特·卡特莱特制成了水力织布机。1771年英国出现了雇用600个工人的棉纱厂，与传统的、小规模的手工工场有了明显的区别。1791年英国出现了第一个织布厂。随着净棉、梳棉、漂白、洗染等纺织机器的发明、改进和使用，纺织业的机器化程度越来越高，机器生产的规模也越来越大，开始进入了近代机器大工厂的阶段。可以说，用机器取代人力是英国工业革命最主要的标志。机器的大规模应用无疑加快了英国工业革命的进程。

英国工业革命并非只限于纺织行业，海上贸易和国际市场的竞争同样推动了其他工业行业的技术发明和创新。1769年苏格兰的格拉斯哥大学机械师詹姆斯·瓦特经过改进制成了第一台单动式蒸汽机，1782年又制成了联动式蒸汽机。从1690年法国物理学家巴本的实验性蒸汽机、1698年英国技师萨费里的蒸汽水泵、1704年纽可内的矿井抽水机到瓦特蒸汽机，蒸汽机的发明创造也有一个较为漫长的过程。在当时的技术条件下，蒸汽机的发明从根本上解决了机器取代人力的动力问题，不仅推动了纺织业的快速发展，而且推动了采矿、冶金、交通运输、机器制造业等各个工业领域的快速发展，使人类从人力为主的手工工场劳动时代进入以机器为主的工厂生产时代。英国工业革命从18世纪中叶到19世纪中叶，大致用了100年的时间。

英国工业革命的产生有深刻的制度环境和社会背景。和我国历史上以自给自足的小农经济为基础的皇权至上的封建社会不同，英国由于其特殊的地理位置发展为一个贸易和手工业较为发达的国家，与此相联系便形成了一个有一定社会影响力的阶层，即被称为第三等级的城市平民、小手工场场主、小企业主、商人等。1215 年 6 月 15 日英国国王约翰在强大的压力下签署了《大宪章》，国王的权力不再是至高无上的，则居于法律的限制之下。《大宪章》包括序言和 63 个条款，其中涉及贵族和教会相对独立的权力、自由民的自由权、伦敦等城市的自治权、贵族会议的征税权、监督权，等等。英国国家制度从此产生了具有较为鲜明的民主政体的色彩和资本主义制度的萌芽。虽然《大宪章》的内容和实施在贵族、平民和国王的斗争中有过多次反复和修改，但其基本思想和原则对英国的政治、经济、文化等社会制度的发展一直发挥着重要的影响。作为英国的第一个宪法性文件，《大宪章》被认为是英国宪法起源的标志。

圈地运动和纺织业的发展使与之相联系的新贵族、工商业主、城市市民的力量日益壮大，导致代表其利益的议会与英国国王之间持续不断的斗争。1641 年 11 月英国议会通过了限制王权、保障议会权力、自由发展工商业的《大抗议书》，保王党和议会党人之间发生内战，引发了英国资产阶级革命。1649 年英国内战以王军溃败、查理一世被处死而告终。1689 年 10 月，英国议会接受斯图亚特王朝复辟的教训，通过了限制国王权力、确立议会权力的《权利法案》(全称《国民权利与自由和王位继承宣言》)，奠定了英国君主立宪制的基础。1701 年英国议会又通过了进一步从法律上限制王权的《王位继承法》，也被认为是英国确立资产阶级君主立宪制的宪法性文件。英国资产阶级革命的成功为其 18 世纪开始的工业革命开辟了道路，19 世纪中叶成为世界上第一个完成工业革命的国家，20 世纪初资本主义工业化和制度化的发展使其成为号称“日不落帝国”的世界上最强大的殖民帝国。

1215 年英国国王约翰签署《大宪章》时，我国正处于南宋晚期。13～18 世纪，英国进行圈地运动、开辟新航路、发展纺织业、进行资产阶级革命和工业革命、确立君主立宪制的资本主义制度的 600 年期间，我国完成了宋、元、明、清四个封建王朝的改朝换代，但经济结构和社会制度几乎一脉相承，在技术创新、工业发展和制度变革方面大大落后于英国。

从制度学的角度分析英国工业革命和历史变革的历史原因，可以引申出下面几点认识。

（1）市场竞争引发技术创新。社会存在决定社会意识，市场竞争机制是技术创新的原动力。自给自如的小农经济缺乏市场活力和市场竞争，也就缺乏技术创新的动力。在市场竞争激烈的制度环境中，为了处于有利的竞争地位，最主要的方法是通过分工或改进机器设备提高劳动生产率，因而强化了技术创新的意识和努力。18 世纪以前，英国绵织业的生产技术较为落后，在国际市场上产品质量不如印度，进行技术革新和工业革命的动力来自国内市场和国际市场的竞争要求。

（2）技术创新以机器设备的科技领先为主要方向。英国工业革命的主要标志是以纺纱机、蒸汽机等机器取代人力和畜力，以机器生产的工厂取代手工劳动的作坊或手工工场。先进的机器设备是运用先进的科学知识进行技术创新的产物。在现代社会中，诸如发动机、计算机芯片等一些关键性的机器设备或核心部件，均是各个国家推进技术创新、提高国际竞争力的重要目标。

（3）技术创新要靠政府政策来引导。英国工商业的发展和工业革命并非仅仅是市场经济自然发展的结果。亚当·斯密在其名著《国富论》中明确指出："自从罗马帝国灭亡以来，欧洲各国的政策都比较有利于手工业、制造业和商业等城市产业，而不利于农业和农村的产业"。① 这与我国历代封建王朝重本抑末、闭关锁国的政策形成鲜明对比。制度始于规定，成于执行，不同的制度规定或政府政策会对人们的创新意识形成不同的制度场作用力。

（4）技术创新和工业革命必然引起制度关系的变化。技术创新和工业革命首先会引起分工协作关系和劳动关系的变化。亚当·斯密曾经描述过一个针织业内部分工的例子。过去由一个工人独自完成的制针工作可以分为 18 道工序，至少可由 10 名工人分别完成，劳动生产率可以提高 4 800

① 亚当·斯密．国富论［M］．唐日松，等译．北京：华夏出版社，2008：2.

倍，与此同时，工人间的劳动关系、分工协作关系，以及相应的管理关系、分配关系也必将发生明显的变化。当引进一条机械化或自动化的生产线时，手工工场的制度关系无疑将随之转变为机器大生产的制度关系。英国圈地运动和工业革命的结果使农民、手工业者、工人、地主、贵族、商人、工厂主等人口比例发生了巨大的变化，导致了新的制度关系和社会力量的形成和发展。据统计，农业人口曾经占据英国人口的大多数，随着圈地运动和工业城市的繁荣，农村人口大量转入城市，19 世纪 40 年代英国城市人口已占全国人口的 3/4，工人已达 480 万人。

（5）制度关系的变化最终导致制度变革。如上所述，制度是规范、确立、固化人与物、人与事、人与人关系的构成方式，新的制度关系的形成和发展必然要求确立、构建新的制度形式，城市化、工业化、市场化等最终要靠制度化来实现。英国工业革命和资本主义制度的发展过程即是一个很好的说明。

第三节　俄国的历史发展与制度构型

——制度构型是通过制度化过程所确立的制度形式

人类社会在漫长的历史发展过程中，先后经历了原始公社制度、奴隶制度、封建制度、资本主义制度和社会主义制度五种制度形式。世界上许多国家都在或者都将经历这种发展过程，有的国家发展得快些，有的国家发展得慢些。我们可以看到，没有一个国家同时具有这五种不同性质的制度形式。作为现实的国家制度而言，它只能具有一种特定的制度形式。这种现实的制度形式可称为制度构型。制度构型是现实的、最终确立的或正在运行中的制度形式。

不同的国家有不同的制度构型，即使是同一种性质的国家，也具有不同的制度构型，如美国、英国、德国、日本等国家分别具有议会制、总统制、内阁制、君主立宪制等不同的制度构型。对于公司、学校等各类组织来说，现实的、最终确立的制度形式也只能是只有一种，并且是千差万别的。严格地说，人类社会的制度史、国家制度史或公司制度史实际上是制度构型的发展史和变革史。随着生产力和生产关系的发展变化，一种新的制度构型取代旧的、原有的制度构型，从而推动政治、经济、文化等各个方面的发展和进步。由于政治、经济、文化、历史等各个方面的因素不同，所以对不同的国家来说，制度构型的确立和变革有不同的时间和历史过程。如上所述，从圈地运动到工业革命，英国资本主义制度构型的确立经历了几百年的时间，而有些国家的新的制度构型的确立却只是经历了一个快速的、短暂的过程，俄国十月革命产生新的国家构型是一个典型的例子。

在此先简要回顾一下俄国的历史发展过程。从早期的原始公社制度到9世纪的基辅罗斯公国、13世纪的金帐汗国、14世纪的莫斯科大公国和1613年建立的罗曼诺夫王朝，俄国的历史经历了一个漫长的发展过程。14世纪以来，与英国工商业纺织业的迅速发展不同，俄国以农奴制（又称封建领主制）为特征的封建土地所有制发展很快。1649年沙皇阿里克谢·哈依洛维奇颁布了一部《法典》，以法律形式确立了俄国农奴制。17世纪彼得大帝执政后，推动了军事扩张和工商业的发展，建立了中央集权制的俄罗斯帝国。19世纪初，受国内工商业发展和欧洲资产阶级革命的影响，要求废除农奴制度的呼声日益强烈。1861年3月3日，沙皇亚历山大下诏批准废除农奴制的法律，并签署了关于废除农奴制的特别宣言，这项经济制度的变革为俄国资本主义发展提供了必要的劳动力、市场和资金，成为从封建君主制向资产阶级君主制转变的政治制度变革的重要一环。

俄国国内尖锐的政治经济矛盾，终于在第一次世界大战期间爆发。1917年3月8日彼得格勒发生二月革命，沙皇尼古拉二世下台，罗曼诺夫王朝被推翻，由克伦斯基和一些社会革命党人、制宪民主党人组成了俄罗斯临时政府。1917年11月7日“十月革命”爆发，推翻了临时政府，通过了《告全世界工人、士兵和农民书》、《和平法令》和《土地法令》，宣布全部政权归苏维埃，并成立了工农兵苏维埃政府一人民委员会。1917年11月至1918年3月，苏维埃政权像雨后春笋般遍布全国各地。1918年7月10日全俄苏维埃第五次代表大会通过了《俄罗斯苏维埃联邦社会主义共和国宪法》，确立了以苏维埃为基础的社会主义的政治制度。经过三年国内战争和击溃国外武装干涉，1922年12月30日，苏联苏维埃第一次代表大会通过了《联盟条约》和《联盟成立宣言》，俄罗斯联邦、南高加索联邦、乌克兰、白俄罗斯联合成立苏维埃社会主义共和国联盟（后扩至15个加盟共和国）。1924年1月31日，苏联苏维埃第二次代表大会通过《苏维埃社会主义共和国联盟宪法》（以下简称《苏联宪法》），确认苏联为统一的苏维埃社会主义的联盟国家。

1941年至1945年在第二次世界大战期间卫国战争爆发，在斯大林领导下，苏联的政治制度在战后空前巩固。1953年赫鲁晓夫执政后，全面批判斯大林，政治理论的变化引起了其执政期间及以后几任领导期间苏联经济制度、政治制度方面的波动。1977年10月7日第九届最高苏维埃第七次非常会议通过的《苏联宪法》宣布苏联是社会主义全民国家。

1985年戈尔巴乔夫开始执政，先后推行以失败告终的经济改革和政治改革。1988年6月，苏联共产党第19次代表会议通过《关于苏联社会民主化和政治体制改革的决议》。1988年12月以后，苏联多次修改宪法，政治体制不断变化。1990年3月第三次苏联人民代表大会修改宪法第六条规定，取消苏联共产党的领导地位，确立总统制和多党制。1990年6月12日俄罗斯最高苏维埃通过《国家主权宣言》，宣布俄罗斯联邦在其境内拥有“绝对主权”。1991年3月27日全苏举行全民公投，76.4%的苏联公民赞同保留联盟。1991年6月12日，俄罗斯举行了历史上第一次总统选举。1991年8月19日为阻止《新联盟条约》签署，发生了部分苏联高层领导成立紧急状态安全委员会的“八一九”事件。1991年8月23日叶利钦宣布苏联共产党为非法组织，停止其活动并查封其所有财产和资产。1991年12月8日和21日，俄罗斯、乌克兰、白俄罗斯等苏联加盟共和国的总统、最高苏维埃主席等先后通过了《关于建立独立国家联合体的协议》、《阿拉木图宣言》和《独立国家联合体协议议定书》，加速苏联解体的过程。1991 年 12 月 25 日晚上 19 点，戈尔巴乔夫发表辞去苏联总统职务的讲话，19 点 38 分克里姆林宫上空镰刀和锤子图案的苏联国旗徐徐降下，升起了俄罗斯白蓝红三色旗。1991 年 12 月 26 日，苏联最高苏维埃共和国院举行最后一次会议，宣布苏联停止存在，俄罗斯联邦成为完全独立的国家。1993 年 12 月 12 日，经全民投票通过俄罗斯独立后的第一部宪法，规定国家名称为“俄罗斯联邦”，社会主义制度不复存在。

俄罗斯国家的历史经过了不同的发展阶段，以基辅罗斯、莫斯科大公国、罗曼诺夫王朝、俄罗斯苏维埃联邦社会主义共和国、苏维埃社会主义共和国联盟（简称苏联）、俄罗斯联邦等制度构型确立了不同的国家制度形式。简要分析俄国的历史及其制度构型发展过程可以为我们提供以下五点启示：

第一，制度构型是通过制度化过程所确立的制度形式。公司、学校、军队、国家等任何一种组织都有一定的制度形式与其相结合。如上所述，组织是制度的实体，制度是组织的形式。从理论上说，一个组织可以有多种制度形式可供选择。但在现实中，每一个组织只能具有一种制度形式，这种经过制度规定和制度执行相互作用的制度化过程所确立的制度形式可称为制度构型。如俄国在不同的历史时期分别具有农奴制、君主制、联邦制、总统制等不同的制度构型。作为一个统一的国家，这几种制度构型不能同时存在。对于企事业单位来说，情况也是如此。制度构型是每一个组织或每一个国家现实存在的制度形式。

第二，制度构型的产生和发展有其自身的客观规律。俄国的历史发展过程和人类历史的发展史一样，其制度变革和制度化过程有一条主线。每一种新的制度构型的产生和发展都是生产力和生产关系、经济基础和上层建筑相互作用、相互推动的结果。把农民禁锢在土地上的农奴制和把农民转化为工人的工业制度，这两种制度构型的背后都存在着技术进步和生产力发展的动力。技术进步和生产力发展无疑会引起人与物、人与事、人与人之间关系的变化，并相应产生新的政治力量对比和制度变革要求，其结果是通过渐进性的变革或剧烈动荡的社会革命确立新的制度构型，通过制度场作用力规范并固化新型的制度关系。新的制度构型的产生是生产力决定生产关系、经济基础决定上层建筑的制度化的产物。

第三，一定的制度构型是以一定的政治理论、经济理论等文化理念为指导建立起来的。制度始于规定，成于执行，制度规定（如宪法、公司章程）的形成则是特定政治理论、经济理论等文化理念的文字表述，字里行间凝结着规制者（如政治领袖、精神领袖或公司创始人等）的目标、意图、思想、认知、理论甚至情感。我们可以看到，在俄国构建不同的制度构型时期，其领袖或代表人物具有不同的政治背景和理论基础。能够成为领袖的人，必然是能够进行制度选择、制度设计并能将其付诸规定和实施的领导者。在俄国的历程中，有成功的领导人，也有失败的领导人，根本原因在于其所选择和推进的制度变革是否符合社会发展的规律和广大民众的愿望。

第四，制度构型的更替最终取决于制度场作用力的强弱和民众认同度的高低。制度构型是以制度场的形式存在的，新的制度构型取代旧的制度构型，意味着制度场内的主客体力量对比发生了变化。原有的制度主体的统治地位、领导地位发生动摇，其制度场的作用力（特别是中央政府的执行力和军事力量）由强转弱，民众的认同度降到低点，新的阶级力量和政治力量由弱变强，夺取政权成为制度场的主导力量。制度关系变化的核心是权力关系和权利关系的变化。俄国不同时期的制度构型都是很好的例证。

第五，不同的组织、不同的国家有不同的制度构型，同一组织或同一国家在不同发展阶段有不同的制度构型。制度构型是一个由多种制度形式构成的综合体，对于一个国家来说，其制度构型包括政治制度、经济制度、文化制度、教育制度、军事制度，等等。这些制度构成了一个现实的、运行中的、复杂多样的综合体。制度构型的形成受到政治、经济、文化、教育、军事，甚至领导人的特性等多种因素的影响。各个组织或各个国家的内部因素及外部因素没有一个是完全相同的，即使对于同一个组织或同一个国家来说，在不同的历史时期，其内部因素和外部因素也不可能是完全相同的。因此，世界上有多少种组织或多少种国家就会有多少种制度构型。许多组织或国家的领导人可能信奉的是同一种政治或经济理论，但在各自不同的组织环境及不同的实践过程中所创建的制度构型却是千差万别的。制度构型既不能照本宣科，也不能照搬照套，在历史上成功的制度构型往往都是理论创新和制度创新的典范。

第四节　美国国家的诞生与制度构建

——制度构建由制度选择、制度设计、制度规定、制度执行四个步骤所组成

人类的社会制度经历了一个从无到有、从低到高、从少到多、从简到繁的发展过程。从大的制度形态来看，演变出原始公社制度、奴隶制度、封建制度、资本主义制度、社会主义制度等几种不同的制度形式或制度构型，的发展阶段。从具体的制度构型来看，则有在不同的制度发展阶段出现过的形形色色的国家和在这些国家中出现过的形形色色的组织。任何一种制度构型或任何一种在现实中确立的制度构型，都有其产生、发展、消亡的过程。

制度构建是产生和确立特定制度形式的过程，其实质是根据社会发展和组织发展的需要，构思、设计、创建一种新的制度形式，并使之制度化的过程。制度构建是公司、学校、国家等所有组织赖以成立的基础工作，是所有领导者和管理者重要的工作内容。下面通过考察美国国家制度的确立历史，从而对制度构建过程做一个简要分析。

美国是在英国北美殖民地基础上发展起来的新型国家。1607 年，约 100 名殖民者在乞沙比克海滩建立了詹姆士镇，被认为是英国在北美开辟的第一个殖民地，其后经过 100 多年，到 18 世纪中叶逐渐扩大为 13 个英国殖民地。世界上的许多国家都是通过武力征服建立起来的，而美国建国的道路有些特殊，13 个英国殖民地先是通过战争从英国的殖民统治下独立出来，然后各个殖民地的代表坐在一起，通过制宪会议构建出整个国

家制度。这13个殖民地之间，商业贸易非常发达，文化交流也很频繁，他们也没有许多国家历史上形成的封建统治的传统和封建的等级制度，资本主义的生产关系和资本主义的制度雏形则非常明显。

美国爆发独立战争的导火索是英国当时强征很重的印花税。英国议会分别颁布的糖税法（1764年）、印花税法（1765）、汤森税法（1767年）引起了各个殖民地人民的强烈不满和反抗，最终爆发了美国的独立战争。1774年9月5日，经塞缪尔·亚当斯倡议，在费城召开第一届大陆会议，除佐治亚以外的12个北美殖民地的56名代表参加了此次会议。会议通过了要求英国取消对北美殖民地强硬措施的请愿书，通过了与英国断绝贸易关系的决议案和约翰·亚当斯起草的《权利宣言》。1775年4月，列克星敦和康科德战役爆发，一般认为这是独立战争的第一场战役。1775年5月10日，在费城召开第二届大陆会议，通过了《武装宣言》，宣布成立大陆军，任命乔治·华盛顿为大陆军总司令，但会议尚未提出独立议案。由于没有成立正式的政府机构，大陆会议成为统领各殖民地的权力机构。1776年7月4日，大陆会议通过了由托马斯·杰斐逊起草、经本杰明·富兰克林等人讨论修改的《独立宣言》，宣布脱离英国，成立美利坚合众国。所有在《独立宣言》上签字的人都被称为美国国父。1787年5月，经过八年独立战争之后，北美的13个殖民地代表在费城召开制宪会议，经过4个多月的讨论，制定美国宪法，确定了立法、行政、司法三权分立的国家制度。其后的两年时间内该宪法陆续被各个殖民地的议会批准。1789年，乔治·华盛顿当选为美国第一任总统。美国国家制度延续至今已有240多年的历史。

美国和世界上大多数有悠久发展历史的国家不同，它的历史很短，没有一个王朝取代另一个王朝及一种制度形式取代另一种制度形式的变革过程。它是由13个英属北美殖民地通过立法过程直接建立起来的国家，其制度构建过程的基本特征或基本步骤表现得非常明显。现对这几个基本特征或基本步骤分析如下。

（1）制度选择。制度构建的首要的、关键性的一步。制度选择指在准备创立新的组织时，通过比较、挑选和权衡，最终确定符合目标要求的制度形式，即构建什么样的国家或组建什么样的公司。组织和制度是不可分割的统一体，要创建一个新的组织，首先要考虑的问题是创建它所应具有的制度形式。对于任何公司或国家来说，可以有多种制度形式的选择，如在美国建国阶段，可以有英国的、法国的、德国的甚至中国的等多种国家制度形式进行选择。企业、学校、军队、国家等不同的组织有不同的制度形式要求，必须综合考虑组织的目标、性质、特点、任务等才能做出正确的制度选择。制度选择的实质是确定人们用什么样的关系结成群体或组织，如美国和英国的关系，北美英属殖民地之间的关系，立法、行政、司法之间的权力关系，各级政府之间的关系，私有制还是公有制的生产关系，等等。制度选择决定着组织未来发展的制度效力和组织绩效，决定着组织发展的兴衰和生命力，决定着一个领导者是否具有引领组织发展的理论水平和领袖才能。

（2）制度设计。制度构建不可缺少但往往被忽略的一步。制度设计指对已选定的制度形式进行论证并制定出制度构建的基本方案和整体框架。1787 年北美 13 个殖民地代表在费城召开了 4 个多月的制宪会议，各种思想意见碰撞冲突，据说光投票表决就有 500 多次，可以说是对制度设计进行了充分的讨论。任何组织都存在着一个由多种制度关系和多种制度形式所构成的复杂的制度体系，如组织制度、人事制度、工资制度、劳动制度、生产管理制度，等等。它们本身是一个整体，互相联系，互相影响，但却分属于不同的部门进行管理。如果缺乏制度设计的整体考虑，很容易出现个别部门孤立考虑单一制度形式的现象，从而产生政出多门、推诿扯皮、权责不清等各种弊端，严重影响了制度效力和组织绩效。制度设计考虑的是目标、运行、调控、创新、效力、绩效等诸多方面如何结合为一个整体的问题，应有专门的机构和人员。许多组织习惯于召开部门领导会议或联席会议讨论制度设计问题，是其缺乏整体制度设计的基本原因。

（3）制度规定。制度构建转入制度化过程的重要一步。制度规定是将选定并经过整体设计的制度形式通过法定程序转化为政策性、法律性、法规性、实体性等具体的文字性规定的过程。制度始于规定。制度选择和制度设计相当于先设计出盖一座大楼的方案图，只有经过制度规定的过程，才能最终确定可供现实操作的施工图。在费城召开的第二届大陆会议如果只是讨论了4个月而没有最终形成一部宪法及其后的各种法律规定和行政规定，则不可能形成美国三权分立的国家制度。对于企业、学校等企事业单位来说，同样存在着将最高领导层的决策意图转化为具体的制度规定的过程。如上所述，制度规定包含着组织生存发展的基因，组织中的所有机构和个人在制度框架下如何行动是受制度规定的具体标准所引导和约束的。

（4）制度执行。制度构建的最后一步。制度执行是指组织中的所有机构和人员按照法定程序严格执行法律法规等各项制度规定的过程。制度成于执行。只有通过制度执行的过程，经过制度选择、制度设计、制度规定过程所确定的制度形式，才能转化为现实的制度构型，制度效力、组织绩效及制度场作用力的整体状况最终也是通过制度执行的过程实现的。任何管理工作的实质都是制度执行过程，管理重在执行。在现实生活中，如果疏于管理，则制度执行偏离制度规定的现象将比施工队偏离施工图的现象普遍的多。如果说制度选择、制度设计、制度规定的重心处于高层，制度执行的重心则自上而下层层贯彻，直至最基层的控制点，最终落实在所有的机构和人员，这样才能形成制度场作用力的正循环和制度构型的整体效力。制度构建过程如图6－2所示。

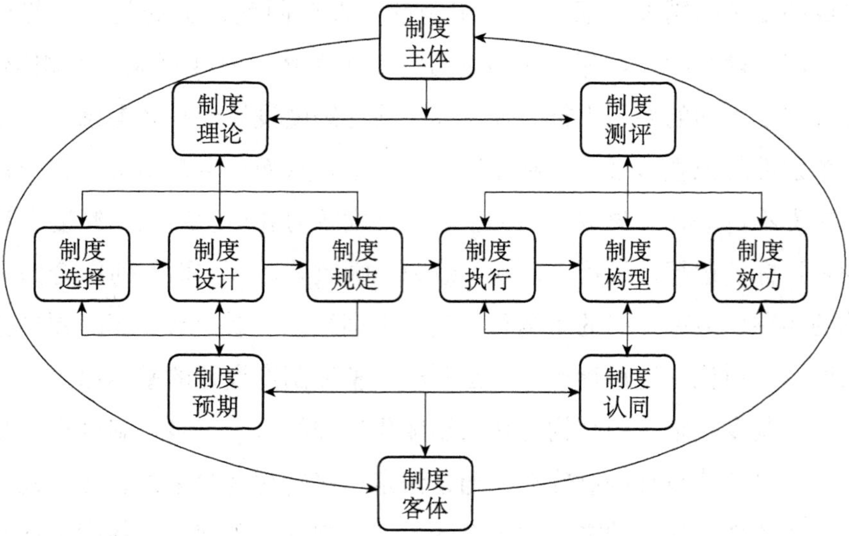

图6－2　制度构建过程示意

第五节　禁穆令的冻结与制度运行

——组织运行的实质是制度运行

如上所述，制度构建是生成或确立某一制度构型的基础性工作，一般可分为制度选择、制度设计、制度规定、制度执行四个阶段或步骤。制度选择和制度设计主要涉及如何确定制度的基本目标、原则、方式及整体结构和要求，制度规定和制度执行则是使制度构建转化为制度运行、制度形式转化为制度构型的制度化过程。制度始于规定，成于执行。制度运行的过程实际上是制度规制者、制度执行者、制度互动者三大构成要素相互作用的制度化过程。规制机构和人员（如立法机关、行政机关、企事业单位的领导部门）按照法定程序制定并颁布法律、法规、条例、决议、准则、办法等具体规定，由各级执行机构和人员（如办事机构、执法机构、公安机关，检察院、法院，等等）在各自的权限范围内付诸行动，形成强大的制度场作用力，规范、引导、约束场内的所有相关人员。这三类机构和人员在制度化的过程中存在着复杂的博弈关系和互动关系，有时甚至会导致激烈的斗争和冲突。制度运行是这三类制度构成要素相互作用、相互制衡、相互推动的制度化过程。公司、国家等任何组织都是由这三类机构和人员所构成的，组织运行实际上是由制度运行推动和保障的。

2017 年 1 月 20 日，美国新总统特朗普正式上任。为了履行、兑现竞选时提出的“百日新政”的承诺，特朗普签署了一系列行政命令、总统令，一共 20 多个，内容涉及退出《跨太平洋伙伴关系协定》（TPP）、在美国和墨西哥边境筑墙等，其中引起争议最大的是其 1 月 27 日签署的“关于难民和移民政策的行政命令”。该命令无限期禁止叙利亚难民进入美国，同时要求在 90 天内禁止伊拉克、叙利亚、伊朗、苏丹、索马里、也门和利比亚等 7 个国家的公民入境美国。另外，对所有国家的难民也没有暂停接收120天进行背景核查的期限，同时还减少2017年进入美国难民的人数。2016年进入美国的难民大概有11万人，他把这个规模控制在5万人。由于这一行政命令所限制的7个国家都是以穆斯林为主的国家，限制对象主要是伊斯兰国家的人员，因此又被称为禁穆令或限穆令。该命令签署以后，争议很大，在全国各地产生很多不同的反响。有许多城市的美国市民上街游行抗议，苹果、谷歌、惠普、特斯拉等120家大公司联名写信表示反对，许多大专院校也是联名写信，不少政府和社会名流包括世界上许多国家的政要都有不同意见。

美国实行的是立法权、行政权、司法权三权分立的国家制度，三者之间没有从属关系，各有各的权力范围。美国总统签署行政命令，不用通过议会批准，但是还是受到约束的。一方面，受到议会的约束，议会可以开会否决总统令。另一方面，受到司法机关约束，法院的法官们可以做出裁决，判定总统令是否合法有效。因为争议很大，首先是1月30日美国华盛顿州总检察长宣布提出上诉，认为总统的行政令是有问题的，不符合美国宪法和州的保护公民人权和移民的宗旨，随后明尼苏达州也加入诉讼。2月3日，美国华盛顿西区联邦地区法院的法官詹姆斯·罗巴特在听取了诉讼意见后，认为禁穆令不符合宪法，做出全美范围内暂缓执行禁穆令的裁决并立即生效，产生了巨大的社会影响。本来特朗普签署总统令后，各个航空公司、移民入境的海关、机构等有关部门都已行动起来，采取相关措施执行总统令。但是在罗巴特法官做出裁决当天，美国难民局和移民保护局几个机构当晚就召开电话会议，通知各个航空公司恢复原有的正常做法。第二天，美国国务院和国土安全部也都发文通知暂时停止执行禁穆令，恢复遵照禁穆令取消的签证。

特朗普作为总统对此非常愤怒，他一方面在推特上表现出强烈的不满，另一方面紧急走法律程序，让司法部提出上诉，要求否定罗巴特法官的裁决。2月5日美国联邦第九巡回上诉法院举行听证会，经过各方辩论，9日做出裁决驳回了司法部的上诉，维持罗巴特做出的禁穆令暂停实施的裁决，最后的结果还要看美国最高法院如何裁决。3月6日，美国政府宣布了由总统特朗普新签署的禁穆令，不再把伊拉克列在被禁国家名单上，也就是说，禁穆令由7个国家变为6个，一些具体规定中的内容也有所删改。6 月 26 日，美国最高法院推翻了下级法院的裁决，部分允许特朗普政府执行三月新签署的行政命令。美国国务院、美国国土安全部随后宣布了具体的实施措施和标准，并于美国东部时间 2017 年 6 月 29 日晚 8 点开始实行。12 月 4 日，美国最高法院裁定特朗普总统新签署的行政命令可以全面生效。

禁穆令的签署、冻结到重新生效的过程从一个侧面反映出组织运行和制度运行的基本问题，可从下面几个方面进行分析。

(1) 组织运行的实质是制度运行。围绕着禁穆令，美国总统、基层法院的法官、司法部、国务院、移民局等相关部门的官员、大大小小的新闻媒体的记者、最高法院的法官，以及发表各种评论的社会人士、上街游行抗议的民众等所有这些人的言论和行动构成了作为一个国家的组织运行的过程。从表面上看，这些人都是以“个人”的表现来行动的，实际上是以美国总统、法院法官、政府官员、新闻记者、美国市民等“制度角色”的特定身份行动的。一个一个的人所以能构成组织，一个一个的组织所以能构成国家，是因为有特定的组织制度和国家制度在起作用。

无论是公司或者国家，所有组织运行过程都是通过人的活动表现出来的。但是这些人的活动都是特定的制度角色在特定的制度关系和特定的制度环境中进行的。这些特定制度角色有的负责规制，有的负责执行，而有的更多的是在制度场作用力下，表现出由其制度角色所决定的各种各样的言行，他们的活动构成了公司、国家等特定组织的运行过程。一支行进中的军队实际上是按照统一的、制度化的军事命令在行动，而不是一群杂乱无章的乌合之众。从理论上说，组织运行的实质是制度运行，组织运行的过程实际上是各类人员在制度规定和制度执行的作用力下具有不同角色表现的制度化过程。

(2) 组织运行过程常会受到制度运行波动性的影响。组织运行过程不是一成不变的，构成组织运行过程的各类人员的活动也不是一成不变的，这种变化来自制度规定及其所引起的制度运行的变化。特朗普就任总统后，签署了许多与前任总统奥巴马不同的行政命令，在社会各阶层中产生了新的分歧和冲突，使原有的制度运行和组织运行的状况发生了变化。制度始于规定，成于执行。制度规定的改变必然会引起制度执行的改变，从而通过制度运行的改变引起组织运行的改变。一方面，技术、经济、政治、文化等各种社会因素不断发生变化；另一方面，各级权力部门的规制者由于任期和任命不断发生变化，不同的认知、观念、理论常会使他们做出不同于前任的制度规定，从而使执行过程和制度场作用力发生变化。无论是公司还是国家，不断会有新人上台和各种新的制度规定出台，首先引起制度运行，最终引起组织运行的变化。制度规定的稳定性、波动性直接影响到制度运行和组织运行的稳定性、波动性。

（3）制度规定的合法性、合理性、整体性、代表性、公开性及其认同度直接影响到制度运行和组织运行的稳定性或波动性。禁穆令所引起的争议首先在于它的合法性，华盛顿州总检察长的上诉、罗巴特法官的裁决最基本的依据是认为禁穆令不符合宪法。其次是许多人认为禁穆令不合理，具有种族歧视色彩，代表少数极端人士的观点和大的利益集团的利益等。在认同度方面，对禁穆令表现出否定态度的人群占有较大的比例。制度规定的认同度的高低与制度执行的阻力的大小成反比。禁穆令签署后的情况说明，制度规定的认同度越低，执行起来的阻力则越大。在美国最高法院做出否认禁穆令违宪并全面生效的裁决后，对禁穆令的质疑所产生的社会震荡才暂告平息。为了提高认同度，在做出制度规定的过程中，应对其合法性、合理性、整体性、代表性和公开性进行认真的推敲和论证。

（4）制度规定确定后，制度执行即成为制度运行和组织运行决定性的因素。制度运行和组织运行的效力取决于制度执行及其力度。如上所述，效力的概念包括效率、效果和制度场作用力三个方面。制度是运行的保障，执行是成败的关键。制度效率的高低、制度效果的好坏、制度作用力的强弱、制度形式及制度构型的优劣，都是通过制度执行的过程和结果表现出来的。任何制度规定都需要有执行机构和执行人员付诸实施才能生效，否则只是一纸空文。禁穆令签署后，由于罗巴特法官暂停实施的裁决，国务院、国家安全部、移民局、航空公司等部门迟迟未真正实施，禁穆令只是束之高阁。当特朗普要求司法部提出上诉时，司法部长萨利·耶茨对禁穆令的合法性存有疑虑，曾下令司法部检察官不得为禁穆令辩护，也造成了严重的执行问题。为此，特朗普一方面努力争取最高法院的裁决使执行生效，另一方面下令解除萨利·耶茨和代理移民和海关执法局局长丹尼尔·拉格斯代尔的职务，以保证执行的有效性。对于公司、国家等任何组织来说，在制度规定确定之后，只有通过制度执行才能真正进入组织运行和制度运行的过程。制度运行的整体过程如图 6-3 所示，任何一个环节的变化都有可能引起制度运行的波动性。

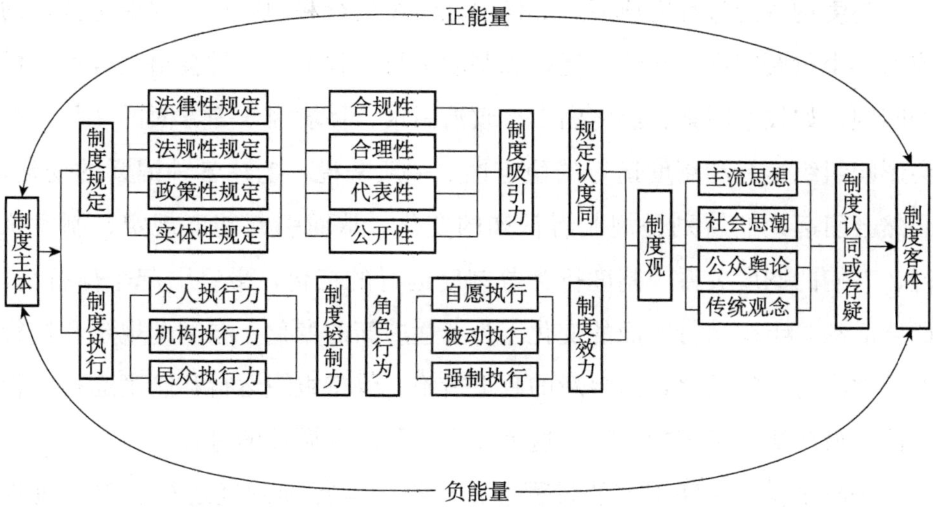

图 6-3　制度运行总体过程示意

第六节　罗斯福新政与制度调控

——规制者和执行者是制度调控的主体

如上所述，任何组织都是一个经过制度选择、制度设计、制度规定和制度执行四个步骤所形成的制度化的群体。制度化群体与非制度化群体之间的根本区别在于其成员之间是否有明确构建的制度化关系，是否有强制性的办事程序和行为标准，以及是否在制度规定和制度执行的基础上形成组织运行和制度运行过程。一群工人在建筑工地上施工，一支军队正按照预定计划行进，这是组织运行的过程。在这群工人和这支军队的背后，存在着一种制度的力量，促使他们正常施工并按计划行进，这是制度运行的过程。组织运行离不开制度规定和制度执行的作用力，制度运行是组织运行的保证。

制度构建的过程完成后，如何保证组织运行和制度运行的稳定性，则成为一个重要问题。在组织运行和制度运行过程中，经常会出现各种各样的问题，如技术因素、经济因素、政治因素、环境因素等方面的变化，都会影响组织运行和制度运行的稳定性。一般来说，上述各种因素的变化，必然会引起人们特别是规制者认知的变化，从而引起制度规定、制度执行、人们的制度关系、制度行为等制度运行的变化，最终引起个体行为、群体活动等组织运行方面的变化。为了适应新的变化，在制度规定和执行方面做出适当的调整，出台新的政策措施，保持组织运行和制度运行的稳定性，最终实现组织的目标，这个过程就是制度调控的过程。

一般来说，制度调控的过程存在于组织运行和制度运行的整个过程中，没有制度调控就不可能保持组织运行和制度运行。制度调控不是简单的纠正个体行为、群体活动和组织整体状况，而是从制度规定和制度执行入手，根据具体问题采取有效措施，保证组织按照预期目标运行。小到公司，大到国家，在其发展过程中都存在着制度调控过程。制度调控涉及三个最基本的问题：是否需要调控、由谁调控和如何调控。罗斯福新政是一个非常典型的例子。

1933 年富兰克林·罗斯福当选总统之后，正赶上美国处在大萧条经济的危机时期。美国在 1929 年上半年还处在经济繁荣的状态下，7—9 月股票连续上涨，有些股票甚至在短短 3 个月内上涨 50%。但是好景不长，10 月 24 日股市突然暴跌，出现了令人恐慌的“黑色星期四”。股票暴跌本身是各种社会矛盾、经济泡沫、潜在危机突然爆发的集中表现。股市崩盘使 5 000 多亿美元资产一夜之间化为乌有。从金融危机开始引发了一系列的连锁反应，5 500 家银行、86 000 多家企业倒闭，失业人员从 150 万人剧增到 1 700 万人。农产品价格惨跌，许多资本家疯狂地把牛奶倒进密西西比河，使河水都变了颜色，被人称为“银河”。在严重的金融危机、经济危机的冲击下，美国国内社会矛盾激化，阶级对立，在制度和国家稳定运行方面遇到严重挑战。

面对这种严峻局面，罗斯福总统上任伊始提出了“百日新政”的概念，在短短三个月之内出台了一系列法律法规，有的是他自己签的总统令，有的是经过议会辩论颁发的法令，如《国家紧急银行法令》《全国工业复兴法》《农业调整法》《社会保障法案》《公平劳动标准法》《新政机构改组法》，等等。他上任时，银行几乎全部关门，在鼓励开业的《国家紧急银行法令》的政策支持下，有 17 000 多家银行相继恢复营业。同时，《全国工业复兴法》通过一系列政策控制企业垄断，扶持、鼓励中小企业的发展。另外，他还大力推进解决社会失业和社会救济的制度方案，缓解阶级矛盾和社会矛盾。如推行“以工代赈”方法，不是单纯用钱救济灾民，而是成立联邦紧急救济署、公共工程署、民用工程署、全国青年总署等机构，通过政府大规模的公共事业工程项目投资解决失业和贫困问题，如新修机场 1 000 多个，运动场 1 万多个，校舍医院 800 多个，另外还通过招募社会上的青年植树造林、修公路等举措以创造就业机会。据说仅公共工程署的项目即提供了 2 300 万个工作机会。与此同时，还通过《农业调整法》，给由于农产品价格低而减耕减产的农民发放补贴，鼓励扩大农业生产。

“罗斯福新政”从制度规定和制度执行两方面入手成效显著。1929 年经济危机爆发时，美国国民生产总值是 1 044 亿美元，1933 年很快暴跌到 742 亿美元，但罗斯福实行新政后，1939 年增长至 2 049 亿美元，远远高于 1929 年的国民生产总值。同时，失业人数从 1 700 万人下降到 800 万人。“罗斯福新政”通过政府的各种措施大大缓解了社会矛盾、阶级矛盾，使美国经济发展进入了一个新的运行阶段，有力地证明了政府调控经济运行和制度运行的重要性。

爆发于 1929 年的经济危机使欧美许多国家遭受重创，破坏了经济稳定发展的进程，各国政府纷纷采取各种措施应对这场危机，其中尤以罗斯福新政成效显著。罗斯福新政没有改变美国的国家制度，是一种典型的制度调控过程。

从制度学的角度可以对制度调控进行下列几点分析。

1. 制度调控是保证组织和制度稳定运行的必要手段

制度构建和制度运行过程本身是各种社会因素、社会力量相互影响、相互碰撞、相互博弈、相互平衡的结果，并通过特定的制度规定和制度执行过程体现出来。各种社会因素和各种社会力量本身处于不断的发展变化过程中，其间的相互影响、相互碰撞、相互博弈、相互平衡的关系也处在不断的发展过程中，与其相适应的制度规定和制度执行过程也必然存在着不断发展变化的要求。

在制度构建过程中，规制者、执行者、各种企事业单位、社会群体、个人等互动者相互之间构成复杂多样的关系，如权力关系、领导关系、监督关系、权利关系、分配关系、利益关系，并且制度化的规范和固化处于一种相对平衡稳定的状态中。随着技术、经济、文化、政治、环境等多种因素的变化，如新的技术出现、两极分化现象加剧、民生问题积压、外来势力影响，相对平衡稳定的状态也会相应发生变化，需要经过不断调整的制度化过程取得新的平衡。最常见的是，在制度构建过程中，并不能完全考虑到以后所实际发生的各种问题，况且，由于客观条件的变化、人们认识的局限性和个人素质的差异，任何制度规定都不是完善完美的，任何制度执行都存在着偏差。因此，要想保证组织和制度运行的方向性、稳定性，以完善制度规定、纠正执行偏差、处理新生问题和紧急事件为特征的制度调控过程是必不可少的。罗斯福新政是有效应对美国经济危机的制度调控过程。

2. 规制者和执行者是制度调控的主体

建章（制度规定）立制（制度执行）是构成各种组织的制度化过程。无论是公司还是国家，其规制者和执行者所构成的制度主体是制度权力的体现者，掌握着规制权、执行权和话语权，无疑是制度场中起主导作用的力量，具有制度构建、制度运行和制度调控的权力和责任。由各种社会群体、组织、民众所构成的制度客体作为制度互动者具有多种多样的、强弱不一的制度场作用力，他们通过各种立法程序、参政议政过程、社会舆论等方式影响制度运行和制度调控的进程。

在罗斯福新政时期，大大小小的企业、银行以及成千上万的市民、工人、失业者无不处于罗斯福政府政策的影响之下。罗斯福政府通过一系列新政措施较好地控制了突然爆发的经济危机所带来的社会震荡。制度构建、制度运行、制度调控本身是一个统一的、连续性的过程，制度主体和制度客体的权力关系、权利关系、领导关系、管理关系、监督关系等有明确的界定和区分，制度调控过程是制度主体起主导作用、制度客体认同参与的制度化过程，这个过程能否有序进行，涉及了制度主体和制度客体关系能否协调发展的问题。

3. 制度调控的内容

制度调控主要包括三方面的内容。

（1）制度三要素互动关系的调控。制度规制者、制度执行者和制度互动者是组织构成和制度构成的基本要素，它们三者的关系构成的组织运行、制度运行与制度调控的基本关系，对其他各种各样的关系起着主导的、制约性的作用。罗斯福新政通过拉动经济、扩大生产、增加就业、解决贫困问题等措施调整制度三要素的互动关系，有效缓解了经济危机所造成的社会矛盾和阶级矛盾。

（2）制度规定方面的调控。通过完善、修改、撤销原有规定或制定新规定的制度化过程进行适当的调控。制度规定的内容包括目标、原则、权力和组织结构、机构设置、职能调整、人员安排、工作标准、运行程序等各个方面。

（3）制度执行方面的调控。通过从上至下采取一定的强制措施纠正制度执行中存在的各种偏差、有效贯彻落实新规定的制度化过程进行适当的调控，涉及对具体的人和事的处理和奖惩。

4. 制度运行过程的调控

制度调控不是一个独立的过程，它服从并贯穿于组织运行和制度运行的全过程。

（1）制度目标方面的调控。制度调控是为了保证组织运行和制度运行的总体目标和宗旨所进行的调控。由于具有阶段性、环节性的特点，某些制度变革或制度调控过程容易偏离组织运行和制度运行的总体目标，就像一个迷路的人一步一步的微小的偏差最终走的是一条目标相反的路。制度调控特别要注意目标偏离问题。

（2）制度认同方面的调控。制度认同包括互动者对某项制度规定内容的认同和对制度执行结果的认同两个方面。赞成或反对的人群比例直接涉及对一项制度规定的拥护程度、执行阻力的大小，甚至制度变革的成败和社会的稳定。根据制度认同的人群比例对已出台的政策规定和执行措施进行适当的调整是制度调控的重要内容。

（3）制度效力方面的调控。组织运行和制度运行的结果通过效率、效果、制度场作用力等制度效力方面的指标表现出来。个人绩效、群体绩效、组织绩效等是与人的行为结果有关的制度效力的量化指标，积极性、创新意识、劳动态度、团队精神、社会风尚等是与人的态度、精神面貌有关的制度效力的质化指标。质化指标反映的是潜在于个人行为、群体行为背后的制度力量，即起正能量或负能量的制度场作用力的强弱。不仅根据量化指标，而且更重要的是根据质化指标对制度化过程进行调整是制度调控的有效手段。制度调控过程如图 6－4 所示。

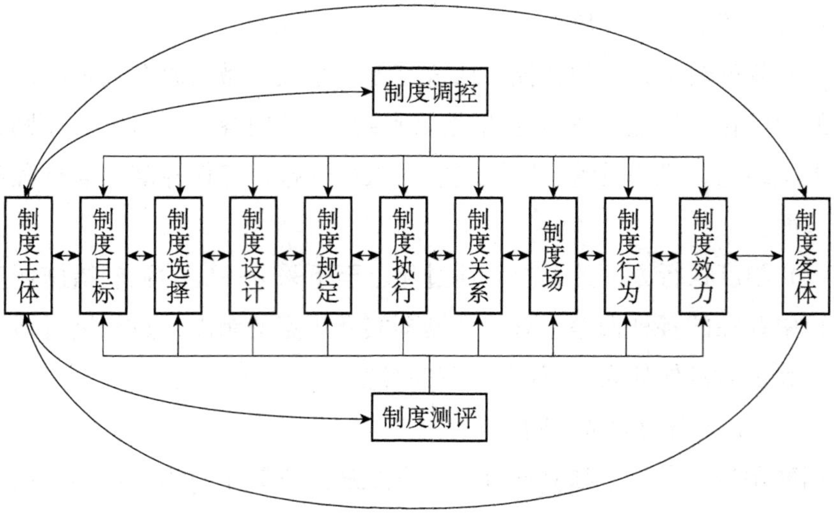

图 6－4　制度调控过程示意

第七节　香港金融保卫战与市场调控

——政府的调控作用贯穿于市场运行的全过程

上一节论述了制度调控问题，与此密切相关的一个问题是市场调控，涉及了长期以来人们争论不休的热门话题，即政府和市场的关系问题。关于这一问题，经济界一直存在着两种截然相反的理论。一种是以古典经济学和新古典经济学为代表的放任自流的经济自由主义理论，认为在市场条件下"一只看不见的手"通过价格机制使经济自发达到均衡，政府的干预会破坏市场的自动调节机制。一种是以凯恩斯为代表的政府干预理论，认为经济不能自动调节达到均衡。国家可以利用财政政策和金融政策有目的地进行调控。

从现实的情况来看，理论上的争论与现实情况有些脱节。实际上，没有一个国家的市场不处于政府的调控之中。否则，就无法解释为什么每一个国家都会存在着一个国内市场，也无法解释为什么许多国家之间存在着贸易战、经济制裁和关税壁垒。美国历史上的罗斯福新政及中美贸易战，都是政府干预市场的典型例子。政府对市场的干预实际上属于制度调控过程。通过回顾香港回归后发生的金融保卫战，可以对政府对市场的调控作用做简单的分析。

1997 年香港回归祖国怀抱，1998 年就遇到了一个严峻挑战，即国际炒家对香港资本市场的冲击。当时，以国际大鳄索罗斯为首的一批世界上有名的国际炒家，联手做空亚洲和东南亚国家的金融市场。1997 年他们首先把泰国攻击了一下，造成泰国国内的金融危机。从 1997 年 10 月到 1998 年 1 月，又开始做空香港。他们在股市和汇市上大量抛空股票，造成了香港资本市场的剧烈震荡，在 3 个月时间内香港恒生指数从 15 200 多点暴跌到 8 800 多点，直线下跌了 6 400 多点，许多公司破产倒闭，冲击力十分巨大。其后，这些国际炒家又转战日本、韩国，都是大获全胜，使韩国、日本经济遭到重创，爆发金融危机。

在 1998 年 8 月，他们卷土重来，再次杀回香港，继续联手做空，香港面临着和其他国家一样出现严重的经济危机和金融危机的危险。在此危难关头，香港政府毅然决心履行了市场调控的主体责任。从 8 月 5 日到 7 日，国际炒家大肆抛盘 460 多亿港元，香港金管局则出手接盘，你抛多少我接多少，开始进行交锋。其后几天，香港政府也正式参战，动员外汇储备基金和土地基金反击国际炒家，维持香港市场的稳定。据说 8 月 26 日香港政府曾经暂时放手，看看金融市场靠自身力量能否顶住国际炒家的攻击，结果证明不行，无论是期货市场还是股票市场都在外资冲击下巨量下跌，香港政府被迫在低位接盘。8 月 28 日是恒生指数期货的最后结算日，多空双方的较量进入决战。香港政府和国际炒家都在决战前筹措资金，准备放手一搏。这一天的盘面猛烈的程度惊心动魄，一边是巨量抛售，一边则是大量接盘。据统计，最高的时候每分钟成交量达到 3.5 亿港元，全天的成交量达到 790 亿港元，是平时成交量的 10 倍，创下香港历史上成交量记录。这场金融战的结果是香港政府顶住国际炒家的冲击，维持了恒生指数的稳定，使香港金融市场免于陷入东南亚其他国家出现的金融危机。

与政府该不该干预市场的争论相联系，关于香港保卫战也有政府该不该出手的争论，许多专家学者从各个不同的角度进行了深入的研究，制度学的概念可以为这种争论提供一个新的视角。经济学的研究对象无疑是“经济”，与其有关的两个重要概念是“制度”和“市场”。如上所述，“制度”是一个很古老的词汇，一个很常用的概念，一个很普遍的社会现象，同时也是一个研究很少的领域。无独有偶，“市场”同样具有前三个特点，关于第四个特点，市场虽然不是一个研究很少的领域，但却可以说是研究得很不充分。这样说的主要原因在于，关于“市场”一直没有一个明确的定义。一些相关的定义有：市场是买卖双方进行商品交易的场所；商品经济运行的载体和现实表现；商品生产者和商品消费者之间各种经济关系的总和；商品流通领域一切商品交换活动的总和；以商品交换为基本内容的经济联系方式，等等。这些定义一般是把政府和市场作为两个独立的主体进行表述的，因此产生了政府是否应该干预市场的争论。

关于政府与市场的关系可以从“市场”的概念、运行特点、调控主体、政府职能等几个方面来理解。

第一，政府与市场的关系需要从“市场”本身的词义来理解。“市场”一词词义上有两种理解，一是交易的“场所”或“场地”；二是交易的“场”。后一种理解显然比前一种更准确，更接近现实。如上所述，“场地”可以被理解为没有人存在的空地，可以不与人的活动相联系而独立存在。“场”是人与人之间的相互作用场，人与人之间的“场”是靠人与人之间的互动形成的。“市场”是制度管理基础上由人与人之间的交易活动所形成的“场”。农贸市场、百货商店等传统的“市场”是在一个固定的或封闭的场地或场所中进行的，在闭市时，农贸市场是一个没有人的“场地”，在开市时，农贸市场则是一个人们相互交易的“场”。但是靠网络技术形成的“市场”则已经突破了“场地”的概念，是一种典型的交易的“场”。任何场地只有有特定形式的人的活动或互动才能形成“场”。

用制度学的观点来说，“市场”即“制度场”，市场是政府和无数个以货币为等价物进行交易活动和经济活动的买方卖方（生产者、销售者、消费者）相互作用的制度场。按照这种理解，政府是构成市场的基本要素之一。政府与市场是相互联系在一起的，没有政府就没有市场，无论市场是否正常运行，政府的作用始终存在于市场的运行过程中，问题的关键不在于政府应该不应该对市场进行干预，而在于政府用什么方式、在何种范围和何种程度上对市场进行干预。

第二，市场不能脱离政府的调控独立运行。作为一种组织形式，任何一种制度场都是在制度构成三要素的互动关系和互动活动的基础上构成的。市场从表面上看是商品交易的场所，实际上是在某个国家或某个地区的政府管辖下包括生产、交换、分配、消费等各个环节在内的以人为主体的所有经济活动的最集中的表现。从历史上看，市场形成的过程离不开政府的作用，市场是在政府的规制和强制性的管理下逐步形成的。每一个国内市场都是按照其政府规定的规则、货币和机制运行的，国际市场的形成也是各国政府协商谈判的结果。许多经济学家对市场运行的规则和机制进行过研究，他们认为，在市场经济条件下，没有政府的管辖和调控，光靠买卖双方不能进行公平交易的，市场自身也不可能有效进行社会资源的配置或自发地进行自我调节。在现实社会中，没有政府管辖的市场是不存在的。没有香港政府的管辖作用，很难想象香港的金融市场能够独立存在和良性运行。

第三，政府是市场运行的调控主体。如上所述，制度规制者和执行者是制度场的调控主体。在市场这种特殊的制度场中，政府扮演着制度规制者和执行者的角色，承担着调控主体的作用。以私有制为基础的市场经济不可避免地会出现恶意竞争、哄抬物价、假冒伪劣、欺行霸市、投机倒把等不良行为，不可避免地会出现盲目生产、浪费资源、垄断市场、生产过剩、金融动荡、经济危机等社会现象。政府制定市场中买卖双方公平交易的规则，规范买卖双方的产权关系和交易关系，运用国家机器的强制力量引导和约束买卖双方的交易行为，维持市场运行和交易秩序。美国经济学家巴泽尔认为，国家是使用暴力实施交易合约的终极第三方。自由经济理论的代表人物亚当·斯密也并不完全否认政府对市场的调控作用。

第四，政府的市场调控职能是一项重要的经济职能。任何一个成熟的市场都是一个高度法治化的市场，也就是说，都是政府运用法律、经济、财税、行政宣传等手段适当进行调控的市场。市场调控是政府的一项重要的经济职能，主要包括制定和构建市场竞争机制的制度体系；规范调整政府、生产者、销售者、消费者之间的制度关系，奠定市场良好运行的基础；确定买卖双方商品的所有权或产权，确保买卖双方商品交换的公平性；监督买卖双方的交易行为和经济行为，纠正和处罚违规行为；运用法律、财政、货币、税收等政策适当调整市场中的供需关系，防止经济发展失调和震荡；在社会生产和资源配置方面发挥积极的引导作用；引导和调控国内经济发展的方向和速度；适当调整不同行业、不同领域发展的比例关系；维护国内市场的稳定和秩序；调节处理国际贸易和国际经济纠纷问题，等等。在香港金融保卫战中，索罗斯等国际炒家所能运用的资金实力和做空动能是非常强大的，但香港政府利用法律、规制、经济、金融等手段，不仅动用政府资金入市，而且出台了调整汇率制度、限制期货保证金、限制期货交易数量、限制股票抛售、实行限制做空动能的 $T+2$ 交收制度①等一系列规定，有效地限制住国际炒家的攻击力，充分发挥了香港

---

① T 日，是指港股交易日；$T+1$ 日，是指港股交易日后第 1 个港股交收日；以此类推。香港市场实行 $T+2$ 日交收制度，T 日买入港股股票的投资者，$T+2$ 日终完成交收后才可以享有相关证券的权益。

政府稳定金融市场的调控主体的作用。政府对市场的调控职能如 6 - 5 所示。

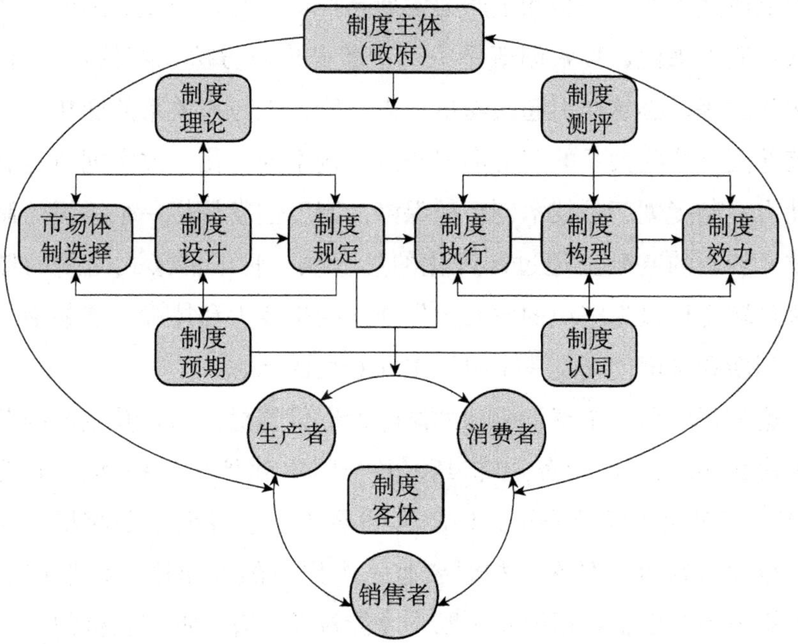

图 6 - 5　政府对市场的调控作用示意

第八节　柯达公司的破产与技术创新和制度创新

——组织的生命力来自技术创新和制度创新

对于任何一个组织来说，如果要保持良性发展，首先要保证组织运行和制度运行的稳定性，而为了保证这种稳定性，组织需要不断地进行适当的调控。但是，组织、制度运行的稳定性和适当的调控并不是组织发展的唯一目的，组织要永久保持生命力和持续发展的活力，更重要的一点是要有保持领先地位的技术创新和制度创新。组织运行、制度运行、制度调控、制度创新这四个过程是相互交织在一起的，其最原始的动力来自技术创新。

如上所述，技术进步和生产力发展是推动人类社会发展的最活跃的因素。从本质上来说，技术创新是一个不断推出新方法、新技术、新设备、新工艺的过程，必然会引起人与事、人与物、人与人关系的变化，从而引起规范并固化这些关系的制度形式与制度构型的变化。技术创新是制度创新的动力，制度创新是技术创新的保障。制度创新是指一个组织的制度构型在技术创新的基础上通过制度化的过程从一种旧的形式向新的形式转变。这种转变可以为组织的发展提供强大的生命力和持续发展的活力。缺乏技术创新和制度创新是一个组织走向衰亡的标志。

柯达公司曾是一个享誉全球的国际性影像器材公司，其生产的照相机具有很高的知名度，业务遍布 150 多个国家和地区。柯达公司成立于 1884 年，当时叫伊斯曼公司。1877 年世界上已经发明了照相机，那时的照相机很大很笨重，每次照相时要有一个黑色的大布棚，附带玻璃反光板、水箱等很多设备，据说要一匹马才能拉动。有人形容它就像一个实验室，技术操作也挺复杂。当时，柯达创始人有很强的创新理念，他想我能不能发明一种轻便、简便、小型、人人都可使用的相机呢，他就按照这个目标和方向进行研发。功夫不负有心人，他很快就研制出来一种小巧玲珑的相机。其后他又不断努力，先后创制出不少更简便、更容易使用的新产品，如方形四闪镁光灯、小型匣式相机等。最后，经过多年持之以恒的努力，柯达公司终于在 1892 年研发出一种人人都可使用的、在全行业领先的傻瓜胶卷相机。1900 年柯达公司开发出勃朗宁盒式相机。1935 年开发出彩色胶片。1963 年开发出具有自动曝光功能的傻瓜相机系列。技术创新使柯达公司的产品具有强大的核心竞争力，最终成为“胶卷时代”的霸主，占据全球 2/3 的市场份额。1981 年它成功打入中国市场，1994 年柯达快速彩色冲印店在中国已发展到 8 000 多家，公司的事业发展如日中天。

但是好景不长，2000 年后全球数码相机市场连续高速增长，柯达公司很快面临着一种出乎意料的业绩下滑现象。1997 年柯达公司的销售量从世界第一跌到第四，很快又跌到第七，经济滑坡的速度令人震惊。2009年开始停止重要产品的生产和销售，2011年其股价暴跌80%，2012年依据美国《破产法》在纽约提出破产保护申请。

人们发现，柯达公司的发展用了100多年的时间，但它的衰落只用了十几年。这么一个庞大的公司轰然倒下，究其原因，主要是出在技术问题上，打败它的技术是数码相机。100多年来，柯达公司的发展是建立在胶片胶卷相机技术领先的基础之上的，引领整个照相机行业的技术发展和技术创新。但是，到了20世纪末，引领照相机行业技术发展和技术创新的是数码相机，柯达公司失去了自己的技术优势，在激烈的市场竞争中不可避免地陷入被淘汰的命运。实际上，数码相机也是柯达公司最早发明的。在1975年，该公司一个工程师已经研发出世界上第一款数码相机。但是，当时公司胶片胶卷相机正处于巅峰时期，所以公司领导不太愿意发展数码相机，因为采用数码相机的技术意味着放弃胶片胶卷相机的行业优势，使其销售受到影响。也就是说，柯达公司的时任领导已经失去了持续百年的创新意识，不愿接受并发展新技术，成为传统的、守旧的行业代表。柯达公司那位发明数码相机的工程师接受纽约时报记者采访的时候，很无奈地说明了当时的情况，他说他发明了数码相机，但领导层不喜欢，因为用了数码相机，胶片胶卷就没用了。在胶片胶卷相机生产技术方面，柯达公司始终起到领先地位，但是在数码相机技术的生产和拓展方面，它没有及时转型而远远落后了。1991年柯达开发出130万像素的数码相机，但产量不大，2000年数码相机产品只占其总收入的22%。柯达公司曾经有几次战略转型机会，2001年启动了在中国的第一个数码相机生产项目，在2003年和2007年也都做过多方面的尝试，采取了一些措施，但是为时已晚，措施也不是很有力，因此在竞争上完全处于劣势，失败的教训非常惨痛。柯达公司百年发展的生命周期说明，组织的生命力来自技术创新和制度创新。

对于任何一个组织来说，技术创新和制度创新可以从以下5个方面来理解。

第一，技术创新是组织发展的原始动力。柯达公司的成功在于其创始人具有很强的技术创新意识，在胶片胶卷相机的技术与研发方面不断提出新的目标和要求，始终使自己保持行业中的领先地位和竞争优势。柯达公司的失败在于其领导者失去了技术创新意识，在数码相机新的技术发展方面因循守旧，使公司最终在激烈的市场竞争中失败破产。其竞争对手日本公司则在数码相机的技术创新方面全力以赴抢占了先机。每一个组织都有自己生存发展的目标和价值。如上所述，制度效力的内容包括制度效率、制度效果和制度场作用力三个方面，技术创新直接与提高组织的劳动效率、工作效率、生产效率、制度效率、组织绩效、核心竞争力等密切相关。技术创新可以使组织始终保持技术优势、行业优势和竞争优势，从而处于不败之地。

第二，制度创新是技术创新的保障。柯达公司失去技术优势破产倒闭，不能仅仅简单地归结为领导决策失误，深层次的原因应该从制度层面去分析。我们可以看到，在某些组织的制度环境中，人们普遍具有技术创新意识和技术创新热情，而在某些组织的制度环境中，人们则因循守旧，死气沉沉。这说明，不同的制度环境对人的创新精神有不同的影响。技术创新需要得到制度创新的支持。一方面，技术创新会引起组织中人与事、人与物、人与人关系方面的变化，需要通过新的制度变革不断地巩固和发展。另一方面，技术创新不是个别人的活动，需要集中大量的人力、物力、财力和强大的制度场作用力积极予以推动。我国“两弹一星”事业的发展充分证明了制度力量的重要性。柯达公司在研发数码相机技术方面也做过一些努力，其失败的原因之一在于：制度的力量主要作用于传统的胶片胶卷技术，大量资金用于传统的胶片工厂生产线和冲印店设备，没有用于对数码技术和市场的投资，缺乏保证企业战略转型的制度创新。

第三，技术创新和制度创新具有量变和质变两种特点。技术创新和制度创新不是一蹴而就的，首先是一种渐进性的、局部的、量变的过程。柯达公司在研发胶片胶卷相机技术的过程中不断提出新的目标和要求，通过一步一步微小的改进不断地研发出一个个具有新的性能特点的不同型号的相机，使其产品始终保持行业中的领先地位。同时，技术创新和制度创新不是一成不变的，它在特定时期将会演变为一种全新的、转型的、质变的过程。数码相机技术取代胶片胶卷相机技术是一种质变的技术创新过程，与其相联系的生产制度、管理制度等也将随之一起进入相应的制度创新过程。随着人类的技术创新从石器、青铜器、铁器发展到机器大生产，人类的制度创新也随之发生了从原始公社制度、奴隶制度、封建制度、资本主义制度到社会主义制度的变化。制度创新不是复制或模仿旧有的制度形式，而是构建一种新的制度构型。每一种技术和与其相应的制度都有一个不断深入发展的渐进性的量变过程，同时，在历史发展的某一阶段又有一个发生新旧转型的质变过程。

第四，技术创新和制度创新的关键是保持领先地位和核心竞争力。1975年柯达公司的工程师已经研发出世界上第一台数码相机，这是一种即将引领行业发展的创新技术。但是公司高层没有引起重视，他们仍在继续推进胶片胶卷相机方面的技术研发。虽然这种研发表面上看来也属于技术创新过程，但是和数码相机技术的研发相比，已经失去了技术创新的真正含义。对于柯达公司来说，真正的教训在于，技术创新的努力一定要放在引领行业发展的最先进的技术方面。比如，能够引领汽车工业发展的发动机技术，引领信息产业发展的芯片技术，其最先进的技术都应该是技术创新的主攻方向。制度创新也是如此，在封建制度的框架内无论如何进行创新、变革，仍是一种故步自封的守旧行为。先进的制度构型有利于规范、巩固和发展与先进的生产力相适应的生产关系和社会关系，真正的制度创新本质是与此内容相联系的制度变革过程。

第五，技术创新和制度创新都需要靠制度的力量来推进。从总体上看，技术创新和制度创新不仅仅是个人行为和组织行为，更是一种国家行为。不同的国家有不同的制度构型，因而有不同的技术优势和制度优势，推动技术创新和制度创新的动力也不同。例如，美国、日本等国家推动技术创新和制度创新的动力明显比世界上许多国家强得多。我国在技术创新和制度创新方面也有自己的优势，能够“集中力量办大事”，以举国之力攻克技术难关。一个公司要想保持行业领先和竞争优势，除了自身努力外，也需要靠国家和制度力量的支持。一个国家要想保持行业领先的竞争优势，需要用制度力量形成一种强大的创意制度场，推动人力、财力、物力，致力于抢占技术创新和制度创新的制高点。技术创新既要靠个人的努力、组织的努力，也要靠制度的力量来推动。技术创新是制度创新的基础，制度创新和制度优势则是技术创新的保障和推动力。在当前的世界中，技术创新和制度创新不仅表现为组织与组织之间的竞争，而且表现为国家与国家之间的竞争。

第九节 《海国图志》与制度之道的探索

——若要自强需师人之技，师人之技需师人之学，师人之学需师人之制，师人之制需探索制度之道

中华民族有五千年的文明史，也可以说有五千年的制度发展史，其间经历了从原始公社制度、奴隶制度、封建制度、半封建半殖民地制度到社会主义制度的五个大的社会制度发展阶段。前三个社会制度的发展过程几乎与世界上其他民族或国家的发展过程一样有一个自身独立发展的轨迹，但是从封建制度发展的后半期开始，则进入了各个国家、各个民族相互影响、相互竞争甚至相互斗争、战争的全球化的制度发展阶段。

在封建制度发展的基础上，最早进行工业革命的英国、法国等国家发展出与机器大生产相适应的资本主义制度，成为经济和军事强国，并用武力和军事征服的手段对亚洲、非洲、美洲等地的其他国家进行侵略和掠夺。清王朝后期实行闭关锁国政策，并没有保持住自身独立发展的进程。1840 年英国发动鸦片战争；1860 年英法联军发动第二次鸦片战争，火烧圆明园；1894 年日本发动甲午战争；1900 年八国联军侵入北京，先后逼迫清政府签订了《南京条约》《天津条约》《北京条约》《瑷珲条约》《马关条约》《辛丑条约》等一系列割地赔款、丧权辱国的不平等条约，使我国逐渐沦为半封建半殖民地国家。民族危难之际，中华如何崛起，国人如何自强，许多仁人志士开始认真探索富国强兵的道路。

第一次鸦片战争时期，面对洋人的洋枪洋炮，许多人从“天朝上国”盲目自大的传统观念中警醒过来，对鸦片战争的失败原因进行反思，开始用全球性的眼光关注外部世界，比较自身的不足。虎门销烟的林则徐被认为是近代中国“开眼看世界”的第一人。他在广东主政时设立译馆，“所得夷书，就地翻译”，其中最重要的一部译著是《四州志》，译自英国人慕瑞所写的《世界地理大全》，内容涉及亚洲、欧洲、非洲、美洲的30多个国家的地理、历史和政治状况，是近代中国第一部较完整系统的世界地理图书。在此之后“开眼看世界”的最重要的一部著作是《海国图志》。该书共4册，是当时的大学者魏源受林则徐嘱托编撰而成，初刻于道光二十二年（1842年）共50卷，后于1847年、1848年陆续增补成100卷，咸丰二年（1852年）刊行于世。全书内容丰富，观点鲜明，是继《四州志》基础上详细叙述世界各国历史政治风土人情及西方科学技术知识的集大成者。

魏源的一个最鲜明的观点是“师夷长技以制夷”。他在该书“原叙”中一语道出：“是书何以作？曰：为以夷攻夷而作，为以夷款夷而作，为师夷长技以制夷而作。”① 魏源写书的目的很明确，就是“悉夷”“师夷”“制夷”。他认为，“筹夷事必先知夷情，知夷情必先知夷形”，“欲制外夷者，必先悉夷情始”。魏源成书在第一次鸦片战争之后，他和当时许多人的认识一样，认为鸦片战争失败的最主要原因在于技不如人，主要是作战武器和军事技术不如洋人。他总结道，“夷之长技三：一战舰，二火器，三养兵练兵之法”。同时他也认识到，西方国家所以船坚炮利，在于他们具有先进的科学技术和工业基础。魏源在广泛介绍世界各国，尤其是欧美国家的地理、历史、经济、文化、教育、宗教、法律等国情时，也对西方国家的技术做了广泛介绍，如量天尺、察天筒（水银湿度计）、定时钟、天船（热气球）、风铳（气枪）、甲板船（军舰）、千里镜（望远镜）、天炮、水琴、风琴、风锯、水锯、风磨、水磨、吊桥、显微镜、自来水、伏达电池、静电仪、避雷针，等等。“悉夷”之后才有“师夷”之感，“师

① 魏源．海国图志［M］．郑州：中州古籍出版社，1999：67.

夷”的目的则是“制夷”。魏源明确提出了“向西方学习”的新主张，他认为西方的科学技术是“奇技”而非“淫巧”，应予学习为我所用。“不善师外夷者，外夷制之。”他建议在福建、广东二省增设水师一科，能制造西洋战舰、火轮舟、飞炮、火箭、水雷奇器的人给以科甲出身，能驾驭飓涛、熟悉风云沙线、会使用洋枪洋炮的人给以行伍出身。他还主张聘请法国、美国、葡萄牙等国技师传授技术，以便能“尽得西洋之长技为中国长技”。他不仅主张购买西方的武器，而且主张学习西方的技术自己制造。鸦片战争后，许多人或是在洋枪洋炮面前妥协投降，或是仍然盲目自大，魏源“悉夷”“师夷”“制夷”的思想保持了清醒的认识，希望学习西方先进技术使中国富强起来，推动了洋务运动的发展，在当时是具有时代意义的爱国主义思想。

《海国图志》问世之后，国人对富国强兵的认识又走了一个漫长的道路，大体可以分为几个阶段，从中可悟出几点启示，无论对于公司治理还是国家治理，都有一定的借鉴意义。

（1）若要自强需“师人之技”。“师夷长技以制夷”突出了一个“夷”字。在古代，“夷”是中原的汉族对周边少数民族的蔑称，在这里表现出清朝时对洋人的蔑视。当时的传统观念是“天朝上国”“华尊夷卑”。但是鸦片战争使人们认识到大刀、长矛和骑兵远远不如洋枪洋炮，要想富国强兵必须“师夷长技”。当时清朝内部分为以慈禧太后及一批守旧大臣为代表的顽固派和以奕欣、文祥、曾国藩、李鸿章、张之洞、左宗棠等为代表的洋务派两大派。后者主张兴“西学”，搞“洋务”，创办安庆军械所、江南机器制造总局、金陵制造局、福州船政局、天津机器局、轮船招商局、开平矿务局、机器织布局、电报总局、兰州织呢局、汉阳铁厂、湖北织布官局、天津北洋水师学堂、广州鱼雷学堂、威海水师学堂、南阳水师学堂、旅顺鱼雷学堂、江南陆军学堂、上海操炮学堂等军工厂、民办工厂和军事学校，生产新式武器，组建新式军队，掀起了历时30多年的洋务运动，开创了民族工业的先河。无论是公司还是国家，先进的技术无疑是竞争的实力和资本。

（2）仅是“师人之技”不行，还需“师人之学”。在“师夷长技”的同时，许多有识之士认识到要想富国强兵还需“师夷之学”。如洋务派思想家冯桂芬提出，“以中国之伦常名数为原本，辅以诸国富强之术（《校邠庐抗议》1861年）。”《万国公报》的沈寿康更是明确提出了洋务派的主张，“中西学问术自互有得失，为华人计，宜以中学为体，西学为用（《匡时策》1896年）。”

“师人之学”首先学习的是西方国家与技术发展和工业发展有关的科学知识，魏源的《海国图志》是这方面的先驱之作；其次学习的是西方国家的政治思想和治国理念。此时出现了自然科学、社会科学、人文科学等方面的许多译著，翻译家、教育家严复是其中的杰出代表，他先后翻译了《天演论》（今译《进化论与伦理学》）（1897年）、《原富》（今译《国富论》）（1901年）、《群学肄官》（今译《社会学研究》）（1903年）、《群己权界论》（今译《论自由》）（1903年）、《社会通诠》（1903年）、《法意》（今译《论法的精神》）（1904年）等西方学术著作，系统地将西方的进化论、经济学、政治学、社会学等介绍到中国来。只有“师人之学”，才能培养人才，才能师人之技，用人之技。

（3）仅是“师人之学”不行，还需“师人之制”。“师夷长技”“师夷之学”使国力有所提高，但是中日甲午战争让人们认识到的仅是“师夷长技”“师夷之学”，如果不“师夷之制”，仍不足以富国强兵。有关资料表明，甲午海战时，与日本舰队相比，通过洋务运动正式建立的北洋水师在战舰数量、排水量、速度、火炮、鱼雷发射管、士兵数量等方面并非处于明显劣势，但却全军覆没，令人扼腕叹息。失败的原因很多，其中最重要的一条是清政府腐败无能，制度落后。在此时期，中日双方均致力于“师夷长技”“师夷之学”，最大的差别在于“师夷之制”方面。

1867年11月，日本幕府将军德川庆喜奏请“大政奉还”，1868年1月，明治天皇颁布“王政复古大号令”，结束了历时265年的德川幕府时代，其后陆续颁布“五条誓文”“政体书”“废藩置县诏书”“废刀令”“户籍法”“学制”等政令，通过明治维新的一系列措施使日本从封建制度演变为君主立宪制的资本主义制度。而清王朝依然固守封建帝制，守旧派势力强大。1898 年 6 月 11 日，光绪皇帝重用维新派康有为、梁启超等人，颁布“明定国是”诏书，并在 3 个月内陆续发布上百道变法诏令，废八股，兴西学，设学堂，鼓励工商，倡办实业，操练新军，开放言路，开始迈出远不如日本彻底的“师夷之制”的步伐。但是，“戊戌变法”（又称“百日维新”）历时百天即遭到守旧派的镇压，使“师夷之制”之路从封建帝制内的改良演变为推翻帝制、建立共和的辛亥革命。“师夷之制”是一个制度化过程，小到办工厂、办学堂，大到发展工商业、吏制改革、训练新军等都需经过始于规定、成于执行的制度化过程。技术、理论、制度之间存在着密切联系相互促进的辩证关系。

（4）仅是“师人之制”不行，还需探索制度之道。中日甲午战争特别是戊戌变法失败后，推翻帝制、建立共和的“师夷之制”呼声日益高涨，整个中国进入了剧烈的制度变革时期。通过下面列举的大事记仍给人一种惊心动魄的感觉。1894 年 11 月，孙中山等人在美国檀香山创建中国第一个民主革命团体“兴中会”，其誓词中明确提出“驱除鞑虏，恢复中国，创立合众政府”。1905 年，兴中会、华兴会、光复会等合并成立中国同盟会，确认孙中山提出的“驱除鞑虏，恢复中华，创立民国，平均地权”的十六字纲领。1906 年 12 月 2 日，孙中山在东京“三民主义与中国民族之前途”的演讲中，正式提出“三民主义”和“五权宪法”的主张。1908 年 8 月，清政府颁布“钦定宪法大纲”。1911 年 10 月 10 日，以武昌起义为标志，辛亥革命爆发。短短两个月期间，湖南、广东等 15 个省先后宣布独立脱离清政府。1912 年 1 月 1 日，中华民国南京临时政府举行临时大总统孙中山就职典礼。1912 年 2 月 12 日，清朝隆裕皇太后携六岁皇帝溥仪在养心殿举行最后一次朝见仪式，颁发清帝退位诏书。清王朝的覆灭同时意味着统治中国 2 000 多年的封建帝制寿终正寝，中国的制度发展史掀开了新的一页。

在中国未来的制度变革和发展道路上，辛亥革命后存在着各种各样的思想和理论分歧，如孙中山等学习西方国家主张实行资产阶级共和制，康有为、梁启超等学习日本主张实行君主立宪制，袁世凯、张勋等用不同方式主张恢复传统帝制，1921 年创立的中国共产党则主张学习苏联，实行社会主义制度。中国近现代史是一部制度选择、制度博弈、制度变革、制度创新的历史。历史的发展证明，“师人之制”是必要的，但并非意味着照葫芦画瓢式的生搬硬套，关键是探索制度之道，创立融合中外文化精髓的制度理论，构建适合本民族、本国国情发展的社会制度。“师人之技”是为了技术领先，“师人之学”是为了理论领先，“师人之制”是为了制度领先。探索制度之道是为了探索这三者之间的内在关系和发展规律，而不是亦步亦趋跟在他人之后，永远落后于他人。自 1949 年以来，建设中国特色的社会主义制度走的是一条探索制度之道、寻求制度自强的道路。我们现在正处于一个制度变革的新时代，技术创新、理论创新、制度创新、探索制度之道是每一个探路者的历史使命。如图 6－6 所示，在技术创新和生产力发展的基础上，人与物、人与事、人与人关系的变化必将引起制度变革，技术创新和制度创新是大国崛起的必由之路。深刻认识制度的本质及其变革的运行规律是探索制度之道的根本途径。

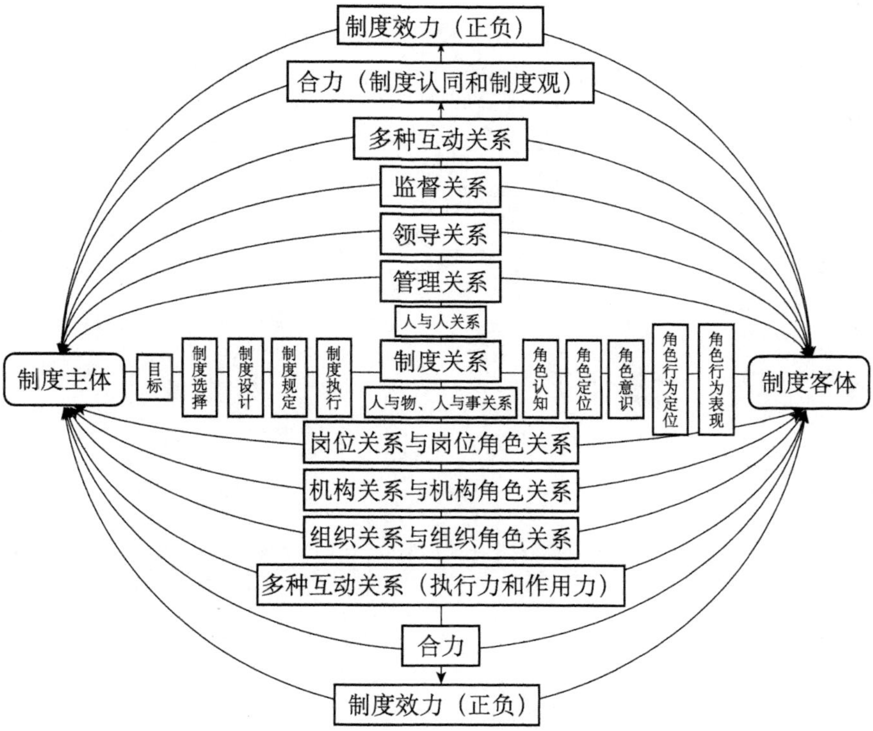

图 6－6　制度的本质及运行规律示意